羽毛球竞赛实务手册

林传潮　任春晖　编著

人民体育出版社

图书在版编目（CIP）数据

羽毛球竞赛实务手册/林传潮，任春晖编著. --北京：人民体育出版社，2021（2024.3 重印）

ISBN 978-7-5009-5919-9

Ⅰ. ①羽… Ⅱ. ①林…②任… Ⅲ. ①羽毛球运动－竞赛规则－手册 Ⅳ. ①G847.4-62

中国版本图书馆 CIP 数据核字（2020）第 253314 号

*

人 民 体 育 出 版 社 出 版 发 行
北京盛通印刷股份有限公司印刷
新 华 书 店 经 销

*

710×1000 16 开本 21.5 印张 395 千字
2021 年 5 月第 1 版 2024 年 3 月第 2 次印刷
印数：5,001—8,000 册

*

ISBN 978-7-5009-5919-9
定价：68.00 元

社址：北京市东城区体育馆路 8 号（天坛公园东门）
电话：67151482（发行部） 邮编：100061
传真：67151483 邮购：67118491
网址：www.psphpress.com
（购买本社图书，如遇有缺损页可与邮购部联系）

前 言
FOREWORD

谨以此书，向所有在役或退役的羽毛球竞赛工作者，特别是为此事业奋斗跨越半个世纪的老前辈们致敬！

新中国羽毛球竞赛事业，经过数代人的不懈努力，从无到有、从小到大，取得了长足的进步。在当今世界羽坛，中国的羽毛球竞赛理论、赛事组织水平和办赛担当，都有着与羽毛球强国运动水平更为匹配的地位。

今天成就的取得，除制度优越和改革开放提供的历史机遇外，几代羽毛球竞赛工作者的艰苦奋斗、埋头苦干，功不可没。他们为后人打下了坚实的事业基础，功绩将彪炳史册。

本书着力于总结归纳中国羽毛球竞赛理论和实践经验，为事业再发展做一个铺垫。

本书以现代“管理学”“法理学”和历史长河中所沉淀下来的中、外羽毛球竞赛组织实际经验作为基础，分述了羽毛球竞赛发展简史、羽毛球竞赛文化简述、羽毛球竞赛活动价值、羽毛球竞赛构成、羽毛球竞赛法规、羽毛球竞赛分类、羽毛球竞赛项目、羽毛球竞赛方法、羽毛球竞赛运行设施、羽毛球竞赛管理、羽毛球比赛裁判法、羽毛球赛事组织编排法和国际羽毛球赛事组织实务等羽毛球竞赛事务中最为重要的课题。

本书力图雅俗共赏，做到既有深入浅出的理论分析，又有实实在在的案例示举，使有志于深入探索羽毛球竞赛理论的学者、志士，能从中耙得些许碎砖片瓦；更能让那些忙碌在世界顶级或社区、公司大大小小羽毛球赛中的组织实践者们，从中获得凭借和模板，从而获得启发和帮助。

本书力求扩大受众面。在论述时，尽可能避开晦涩的专业术语，对内容作深入浅出的阐释，力争行文流畅平易，做到既可作为羽毛球裁判员考级、高校体育专业学生和参加羽毛球比赛的教练员、运动员及随队人员的辅助学习材料，又可作为体育工作领导、体育竞赛专业工作者和体育竞赛运作公司承接、运行各种级别羽毛球比赛时的参考书。

本书在今年的新冠肺炎疫情期间居家成稿。在此，谨向在本书撰写过程中给予帮助的诸葛睿涵、孙鹏、郑三粮、周志辉、李广通、董惠培、宋希平、侯龙虎、吴龙江、林立峰等同志，以及世界羽联赛事总监 Daren Parks 先生致谢！

因时间仓促，书中难免会有疏漏或错误，欢迎大家指正。

此外，由于世界羽联对规则和裁判法的修改与本书的版次和印次存在时间差，凡本书中与世界羽联《羽毛球比赛规则》和《技术官员工作指南》条款内容不一致之处，一律以世界羽联公布的最新版本为准。

作者

二〇二〇年五月

目 录
CONTENTS

CHAPTER 01

第一章 羽毛球竞赛基础知识

为了使“羽毛球竞赛”在广大读者的脑海中形成一个初步的概念，从而更有效地使用《羽毛球竞赛实务手册》，本章首先向读者简要地介绍羽毛球竞赛的沿革，以及羽毛球竞赛的构成、分类和比赛项目等羽毛球竞赛基础知识。

第一节 羽毛球竞赛发展简史

一、羽毛球竞赛的诞生与发展

据《不列颠百科全书》记载，“原始的羽毛球游戏活动至少于两千年前，在中国、日本、印度、泰国、英国、瑞典等国就流行了”。不过由于民族、地区及语言的差异，对这项游戏活动的叫法不一，如我国叫“打鸡毛球”或“打手毽”，法国称“羽毛球”（Feather ball），印度称“普那”（Poona），英国、瑞典、丹麦等国则叫“毽子板球”（Battledore and Shuttlecock）。这就是现代羽毛球运动的前身。而现代羽毛球运动则起源于英国格拉斯哥郡的伯明顿镇，因此羽毛球的英文叫“Badminton”（伯明顿）。

羽毛球竞赛也与其他体育竞赛活动一样，总是伴随着这个运动的诞生而诞生，发展而发展。史载，我国少数民族在玩“打鸡毛球”游戏时，地上画出一条界线，一方打过去的球，另一方必须打回去，若球打不过中线，则为“输”。不管是原始的羽毛球游戏，还是 1870 年在英国“葫芦”形场地上的“伯明顿”活动，均含有“比试”与“较胜”等典型的竞赛特征，因此，羽毛球竞赛雏形应产生于两千年前，现代羽毛球竞赛则酝酿于 1870 年的英国。

不过世界上第一部羽毛球比赛规则，则诞生于 1875 年印度的普那。同时，其他各地也相继拟出了羽毛球比赛规则，但因认识不一，所定的比赛规则也不尽一致。1878 年，英国制定了渐趋完善和统一的羽毛球比赛规则。1893 年，英国的 14 家羽毛球俱乐部一致倡议并组成了世界上第一个正规的羽毛球协会，进一步修订了规则，规定了统一的场地标准。羽毛球确定用 14～16 根羽毛粘在软木托上，重 4.74～5.50 克，羽毛球场正式定为长方形。1899 年 4 月 4 日，首届全英羽毛球锦标赛在位于英国伦敦白金汉门的伦敦苏格兰训练馆举行。本届赛事仅有 7 对男双选手、6 对女双选手和 12 对混双选手报名参赛。现代羽毛球竞赛活动从此诞生了。

随着羽毛球运动的发展，羽毛球竞赛越来越规范，比赛也越来越多。1931 年，我国出现了“羽毛球赛于市，街民观看踊跃”的景观。翌年，开始有埠际比赛。

1934 年，国际羽毛球联合会成立，羽毛球国际比赛日益增多。1937 年，中国香港开始举办羽毛球公开锦标赛，每年一次。1948 年开始了汤姆斯杯赛。同年，羽毛球比赛被列为新中国成立前第 7 届全运会表演项目。1956 年，国际羽联举办首届世界女子羽毛球团体锦标赛——尤伯杯赛。这一年，在中国台湾成立了“中华羽毛球协会”，翌年加入国际羽联，1981 年改名为中国台北羽毛球协会。1977 年国际羽联始办世界羽毛球锦标赛，至 1980 年进行了两届，但因中国不是国际羽联成员，故未曾参加。

1978 年 2 月，一些不满于当时国际羽联状况的国家或地区的代表在中国香港成立了世界羽毛球联合会，当年在泰国举行了第 1 届世界羽毛球锦标赛。1979 年在我国杭州市举办了第 1 届世界杯（团体）暨第 2 届世界羽毛球锦标赛，首次在团体赛中实行五战三胜制。在共同的努力下，国际羽毛球联合会和世界羽毛球联合会于 1981 年 5 月 25 日正式合并，沿用国际羽毛球联合会称谓。之后，国际羽联对世界羽毛球竞赛作了系统的改革，逐步完善竞赛制度，改革计分办法，建立健全裁判制度。1988 年，羽毛球成为汉城奥运会表演项目。1992 年，羽毛球在巴塞罗那成为夏季奥运会正式比赛项目。

2006 年，国际羽联更名为羽毛球世界联合会，简称世界羽联。现在，世界羽联已建立了由奥运会羽毛球赛、汤姆斯杯世界男子团体锦标赛、尤伯杯世界女子团体锦标赛、世界锦标赛（设 5 个单项）、苏迪曼杯世界团体锦标赛、世界巡回赛、世界青少年团体赛、世界青少年锦标赛和各大洲赛事组成的世界羽毛球赛事体系。

1983 年，当时的国际羽联开始实行国际 A（Certificated）、B（Accretided）级的国际裁判制度，还改革了淘汰赛制，把轮空集中两头分布改为更合理的平均分布法。近年来，世界羽联在单淘汰制的单项羽毛球赛事中，采用来自一个会员协会的第1、2号选手按抽签规则分别进入上、下半区；同一个协会的选手不在第一轮相遇等办法，力图在一个会员协会的强手不提前相遇，以及晋级选手具有更广泛的代表性之间进行平衡。

目前，世界羽联采用单淘汰制、单循环制、混合制等竞赛办法，赛制有很大的改善。随着羽毛球运动的蓬勃发展，世界羽联目前正着力于更加适应市场推广和媒介传播的计分方法的改革。

二、新中国羽毛球竞赛事业的发展

新中国的成立给羽毛球竞赛事业带来了无限生机。人民政府高度重视体育运动的普及和发展。1949年10月，我国翻译了羽毛球比赛规则，并在全国正式统一使用。1953年，在天津举行全国四项球类运动会，羽毛球第一次被列为我国综合性运动会比赛项目。从此，我国羽毛球竞赛种类越来越多，规则越来越完善，赛制越来越健全，为我国羽毛球运动攀登世界高峰做出了贡献。

从1956年开始，全国性4个单项（男子单打、女子单打、男子双打、女子双打）的羽毛球比赛每年举行一次，单打采用分组分阶段双败淘汰制，双打采用双败淘汰制。1956年7月，印度尼西亚羽毛球队来访，在我国举行的国际双边对抗赛从此开始。1958年9月，中国羽毛球协会在武汉成立。同年，全国11个城市羽毛球赛增设了混合双打项目。1959年，举行了首次全国少年羽毛球比赛。1959年9月，举行了第1届全国运动会羽毛球5个单项的比赛，各项均采用单淘汰制，根据各单项成绩计分算出团体名次。

1960年至1962年，我国国民经济处于暂时困难时期，1961年和1962年没有进行全国羽毛球比赛。

1963年7月，印度尼西亚羽毛球队访问我国，与我国国家队、国家青年队、广东队、福建队、湖北队分别进行了10次50场对抗赛。1964年印度尼西亚队再次来访，与我国国家队、广东队分别进行了五场三胜的团体对抗赛。1965年9月，在北京举行第2届全国运动会羽毛球比赛，检阅了第一次全国羽毛球训练工作会议所取得的成果。1966年4月，丹麦国家羽毛球队访问我国，与我国国家一队、国家二队、上海队、湖北队、福建队、广东队分别进行了团体对抗赛，开始了举办与欧洲劲旅对抗赛的历史。

第1届全运会至“文革”前，国家体委陆续审批、公布了10名国家级羽毛球裁判员，其中有：北京的林启武，天津的王树楷、关非，上海的陈道生、陈汤德，福建的徐其星、林丰玉、陈仁才，广东的叶克坚。各省、市体委也陆续审批、公布了一批一级、二级、三级羽毛球裁判员，初步建立了我国羽毛球裁判等级制度，逐步形成了一套行之有效的羽毛球竞赛体制。

1966 年开始的“文化大革命”给我国羽毛球事业带来了灾难。全国各地的体育场、馆等设施被毁或被占，羽毛球竞赛器材散失殆尽，羽毛球队被迫解散，竞赛干部和体育工作者大批下放，初步建立起来的竞赛体制、裁判制度惨遭破坏。

1971 年，国家体委决定恢复组建国家羽毛球队，在福州举行全国羽毛球集训，集训的主要形式是进行分组分阶段循环比赛，历时约一个月。

1972 年 6 月 13 日举行了包括羽毛球在内的全国五项球类运动会。这是自 1966 年“文革”开始后第一次举行全国性的比赛，它大大推动了各地羽毛球运动的开展，下放到农村和干校的羽毛球工作者先后调回，羽毛球竞赛工作开始复兴。

1973 年，我国开始举行全国性的羽毛球比赛，并增加了少年赛及分区赛。为了尽快改变教练员、运动员青黄不接的局面，国家体委决定自 1974 年起，每年都举行一次全国性的青少年比赛，并结合比赛进行训练教学交流。为促进羽毛球业余训练工作的发展，1978 年开始举办全国业余体校羽毛球比赛。

1973 年还分别举办中国—斯里兰卡、中国—巴基斯坦、中国—日本、中国—尼泊尔等国际对抗赛，了解了世界技术发展状况，检阅了自己的队伍。

随着 1975 年 9 月第 3 届全运会在北京举行，中断了 10 年的全运会得以再次举办。本届全运会羽毛球比赛分男、女团体，男、女单打，男、女双打，混合双打和少年男、女单打与双打等组别。

1976 年 9 月，国家集训队和国家青年队与来访的日本羽毛球队进行了两场对抗赛，我队基本上启用新手参战，检阅了 3 月在北京的集训，也为我队参加国际比赛热身。

1978 年中国共产党十一届三中全会确立的改革开放，以及后来逐步建立的社会主义市场经济体制，极大地促进了我国社会经济和文化事业的发展，为我国羽毛球竞赛事业的加速发展打下了雄厚的物质基础，提供了极好的机遇。1978 年 4 月 1 日，国家体委公布《中华人民共和国裁判员条例（草案）》，对重建我国羽毛球裁判队伍起到了重要的推动作用。1978 年 2 月，由于当时的国际羽联坚持台湾问题的错误立场、拒绝因南非政府的种族隔离政策而中断其会员资格，以及不同会员协会所受到的不平等待遇，19 个国家和地区的羽毛球协会在中国香港成立了世界羽联（WBF），与 1934 年成立的国际羽联（IBF）分庭抗礼，并于当年在曼谷举办了世界羽联第1届世界锦标赛（单项）。世界羽联成立时的成员有：孟加拉国、文莱、中华人民共和国、圭亚那、中国香港、伊朗、肯尼亚、朝鲜、毛里求斯、尼泊尔、尼日利亚、巴基斯坦、菲律宾、新加坡、斯里兰卡、坦桑尼亚、泰国、赞比亚和韩国。另外，印度、马来西亚、奥地利、法国、联邦德国、墨西哥（代表泛美羽毛球联合会）、瑞典和南斯拉夫派出观察员（无投票权）列席会议。应该说，世界羽联的成立催生了新的世界级赛事，改变了中国羽协因不是国际羽联成员而不能参加国际大赛的局面。而中国羽协在世界羽联中扮演的重要角色又加快了在中国境内举办世界级赛事的步伐。

1978年4月15日至21日，第3届亚洲羽毛球邀请赛在北京举办。这是中国羽协自1958年成立以来举办的第一个洲级国际大型赛事。筹办此项赛事没有先例可循，主要依靠我国羽毛球竞赛工作者，根据以往的国内办赛经验和借鉴其他项目的做法筹办。赛事的成功举办在中国羽毛球竞赛史上写下了开拓性的一页，使我国羽毛球竞赛工作者积累了举办国际羽毛球比赛的经验。

1978年6月，在秦皇岛市召开了第二次全国羽毛球训练工作会议，会上成立了中国羽毛球协会裁判委员会，接着在武汉举行我国“文革”以后第一次晋升国家级羽毛球裁判员考试，通过理论笔试、口试和临场实践考核，录取、审批了我国第一批通过考试晋升的国家级羽毛球裁判员，我国羽毛球裁判员等级制度初步形成。

1979年6月在杭州举办的世界羽联第1届世界杯赛（男、女团体，10日至15日）和第2届世界羽毛球锦标赛（单项，17日至20日），是中国羽协在国际单项体育组织内第一次履行办赛义务而举办的正式的世界锦标赛。这也是我国首次举办正式的国际羽毛球比赛，锻炼了我国羽毛球竞赛工作人员队伍，提高了我国举办大型羽毛球赛事的水平。这次比赛的秩序册上印有“七喜”等国内外商业广告，进行竞赛与商业结合的尝试。赛事的成功极大地震动了国际羽毛球界，迫使国际羽联某些当权者不得不考虑改变错误做法。在杭州举办的这两项赛事，敲开了中国羽毛球运动跨入世界羽坛的大门。

1981年，前国际羽联依据奥林匹克方案解决了中国台湾地区代表权问题，也做出了禁止南非参加汤姆斯杯赛、尤伯杯赛和世界锦标赛的决定。5月，两大国际羽毛球组织合并，统一名称为国际羽联［IBF，2006年又更名为世界羽联（BWF）］。合并结束了国际羽毛球界的分裂状态，提高了羽毛球项目在国际体育大家庭的地位，为我国羽毛球竞赛事业的发展争取到更广阔的空间。

1985年6月5日，国际奥委会第90届会议决定将羽毛球项目列入夏季奥运会正式比赛项目。随后，羽毛球项目在1988年汉城奥运会成为表演项目，在1992年巴塞罗那奥运会成为正式比赛项目。羽毛球项目进入奥运会，使我国羽毛球竞赛组织水平有了向世界最高标准看齐的目标。

1986年，在福州举办了第1届中国羽毛球公开赛。由于赛事列入国际羽联系列大奖赛，竞赛组织工作也开始与国际接轨。该届赛事由国际管理集团（IMG）进行市场推广并由“登喜路”冠名。第1届中国公开赛的举办，标志着中国羽毛球协会自1958年成立以来，与共和国风雨同舟，历经28年的艰苦奋斗、砥砺前行，终于有了自主品牌的年度高水平国际赛事，也促进了国际羽毛球组织旗下的世界羽毛球系列大奖赛（格兰披治大奖赛）的发展。

中国公开赛自创办起，就向高标准看齐，坚持高水平办赛。2007年世界羽联整合赛事资源，推出十二站超级系列赛，中国公开赛就被列为其中的重要一站，具有最高等级的积分和奖金。2011年，世界羽联继续推行赛事体系的改革，在总共十二站的超级系列赛中遴选出五站作为首要赛事，大幅提升奖金和积分，中国公开赛仍在其中。2018年，世界羽联深化赛事体系改革，推出世界巡回赛，将所有列入世界羽联积分系统的赛事分成6个等级，除了总决赛外，最高等级的赛事只有三站，每站总奖金数已经达到100万美元，中国公开赛赫然在列。这彰显了中国羽毛球运动的国际地位和中国羽协的办赛水平。另外两站是具有百年历史的全英公开赛，以及印度尼西亚公开赛。截至2019年，中国公开赛已经举办了31届。

历届中国羽毛球公开赛举办年份、地点和各项冠亚军

中国羽协竞赛组织能力越来越强，办赛水平越来越高，受到世界同行们的赞赏和信任。自1987年起，中国羽协开始在统一的国际单项体育组织中履行世界级大赛的办赛义务。1987年北京承办了第5届世界羽毛球锦标赛。赛事在首都体育馆举行。该届赛事依据国际羽联章程、规则办赛，并接受国际羽联的技术指导，由英国航空公司冠名赞助。赛事的成功既给世界羽坛增添了光彩，也证明了中国羽协具备组织大型国际羽毛球比赛的能力。

1990年，在北京中国羽协承接了第11届亚洲运动会羽毛球竞赛组织工作。比赛在北京体育馆进行。中国羽协在国家体委和北京亚运会组委会的领导下，严格依据亚奥理事会章程办赛，接受国际羽联和亚洲羽联的指导，并在抽签、竞赛组织和电脑应用诸方面，进行改革创新，倍受世界及亚洲羽毛球界的赞誉。至此，我国已具有成熟、丰富的组织举办各类羽毛球赛事的经验和赛事组织人才。

2008年在北京举办的第29届奥林匹克运动会羽毛球赛，是中国羽毛球竞赛发展里程碑式的事件。在北京奥组委和国家体育总局的领导下，第 29 届奥林匹克运动会羽毛球赛事的组织工作严格遵守奥林匹克章程，接受世界羽联的技术指导，在竞赛组织、场馆器材、赛事景观、项目展示和电视收视率等方面均有突破，世界羽联给予了高度评价。赛事的成功举办，再次向世界充分展示了中国羽协赛事组织水平，以及创新和引领世界羽毛球竞赛组织发展潮流的能力。

以上许许多多赛事，清晰地记录了中国羽毛球竞赛事业在几代羽毛球竞赛工作者的不懈努力和奋斗之下，从最初被国际羽联拒之门外，在针锋相对的斗争后敲开世界羽坛大门，经过斗争、挫折、融合、借鉴、消化、吸收的历史进程，历经发展、创新、超越等不同阶段，达到引领世界水准的大好局面，推动了我国羽毛球竞赛事业的蓬勃发展。尤其是改革开放以来，随着我国经济社会的发展和综合国力的增强，人民生活水平不断提高，对体育文化活动的需求也更为强烈。国家对体育事业的投入不断加大（表 1-1），国际羽毛球界对在我国举办的国际羽毛球赛事的关注度也随之不断提升。中国已成为国际羽毛球赛事推广的重要市场。

表 1-1　2004—2008 年体育事业国家财政投入一览表

年份	体育事业财政投入（人民币，亿元）	增长速度（%）
2004	113.53	13.71
2005	121.15	6.71
2006	132.81	9.62
2007	177.03	33.30
2008	243.55	37.58

自“十五”（2001—2005 年）起，中国羽协抓住机遇，以国际赛事为切入点与市场进行全面对接，广开招商渠道，打造品牌赛事。中国公开赛已经有 33 年历史；中国大师赛自创办起，也举办了 14 届，从 2019 年起，赛事名称改为“中国（福州）羽毛球公开赛”。这一期间，中国羽协筹集了数亿元的社会资金举办各类国际赛事。从第十一个五年计划（2006—2010 年）开始，中国羽协举办羽毛球国际比赛的数量实现了跳跃式增长。

截至 1985 年，在我国境内举办的经国际单项体育组织批准的国际羽毛球赛事有 3 项。

“七五”（1986—1990 年）期间，在我国境内举办的经国际体育组织批准的国际羽毛球赛事有 8 项。

“八五”（1991—1995 年）期间，在我国境内举办的经国际体育组织批准的国际羽毛球赛事有 11 项。

“九五”（1996—2000 年）期间，在我国境内举办的经国际体育组织批准的国际羽毛球赛事有 6 项。

“十五”（2001—2005 年）期间，在我国境内举办的经国际体育组织批准的国际羽毛球赛事有 11 项。

“十一五”（2006—2010 年）期间，在我国境内举办的经国际体育组织批准的国际羽毛球赛事有 16 项。

“十二五”（2011—2015 年）期间，在我国境内举办的经国际体育组织批准的国际羽毛球赛事有 27 项。

“十三五”（2016—2020 年）开始以来，在我国境内举办的经国际体育组织批准的国际羽毛球赛事有 25 项。

此外，中国羽协还结合境外国家和地区羽毛球队来访和青少年集训活动，举办了很多以培养后备梯队为目的的小型国际邀请赛和双边对抗赛。例如，1982 年在广东韶关举办的“爱吉特杯”国际羽毛球邀请赛，1985 年在江苏无锡举办的“红梅杯”国际羽毛球邀请赛，1987 年在北京举办的“银鹤杯”国际羽毛球邀请赛，1991 年在山东青岛举办的“中药杯”国际羽毛球邀请赛，1992 年在辽宁丹东举办的丹东国际羽毛球邀请赛等，充分发挥竞赛对训练、对梯队建设的杠杆作用。

至“十一五”中后期，以北京奥运会和广州亚运会为标志，中国羽协依据国际规范办赛的能力显著提高，竞赛组织水平与中国竞技羽毛球运动水平更为匹配，形成了一个以中国羽协牵头，广州、上海、常州、福州、成都、武汉、青岛、陵水，以及东莞、昆山、南京、南宁等多支地方办赛队伍为骨干的羽毛球国际比赛办赛网络架构。在赛事运作上，逐步形成了一套开放、稳定的办赛模式，走出了一条政府主导、依托社会、多方参与的有中国特色、符合中国国情的办赛之路，办赛水平得到国际羽毛球界的充分肯定。

从 1985 年之前中国很少举办羽毛球国际大赛，到“九五”时期开始时断时续的办赛（中国公开赛曾经在 1990 年因亚运会、1998 年因洪灾、2000 年因

截至 1985 年中国羽协举办的大型国际赛事

“七五”期间中国羽协举办的大型国际赛事

“八五”期间中国羽协举办的大型国际赛事

“九五”期间中国羽协举办的大型国际赛事

“十五”期间中国羽协举办的大型国际赛事

世青赛三度停办），再到“十一五”时期办赛年度化、常态化；从一个赛区一次申办一项赛事，到一个赛区按周期申办，连续数年承办赛事；从中国羽协推销赛事，到几个赛区争办同一项赛事，中国羽协承办国际大赛的格局已经发生了深刻的变化。

从国家出钱、政府办赛，到可以从市场筹到部分资金，再到办赛经费完全从市场和地方筹集并略有盈余，中国羽协完成了国际赛事办赛经费从国家投入为主到市场、地方集资为主的转变。进入新世纪后，除北京奥运会、广州亚运会和深圳大运会等大型综合性运动会由国家主导投入外，其他在境内举办的国际赛事，中国羽协没有拨 1 分钱经费，各项赛事均通过社会融资举办。

通过举办一系列国际重要赛事，中国羽协出色地在国际羽坛履行了一个大国会员协会的义务，促进了赛事举办地经济建设、体育文化事业的发展，丰富了人民群众的文化生活；在对羽毛球运动的传播做出突出贡献的同时，也为世界羽毛球大赛的办赛模式注入了更多的中国元素和活力，成为世界羽坛的重要办赛力量。截至 2019 年，中国羽协先后举办的世界和亚洲顶尖水平的赛事有：奥运会羽毛球赛 1 次，苏迪曼杯赛 5 次，汤尤杯赛 3 次，世界锦标赛 4 次，世界杯赛 5 次，总决赛 4 次，中国公开赛 31 次，中国大师赛 15 次，亚运会羽毛球赛 2 次，亚洲锦标赛 11 次，亚洲杯赛 2 次，亚洲邀请赛 1 次；举办的其他综合性运动会羽毛球赛事有：大运会羽毛球赛 1 次，军运会羽毛球赛 1 次，东亚运羽毛球赛 2 次；举办的青少年赛事有：青奥会羽毛球赛 1 次，世青赛 1 次，亚青会羽毛球赛 1 次，亚青赛 1 次，中日韩青少年运动会羽毛球赛 9 次。自 1978 年至 2019 年，中国羽协先后成功举办各类国际体育组织批准的国际赛事 107 次。

“十一五”期间中国羽协举办的大型国际赛事

“十二五”期间中国羽协举办的大型国际赛事

“十三五”期间中国羽协举办的大型国际赛事

中国羽协承办的历次国际比赛（以国际体育组织批准赛事为准）

在世界羽毛球赛事频繁落地的同时，根据 1995 年 6 月 20 日国务院颁布的《全民健身计划纲要》和 7 月 6 日国家体委颁布的《奥运争光计划纲要》指引的战略方向，中国本土的羽毛球竞赛事业，形成了“全民健身”和“奥运争光”两大羽毛球竞赛系列，推动着我国羽毛球运动蓬勃发展。据国家体育总局群体司多年的统计，羽毛球已成为仅次于“健步走”的参与人数最多的健身项目。目前中国羽毛球人口达 2.5 亿以上，在世界最高规格的羽毛球比赛——奥运会羽毛球赛上取得了骄人的成绩，共获金牌 18 枚，占历届奥运会羽毛球项目金牌总数（34 枚）的一半以上。

羽毛球“奥运争光”竞赛系列，由全国各类计划内比赛、全国 U 系列和各省地市的少儿赛及各级俱乐部联赛组成。“全民健身”赛事系列，包括全国各类群体赛和各地市、各系统单位民间举办的各种类型的羽毛球赛。如今，这两个赛事系列，已经成为我国羽毛球的主干赛事和品牌赛事。

第二节　羽毛球竞赛文化简述

“文化”一词最早始于《周易》的“易责卦”的彖辞：“文明以止，人文也……观乎人文，以化成天下。”这时的文化两字还是分开的，但已经有了我们现在所说的“文化”的主要意思。英文的文化——“Culture”一词来自拉丁文，原意为对土地的耕耘和对植物的栽培，以后引申为对人的身体和精神两方面的培养。根据美国人类学家克鲁伯和克拉克洪 1952 年的统计，1871—1951 年 80 年间关于文化的定义就有 164 种之多（《文化，关于概念和定义的检讨》）。文化是古往今来学者最青睐的话题，歧义较多。但总体指向是，文化分广义文化和狭义文化两种。广义文化概念认为文化是“物质财富与精神财富的总和”。狭义文化是指“社会意识形态，以及与之相应的制度和组织”（《辞海》）。因此，文化应界定为：“人类为了适应环境，满足欲求，努力创造的生活方式总称。为了满足人们生存需要的物质文化；为了维护共同的生活秩序的制度文化；为了意味人生的意义与价值，不断追求行动目标的观念文化等。而文学、美术、音乐、求知、宗教等，是将人类的精神价值具体化的一种文化。价值、信念、知识、技术、法令、习俗等都可称为文化。”（李少丹，惠民．运动竞赛学［M］．北京：北京体育大学出版社，2005：8.）文化是人类特有的生存方式的积淀。

羽毛球运动在其发展过程中，逐步形成了自身的项目文化。而作为羽毛球项目文化的构成部分，羽毛球竞赛文化也无不映射出项目文化所追求的先进性和社会性。现在，人们进入羽毛球竞赛场馆，已经不仅是欣赏羽毛球的高水平竞技，还无时无刻不感受到羽毛球竞赛文化所产生的思想观念和知识、管理体系，所创造的技术、规则、方法、手段、器械设备，所展现的竞赛场景，以及记录和传播所必需的组织、宣传机构等。羽毛球竞赛文化已经在当今人们的社会生活中构成了鲜明的社会符号和文化逻辑，也是羽毛球竞赛理论与实践绵延、发展的命脉。

羽毛球竞赛文化与羽毛球运动文化一样，是多层次、多轨迹，结构复杂、内容丰富的文化形态。如果按其在社会上所形成的独特的社会符号和所延伸的特殊的轨迹，来剖析它的文化结构和内涵，它可以分为竞技羽毛球竞赛文化、大众羽毛球竞赛文化和衍生羽毛球竞赛文化三个层次。

竞技羽毛球竞赛文化是羽毛球竞赛文化的核心。竞技羽毛球竞赛通过比赛双方思维、心理和技艺的博弈，用羽毛球特有步法、手法构成人的肢体语言、非球形的羽毛球特殊飞翔语言，呈现羽毛球竞赛所特有的德、智、健、美的审美韵味。

竞技羽毛球竞赛文化的核心要义就是“比赛是为运动员的”。技术官员谨慎地呵护着比赛的节奏、严正地主持赛场公义、果敢地进行宣判、审慎地上报申诉、全身心地维护比赛秩序，如此行云流水般的执法，营造了羽毛球竞赛所特有的严肃、严谨、公平、公正、公开、文明、和谐、联动的司法氛围。而运动员在此氛围中，可以心无旁骛，全身心地投入比赛，尽其所能地发挥自身水平，不断推动和提高项目的竞技水平，彰显“更快、更高、更强——更团结”的奥林匹克格言。在竞赛组织工作方面，也有热身场区与比赛场区的距离限制，以及赛场四周背景为深色、临场技术官员工作服装为深色等多项要求，这些都体现出对“比赛是为运动员的”这一羽毛球竞赛文化核心内容的维护和落实。

羽毛球竞赛技术官员队伍所强调的“团队精神”，也是羽毛球竞赛文化的一种体现。在细化分工，注重细节，提升执裁水平的同时，注意各环节、各岗位的衔接不出现缺失和重叠，从而实现全系统运行的整体性和平稳性。

竞技羽毛球竞赛，通过打造融汇羽毛球传统文化和地域特色的景观、竞赛出版物、体育展示、嘉年华、商业广告，尽可能地动员所有视、听觉艺术能量，形成立体、全方位、个性突出的视听文化盛宴。这些“韵味”“氛围”“盛宴”与观众互动，构筑了启迪、激励和不可重复的羽毛球竞赛看台文化。以审美观点看它更具有艺术特点，从哲学视角看，它实质上是人的自我实现的一种显性方式，按社会学理论分析，它则具有教育的功能和竞技性、工具性、自学性、国际性、产业化和人性化的特点。它是内容全面、形式丰富、穿透力强大的体育文化形态。

创新，是羽毛球竞赛文化所倡导的一种精神。在符合规程和规则的前提下，无论是运动技术的创新、器材的创新，或是竞赛组织工作的创新，都是对羽毛球竞赛文化的丰富和发展。

而对文明的追求、对先进文化的追求，则是羽毛球竞赛文化发展的内生动力。自诞生之日起，羽毛球项目就是尊重女士、讲究礼节与修养的项目。一直到今天，羽毛球竞赛规则对不端行为的处理和态度、对运动员所设立的行为准则、对教育者的要求，乃至技术官员的工作指南，无一不体现出羽毛球竞赛文化对扬善除弊的坚守。而竞赛规则中对保证机会均等、公平公正、公开透明的所有条款与社会道德的追求也是完全一致的。

近些年，羽毛球竞赛活动中发展起来的分级规范、善待媒体、安全有序、看台文化等都已经成为羽毛球竞赛文化的有机组成部分。

大众羽毛球竞赛文化是以大众参与为主要特征，以健身健美、娱乐消遣为主要目的的社会文化生活现象，它是社区文化的内容之一，具有休闲性、娱乐性、社交功能和较强的自发性。它因能够健全心智、强身健体和使人们远离不良社会习俗从而具有了较强的社会属性。

而从大众羽毛球竞赛文化衍生出来的太极柔力球和户外羽毛球项目，则充分说明了羽毛球竞赛文化具有强大的张力和吸附力。

如果按文化逻辑来分析羽毛球竞赛文化，那么其形态结构极似“原子结构”。最内层原子核——精神文化层，是羽毛球竞赛组织者所拥有的有关羽毛球竞赛的信念、观念体系——情感价值、道德、习惯、传统、理想、风格、理论、算法等，是羽毛球运动文化的灵魂。原子核外环绕着层层电子云。第一层是制度文化电子云，它是羽毛球竞赛文化的行为规则——章程、规则、条例、守则等；第二层是行为文化电子云，它是人的生理、心理和大脑活动过程通过物理（运动器官、表情等）体现出来的羽毛球竞赛文化，是羽毛球竞赛文化的主体，运营技术、技巧、方法、流程、流线等竞赛组织实务是其主要内容；第三层为基础层，它是羽毛球竞赛文化的物质财富部分，即羽毛球运动用品文化，如羽毛球运动场馆器材等；最外层是环境文化层——羽毛球竞赛传播技术、传播媒体、商业广告、服饰纪念品、影视、文学、艺术、绘画、摄影、集邮、球迷等，这是羽毛球竞赛文化最具前景的增长点，是繁荣羽毛球竞赛文化一个十分重要的方面，它为羽毛球竞赛文化的现代化提供了最有效、最直接的手段。

卢元镇教授在《体育运动的文化学断想》中写道：“表面的比较是运动竞赛成绩的比较，中层的则是体育运动事业管理水平的比较，而较深层的是思想观念的比较。运动竞赛成绩的比较是直观的、迅捷的，但常常不够深刻。因为决定成绩的内在因素在一个国家的体育运动管理体制，以及隐藏在后面的经济文化实力。而体育运动管理体制是否先进合理最终取决于人们文化观念的高低，以及决定这些观念的生产方式和生活方式。深层的比较常常为人们忽视，因为它不可能满足人们急功近利的各种愿望。然而它却是起着长远的战略作用。”（卢元镇．体育运动的文化学断想［J］．体育与科学，1986（5）：1-2，29.）

也就是说，文化是根本，是决定因素，一切竞赛价值、竞赛效益都只是竞赛文化的镜像反映。文化是软实力，是第一竞争力。文化强，则竞赛价值、竞赛效益高。所以，要发展羽毛球竞赛理论、提高羽毛球竞赛效益、丰富羽毛球竞赛价值，就要努力探索羽毛球竞赛文化，抓住羽毛球竞赛文化这个牛鼻子，大力推动羽毛球竞赛事业不断向前发展。

第三节 羽毛球竞赛活动价值

羽毛球运动是一项运动器材简便，对场地要求不苛刻，充满趣味，促人交往，既娱人又娱己的小型球类运动。它深受广大群众喜爱。两只拍子、一只球、一块小空地，不管室内室外、有网无网，均可进行活动锻炼。运动量可大可小，老少咸宜，适合各种阶层人群的需求。因此，适宜的群众竞赛体制就能推动群众性羽毛球运动向更深更广的层次发展。因为宜于社交，所以它在打破隔阂、增进友谊、促进交往方面也有其他方式不可替代的作用。

羽毛球运动的竞技性很高，技术性很强，具有灵活、快速、多变等技术特点。单是手法就有搓、推、勾、扑、放、杀、拉、吊、抽、挑、挡等。吊球又要分为轻吊、劈吊、正手吊、反手吊、头顶吊等。再加上落点之变，真是不可胜言。还有垫、跨、蹬、跳，前、后、左、右，前跑、后退、侧移、交叉等令人眼花缭乱的步法。因此，在羽毛球比赛时，运动员的表演十分精彩，时柔、时刚，时快、时慢，极富观赏性，是观众非常喜爱的竞赛项目。羽毛球赛场也因此成为商家所青睐的广告载体和社团宣传社会精神的场所。

羽毛球竞赛项目既有集体项目，又有个人项目；既要团队精神，又要个人拼搏。一场羽毛球单打比赛 50~90 分钟，每位运动员要在 35 平方米的场地上，变向 500 多次，奔跑 3000 米以上，不断地加速、急停、弯腰、后仰、起跳、转体，体力消耗很大。运动员不但要有充沛的体能，还要有顽强的意志品质，既要斗勇又要斗智。羽毛球竞赛蕴涵有团结拼搏，更快、更高、更强——更团结的向上精神，所以观看羽毛球竞赛，会给人们一种潜移默化的教育。

由于羽毛球运动员任何成绩的取得都要通过竞赛，因此，羽毛球竞赛是检验运动员训练情况的重要手段。它能引导羽毛球运动技、战术的创新，能提高运动员的心理素质，增强运动员的实战经验。

总而言之，羽毛球竞赛有很高的观赏价值、健身价值、载体价值、商业价值、竞技体育价值及很强的杠杆功能与社会教育功能。

第四节　羽毛球竞赛构成

羽毛球竞赛活动，无论是大规模的世界大赛，还是二三人之间的趣味性角逐，都是由参赛的人员、物资和信息组成的。

羽毛球参赛人员，包括主办者、承办者、参赛者、观赛者 4 个部分。主办者即主办单位，其代表是赛事组委会的重要成员，负责制定、颁布、解释、修订竞赛法规，选派技术官员并对赛事整个运行过程进行指导和监督。承办者指的是承接赛事的单位，组委会的办事机构主要由他们派员组成，是实施竞赛实务的人群，包括志愿者，如总务、医务、宣传、交通、接待等赛事管理与服务人员，他们的一切行为都必须符合竞赛法规的要求，接受主办单位的指导。参赛者以运动员和随队官员为主体，他们是运动成绩的创造者。还有贵宾和赞助商、技术官员和媒体等也属参赛者序列，他们都需要组委会和赛事运行团队提供服务支撑来完成参赛任务。观众是羽毛球竞赛所蕴涵的精神和美的受众体和欣赏者，同样也需要组委会和赛事运行团队的服务。主办者、承办者和技术官员（由主办单位选派的客户群）组成赛会的管理集团——竞赛组委会，按竞赛法规管理整个比赛大会。

羽毛球竞赛的场馆设施、器材设备、裁判用品、食宿行设施等为羽毛球竞赛物资。这些物资条件都必须符合竞赛规程和羽毛球比赛规则等竞赛法规的要求。

信息指的是比赛规则与竞赛规程等竞赛法规、竞赛成绩、竞赛秩序，以及伴随羽毛球竞赛所产生的一切文字的、有形的或无形的信息。

羽毛球竞赛管理，就是竞赛组委会通过他的办事机构，围绕着一个目标或宗旨，对这些“人员”“物资”和“信息”及他们的流动，进行有效的整合和排序。首先要制定好规程，规程的宗旨要明确，竞赛方法要选择准确，技术官员要调配合理；其次是科学地编排好竞赛秩序，按要求准备好场馆、器材，安排好食宿、交通、安保、卫生、宣传、广告征集、成绩公布和发奖等各项工作。这些工作水平的高低，直接影响着竞赛质量高低，也是竞赛质量评估的主要依据。

第五节　羽毛球竞赛法规

体育竞赛法规，是体育体制和体育竞赛体制的构成要素之一，是赛事组织、管理的法律依据，也是竞赛质量调控、评估的依据。

体育竞赛法规包括法律性法规和行业性法规两大部分。

《中华人民共和国体育法》就是法律性法规，对我国体育事业的性质、任务、组织和保障等，都作出了科学、全面的规定，是我国体育行业的最高法。立法权属全国人大及其常委会。

行业性法规又可分为赛事组织法规、赛事管理法规和技术法规。竞赛计划、竞赛规程总则、竞赛规程、注册办法等，都属于赛事组织法规。竞赛规则、裁判法、比赛编排方法、仲裁条例等，应属技术法规。而赛事管理法规又可分为一般性管理法规，如赛区条例、体育道德风尚评奖条例、赛风赛纪条例、反兴奋剂条例等；竞赛人员行为法规，如运动员行为规范、技术官员行为规范、随队官员行为规范、裁判员管理办法等；竞赛结果管理法规，如运动员等级制度、纪录申报审批公布办法等。

体育竞赛行业性法规，在我国一般是由政府体育主管部门或体育协会制定或审定、颁布实施的，国际上的体育竞赛法规多用“代表制的多数表决”方式审定、颁布实施。

但是，不管采用的立法方式是行政协商，还是多数表决，都必须经过准备、草拟、核准、审定、公布这几个过程。

采用行政协商方式制定体育行业法规时，准备是一个很深入、广泛的调查研究过程，草拟一般是由主办人员来完成的，完成核准任务的应是有专业知识的部门负责人，而负责审定的一定是具有签发权的机构领导。

凡已公布的竞赛法规，如竞赛临时性法规——竞赛规程，哪怕是进行细微的修订（文字性的勘误除外），都务必经过草拟、核准、审定、公布这几个环节，缺一不可。口头修订更是违法的。有人把口头的修订曲解为“法的解释”。“解释”是当某条文产生歧义时，在歧义所涵盖的种种不同解释中，选择一种最适合的说法。如果是改动字句，使条文的意思不在歧义所涵盖的各种不同解释中，那不是“解释”，而是修改或口头修订，是不合法的，容易引发竞赛事故。这种事故，在羽毛球竞赛史上曾经发生过。前车可鉴，大家不可不察！

体育竞赛行业性法规的立法程序与体育体制有关，立法原则与体育体制关系更加密切。法理学把立法原则分为两大类：立法价值原则和立法形式原则。立法价值原则包括平等原则、民主原则、权利原则、最大多数人的最大利益原则和全人类总体利益原则。立法形式原则包括位价原则、明确性原则、一致性原则、公开性原则和无溯及力原则。根据历史经验和当前的实际情况，综合《法理学》“立法原则”和“立法技术”的有关知识，我们认为体育竞赛行业性法规的立法，必须依从以下几个原则。

一、位价原则

“立法位价原则是指立法必须遵守法律效力等级的规定，不能违反上位价的立法”，一切体育竞赛行业性法规不能违反《体育法》，单项竞赛规程不能违反竞赛规程总则。竞赛规程是竞赛规则的上位法，可以选择竞赛规则或更改竞赛规则的某些条款。

二、简明性原则

简就是简练、通俗，明就是明确、规范。体育是最大众化的社会活动，所以体育竞赛法规必须最大众化、最简练、最通俗易懂，言语必须简练、明确、规范、通俗。

三、适应性原则

体育竞赛法规必须符合实际、实用有效。

四、一致性原则

一致性原则也称不矛盾原则，是指各种法规不得有相互矛盾的规定。一致性原则是理性要求，两条相互矛盾的规定会使人无所适从。

五、稳定性原则

稳定性原则是指法一经生效，就不能随意变动，应当保持相应的稳定性。如要变，在变中应保持连续性。

六、无溯及力原则

无溯及力原则是规范立法时间效力的原则。法律不得对它生效前的人和事有效。

七、公开性原则

公开性原则是指立法活动应当公开进行，不得闭门造车、由少数人私下拍板。它要求立法程序必须公开，从确立立法项目到立法最终结束都必须在阳光下进行，其中最重要的有两个环节：一是调查研究，广泛征求意见；二是法律法规必须公布，不能秘而不宣，未经公布的法律法规是无效的，不得施行。

羽毛球竞赛法规是体育法律法规体系的重要组成部分，必然要遵循体育法律法规的相关原则、技术、程序等基本规律。羽毛球竞赛法规，分为通用竞赛法规和专项竞赛法规两种。国家体育总局（原国家体委）所颁发的各个运动项目通用的竞赛法规，即为羽毛球运动通用竞赛法规，如《运动员技术等级管理办法》《体育竞赛裁判员管理办法》《反兴奋剂条例》等；羽毛球运动专项竞赛法规，指的是世界羽联和国家体育总局、中国羽毛球协会颁发的羽毛球竞赛章程、规程和规则等。

羽毛球竞赛常用法律法规有：《中华人民共和国体育法》《全民健身条例》《体育赛事活动管理办法》《体育竞赛裁判员管理办法》《运动员技术等级管理办法》《反兴奋剂条例》《羽毛球赛事竞赛规程》《羽毛球竞赛规则》《全国运动员注册与交流管理办法羽毛球项目实施细则（试行）》《羽毛球运动员技术等级标准》《中国羽协运动员竞赛积分排名管理规定》《中国羽协全民健身系列积分赛规则（试行）》《中国羽毛球协会裁判员管理办法》《中国羽毛球协会章程》《世界羽联章程》《世界羽联通用竞赛规程》《世界羽联排名系统》《世界羽联运动道德规范》《世界羽联残疾人羽毛球比赛有关规定》《世界羽联各项竞赛规程》等。这些羽毛球竞赛常用法规，除《羽毛球竞赛规则》外，均可从国家体育总局、中国羽毛球协会和世界羽联官网或其他网页如百度、搜狐等搜索、下载。

羽毛球运动竞赛法规，是组织管理羽毛球运动竞赛活动的法律依据，也是评估羽毛球竞赛质量的主要依据。它是竞赛秩序的保障，无论是主办者、承办者还是参赛者，都必须认真学习、严格遵守。

世界羽毛球竞赛法规由世界羽联理事会制订颁发，解释权、修订权均属世界羽联及所委派的代表。

中国羽毛球竞赛法规是由中国羽毛球协会依据国家体育法、国家体育总局竞赛法规和世界羽联竞赛法规制定，经国家体育总局批准、颁发的。它的修订和解释权属国家体育总局或中国羽毛球协会及所委派的代表。

每次比赛的大会组委会是羽毛球竞赛法规的护法和执法机构，拥有法规的执行权和解释权。裁判长对竞赛规则具有执行权和解释权。在不违背羽毛球竞赛法规精神的前提下，裁判长、教练员联席会议有权对有关法规作适当的补充。

第六节　羽毛球竞赛分类

羽毛球竞赛依不同标准，可建立不同的分类体系。按竞赛等级可分为：基层比赛、地区性比赛、全国性比赛、国际比赛、洲级比赛、世界大赛等。按比赛的性质、任务可分为：综合性运动会羽毛球比赛、锦标赛、冠军赛、分龄赛、对抗赛、邀请赛、选拔赛、等级赛、友谊赛、表演赛、公开赛和俱乐部联赛等。

下面向大家介绍世界羽联、中国羽协的赛事体系和几类国际、国内主要的羽毛球比赛。

一、世界羽联赛事体系

目前，世界羽联赛事体系如图 1-1 所示。

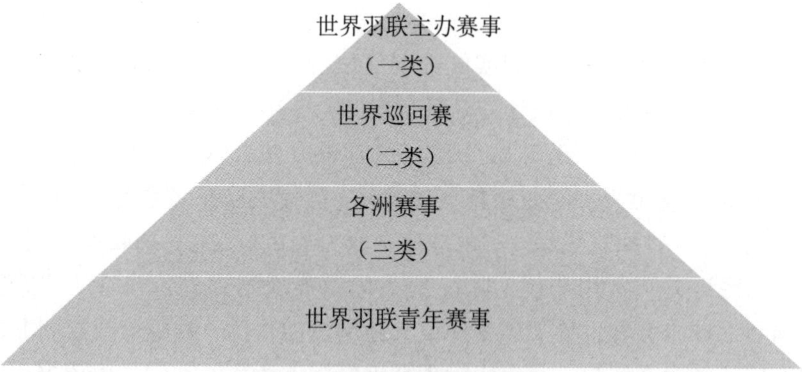

图 1-1　世界羽联赛事体系

（一）世界羽联主办赛事（一类赛事）

1. 世界锦标赛（5 个单项）
2. 汤姆斯杯赛（世界男子团体锦标赛）
3. 尤伯杯赛（世界女子团体锦标赛）
4. 苏迪曼杯赛［世界（混合）团体锦标赛］
5. 苏哈迪纳塔杯赛（世界青年团体锦标赛）

6. “视界”杯赛（世界青年锦标赛）

7. 世界中老年锦标赛

世界羽联主办的赛事目前均不设奖金。

（二）世界巡回赛（二类赛事）

第 1 级别：世界巡回赛总决赛（总奖金不低于 150 万美元）

第 2 级别：世界巡回赛——超级 1000 赛事（总奖金不低于 100 万美元）

第 3 级别：世界巡回赛——超级 750 赛事（总奖金不低于 70 万美元）

第 4 级别：世界巡回赛——超级 350 赛事（总奖金不低于 35 万美元）

第 5 级别：世界巡回赛——超级 150 赛事（总奖金不低于 15 万美元）

第 6 级别：世界巡回赛——超级 100 赛事（总奖金不低于 7.5 万美元）

目前，世界巡回赛的第 1 至第 5 级别赛事由汇丰冠名。

（三）各洲赛事（三类赛事）

1. 国际挑战赛（总奖金不低于 2.5 万美元）
2. 国际系列赛（总奖金不低于 1 万美元）
3. 未来系列赛（总奖金不低于 1 万美元）

（四）世界羽联青年赛事

1. 青年国际大奖赛
2. 青年国际挑战赛
3. 青年国际系列赛
4. 青年未来系列赛

（五）户外羽毛球

2019 年 5 月，世界羽联户外羽毛球项目（AirBadminton）在广州正式启动。

世界羽联这一雄心勃勃的新发展计划，旨在为更多年龄不同、能力不同的大众随时随地享受到羽毛球运动的乐趣创造机会，从而使硬地、草地、沙地，或公园、花园、街道、操场和海滩都成为开展羽毛球运动的场所。

户外羽毛球项目的关键所在是羽毛球的防风性能，这是用天然材料制成的传统的羽毛球无法实现的。随着科技的进步和新材料的产生，世界羽联与新加坡南洋理工大学自 2013 年 6 月起，经过 5 年的合作开发，推出了一款用合成材料制成的羽毛球——户外羽毛球（AirShuttle）。它有更强的防风性能、旋转效应和耐久性，同时又不必对传统的羽毛球拍做任何改动，从而以一种有效、实用和可持续的方法来鼓励更多的爱好者在更多的地方参与羽毛球运动。

户外羽毛球活动的基本规则是：

①户外羽毛球场地最好侧风摆放，以发挥球的最佳防风性能。

②户外羽毛球的场地长 16 米，单打场地宽 5 米，双打或三对三场地宽 6 米；沿网面两侧的两米线之内为落点禁区，之外是双方各自的击球区。两米线之后的三米处，两条边线上的前发球线标记连线为双方各自的虚拟前发球线，其后的场区为发球区。

③使用硬地或草地时，网柱自地面起高 1.55 米，球网中心点处的网高 1.52 米。如使用沙地时，网柱自地面起高 1.50 米，场地中心点处的网高 1.45 米。网柱应放置在双打边线中点处与边线垂直的外延线上，距边线中点不得超过 1 米。

④现有的室外羽毛球场地也能进行世界羽联户外羽毛球活动。

⑤在距各自禁区线 3 米处的场地两侧边线上，设有“发球标记”。两侧发球标记的连线与各自端线之间的区域为发球区。

⑥发球时，发球员必须站在本方发球区内，击中球的瞬间，整个球应低于球网高度。球被击出后的飞行轨迹应是仰角的。发球或击球过网后，球落入对方落点禁区以外的场区为合法发球或合法击球。

⑦三打三时，发球规则与传统羽毛球轮转方法一致。同一名运动员不得连续两次接发球。

⑧世界羽联推荐的计分方法是 11 分制，五局三胜。但仍可采用其他计分方式。

⑨比分 10 平时，率先领先两分的一方胜该局。

⑩比分 12 平时，先得 13 分的一方胜该局。

⑪一局的胜方在下一局（如有）首先发球。

⑫每局结束，双方交换场区。如有第 5 局，一方先到 6 分时，双方交换场区。

⑬每次局间间歇不超过 120 秒。每局比赛一方先得 6 分时，允许局中间歇不超过 60 秒。

（六）世界羽联残疾人赛事

秉承健全人和残疾人羽毛球事业共同发展的理念，世界羽联设有专门的残疾人羽毛球事务部门，负责残疾人羽毛球事业的发展和赛事组织。目前的主要赛事有：残奥会羽毛球赛、听障奥林匹克运动会羽毛球赛、特殊奥林匹克运动会羽毛球赛、残疾人羽毛球世界锦标赛、残疾人羽毛球国际公开赛。

亚洲区域的残疾人羽毛球主要赛事有：亚洲残疾人运动会羽毛球赛、亚洲残疾人羽毛球锦标赛（注：原远东及南太平洋地区残疾人运动会羽毛球赛自 2010 年起，更名为亚残运会羽毛球赛）。

二、国际主要的羽毛球比赛

当今世界范围内，各类羽毛球赛事频频举行，其中最主要的有以下 14 项。

（一）奥林匹克运动会羽毛球比赛（Olympic Games Badminton）

1985 年 6 月 5 日，在国际奥林匹克运动委员会第 90 次会议上，决定将羽毛球列为夏季奥运会正式比赛项目，从此打开了羽毛球比赛进入奥运会竞赛的大门。三年后的 1988 年，羽毛球成为汉城奥运会表演项目。1992 年在巴塞罗那举行的第 25 届夏季奥运会上，羽毛球成为正式比赛项目，设男单、女单、男双、女双 4 枚金牌。1996 年亚特兰大奥运会，又增设了混合双打项目。在因新冠肺炎疫情而延期至 2021 年的东京奥运会之前，羽毛球混合双打是奥林匹克运动会唯一男、女同场竞技的对抗性项目。

每届奥运会前一年的 5 月 1 日至奥运会当年的 4 月 30 日，为该届奥运会羽毛球赛积分周期。由世界羽联认定该周期内哪些比赛为奥运会资格赛。运动员在这些比赛中的积分为有效分值，并以分值排名。排名是决定参加奥运会人选的主要依据，但还要根据奥运会羽毛球项目参赛运动员人数总额、同一国（地区）在同一个项目运动员限额、运动员地区分布、东道主运动员人数等情况，综合确定参加奥运会的具体人选。

历届奥运会举办年份、主办城市和羽毛球赛各单项冠军

奥运会羽毛球赛 5 个单项的金牌获得者获奥运冠军称号。

（二）世界羽毛球男子团体锦标赛——汤姆斯杯赛（Thomas Cup）

国际羽联第一任主席汤姆斯爵士，于 1934 年捐资 3000 英镑制作了一座 70 厘米高的奖杯，作为世界羽毛球男子团体锦标赛的冠军流动奖杯，所以世界羽毛球男子团体锦标赛又称汤姆斯杯赛。因受第二次世界大战影响，汤姆斯杯赛直至 1948 年才举行了第 1 届比赛。它每 3 年举行一次，每场比赛由 5 场单打、4 场双

打组成，9 场比赛分两天进行。从 1984 年改为每逢双数年举行，并由 9 场制改为 5 场制，由 3 场单打、2 场双打组成。

目前，汤姆斯杯赛决赛阶段的 16 支参赛队伍如此产生：首先，上届冠军队和东道主队直接进入决赛阶段；余下名额由世界羽联分配给亚洲、欧洲各 4 个、非洲、美洲及大洋洲各 1 个，这些名额根据各洲预选赛名次决定归属；最后剩下的 3 个名额（如果上届冠军和东道主是同一支队伍，则剩下 4 个名额）根据世界羽联确定的余下各队的世界排名遴选。各会员协会代表队的团体积分即本协会运动员在世界羽联指定日期公布的男子单打和男子双打世界排名中分列最高的三个单打的分值和两对双打的分值之和。分值高的队排名列前。决赛通常在 5 月举行，参加决赛的 16 支队分为 A、B、C、D 四组进行单循环赛，排出小组的 1~4 名，第二阶段比赛由小组前两名经再次抽签进入单淘汰赛，最终胜者获得冠军。

迄今为止共举行了 30 届汤姆斯杯赛，马来西亚（马来亚）获 5 次冠军（第 1、2、3、7 和 17 届），印度尼西亚获 13 次冠军（第 4、5、6、8、9、10、11、13、18、19、20、21 和 22 届），日本（第 28 届）和丹麦（第 29 届）各获 1 次冠军，中国自 1982 年开始参加汤姆斯杯赛，共获 10 次冠军（第 12、14、15、16、23、24、25、26、27 和 30 届）。

历届汤姆斯杯赛举办年份、地点、冠军/亚军和决赛比分

（三）世界羽毛球女子团体锦标赛——尤伯杯赛（Uber Cup）

尤伯杯是世界著名羽毛球运动员尤伯夫人于 1956 年捐赠的，供世界羽毛球女子团体锦标赛作冠军流动奖杯。

1957 年举行第 1 届尤伯杯赛，之后每 3 年举办一届，每场团体赛由 3 场单打和 4 场双打组成。1981 年两个世界羽毛球组织合并后，决定从 1984 年第 10 届开始改为每 2 年举办一届，且汤、尤杯赛同期、同地进行，每场团体赛采用五场三胜制的比赛方法。

尤伯杯决赛阶段 16 支队伍的产生办法同汤姆斯杯赛。

在尤伯杯赛的历史上，美国获得 3 次冠军（第 1、2 和 3 届），日本获得 6 次冠军（第 4、5、6、8、9 和 27 届），印度尼西亚获得 3 次冠军（第 7、15 和 16 届），韩国获得 1 次冠军（第 23 届），中国自 1984 年开始参加尤伯杯赛，一共获得 14 次冠军（第 10、11、12、13、14、17、18、19、20、21、22、24、25 和 26 届）。

历届尤伯杯赛举办年份、地点、冠军/亚军和决赛比分

需要说明的是，1980—1981 年度在东京举行的第 9 届尤伯杯赛采用的是与汤姆斯杯赛相同的九场五胜制。当时在日本女队对印度尼西亚女队的决赛中，两队分别在首日比赛中各胜一场女单和一场女双，战成 2∶2。次日的三场女单和两场女双中，印度尼西亚队仅在一场女双中取得胜利，从而以总分 3∶6 败北。这是尤伯杯赛自诞生以来第一次采用与汤姆斯杯赛同样的赛制，也是唯一一次采用九场五胜制。自 1984 年起，合并后的国际羽联将汤姆斯杯赛制和尤伯杯赛制均改成五场三胜制，这一赛制沿用至今。

（四）世界羽毛球（混合）团体锦标赛——苏迪曼杯赛（Sudirman Cup）

1989 年在印度尼西亚举行了第 1 届苏迪曼杯赛。苏迪曼是印度尼西亚羽协创始人，担任印度尼西亚羽毛球协会主席达 22 年，并长期担任国际羽联理事和副主席。印度尼西亚羽协为纪念他，向国际羽联捐赠了以苏迪曼命名的奖杯，作为世界羽毛球混合团体锦标赛冠军的流动奖杯。苏迪曼杯赛每逢单数年举行，最初与世界锦标赛同期、同地举办，自 2003 年第 8 届起单独举办，至今共举行了 16 届。每场团体赛均由男单、女单、男双、女双和男女混合双打 5 场比赛组成，各单项的出场顺序由裁判长最终决定。

历届苏迪曼杯赛举办年份、地点、冠军/亚军和决赛比分

首届冠军为印度尼西亚，第 2、3、8、15 届冠军是韩国，第 4、5、6、7、9、10、11、12、13、14、16 届冠军均为中国。

（五）世界羽毛球锦标赛（World Badminton Championships）

世界羽毛球锦标赛，也就是 5 个单项世界最高水平的羽毛球比赛。国际羽联于 1977 年和 1980 年，分别在瑞典的马尔默和印度尼西亚的雅加达举办了国际羽联第 1 届和第 2 届世界锦标赛。世界羽联于 1978 年和 1979 年，分别在曼谷和杭州举办了世界羽联的首届和第 2 届世界锦标赛。两个羽毛球国际组织合并后，自 1983 年起，世界锦标赛每 2 年举办一届，每逢单数年举办。1989 年起与新创办的苏迪曼杯赛同期、同地举行。2003 年起，世界锦标赛单独举办。2006 年起，世界锦标赛成为非奥运年的年度赛事，赛期一般在下半年。

历届世界锦标赛举办年份、地点/组织和各单项冠军

目前，每个会员协会在每个单项的报名不得超过 4 名（对）。各单项比赛均采用单淘汰制决出冠亚军，半决赛的负者并列为第 3 名。

世界锦标赛 5 个单项的金牌获得者获世界冠军称号。

（六）世界杯赛（World Cup）

1979 年 5 月，世界羽联（WBF）在中国杭州举办了第 1 届世界杯羽毛球赛，设男、女团体两个项目。同年，国际羽联（IBF）在东京举办了第 1 届世界杯（单项）羽毛球赛。两个羽联合并后的年度赛事——世界杯赛始于 1981 年，首届在马来西亚的吉隆坡，仅进行男子单打和女子单打两个项目的比赛，以后每年举行一次。自 1983 年起增为 5 项。实际上，它是世界羽毛球精英赛，参赛人数限定为：男单 16 名、女单 12 名、男双 8 对、女双 6 对、混双 6 对，均由国际羽联和组委会根据世界排名邀请。比赛分两个阶段进行，先进行分组循环赛，再由单打 4 个小组的第 1 名、双打 2 个小组的前两名，分别进行单淘汰赛决出冠军。1997 年之后，作为世界羽联年度赛事的世界杯赛停办。此后，我国曾在 2005 年和 2006 年与世界羽联合作举办过名为世界杯的邀请赛。

历届世界杯赛举办年份、地点/组织和各项冠军

（七）世界巡回赛（World Tour）

世界巡回赛由世界羽联于 2017 年正式推出。是在之前世界羽联先后推出的格兰披治大奖赛、世界系列大奖赛和世界超级系列赛的基础上，重新整合赛事资源后创办的规模更大、等级更高的新系列赛事。每年世界羽联组织的世界巡回赛属世界羽联二类比赛，仍以奖金和赛事积分为杠杆，分成六个级别，每个级别若干站，在不同的国家或地区举行。比赛的商业权益在世界羽联和主办每站赛事的会员协会之间分配，以此对巡回赛整体商业权益（如总冠名）和分站赛商业权益进行开发，筹措比赛经费和奖金。世界巡回赛根据每站比赛的奖金数量，配以不同的积分。依据参赛者各站比赛成绩，累计积分，世界羽联每周公布世界巡回赛积分排名，作为相应站次比赛种子的依据。每年末举行总决赛。按排名，男、女单打前 16 名各分成 4 组进行单循环赛，小组的第 1 名进入前 4 名的单淘汰赛；双打项目前 8 对选手，各分成 2 个小组进行单循环赛，小组的第 1、2 名进入前 4 名淘汰赛。

该赛事在世界范围内，把绝大多数的羽毛球赛事整合在一个更高、更大的平台上，为不同国家和地区的羽毛球选手提供了更多比赛和获奖的机会，促进了世界羽毛球运动的发展，也为羽毛球选手的职业化提供了一定的条件。

世界巡回赛赛事一览表

（八）世界青年羽毛球锦标赛（World Junior Championships）

世界羽联于 1992 年开始举办世界青年羽毛球锦标赛，设 5 个单项。每个单项设冠军流动奖杯，1992—2010 年冠为“比曼德拉”杯，自 2011 年起改冠为“视界”（EYE LEVEL）杯。赛事举办当年未满 19 岁的青少年才能参赛。

世青赛 5 个单项的金牌获得者获世界青年冠军称号。

（九）世界青年羽毛球团体锦标赛（World Junior Team Championships）

从 2000 年起，世界羽联开始举办世界青年羽毛球团体锦标赛，采用苏迪曼杯赛的比赛办法，年龄限定与世界青年锦标赛相同，与世界青年锦标赛同期、同地举行。自 2010 年起设冠军流动奖杯——苏哈迪纳塔杯。

历届世界青年锦标赛及世界青年团体锦标赛举办年份、地点、设项和各项冠军

（十）世界中老年羽毛球锦标赛

2003 年，世界羽联举办了第 1 届世界中老年锦标赛，参赛者自 35 岁起，每 5 岁为一个组别，每个组别均设 5 个单项，60 岁以上组为最大年龄组。目前，世界中老年羽毛球锦标赛每逢单数年举行一届。2021 年、2023 年和 2025 年的世界中老年锦标赛将分别在西班牙、韩国和新西兰举行。

（十一）亚洲羽毛球锦标赛

亚洲羽毛球联合会创立于 1959 年。中国羽协于 1974 年成为亚羽联会员。亚洲锦标赛是亚羽联主办的亚洲最高水平羽毛球赛事。该赛事于 1962 年创办后至 1991 年的 30 年间，一共举办了 11 届，赛期不规律。其中，在印度海德拉巴举行的第 5 届亚锦赛和在印度加尔各答举办的第 6 届亚锦赛之间间隔了 7 年。自 1991 年始，亚锦赛每年举办一届。亚锦赛的设项曾采用团体和单项交替举办的模式。自 1994 年起，亚锦赛只设男子单打、女子单打、男子双打、女子双打和混合双打 5 个单项。5 个单项的金牌获得者获亚洲冠军称号。

历届亚洲锦标赛举办年份、国家/地区和主办城市

自 2016 年起，亚羽联规定在世界羽联各单项世界排名中积分最高的前 10 位亚洲选手必须参加亚洲锦标赛，否则罚款 2000 美元，并于 2017 年提高罚款额度至 5000 美元。这一措施再加上参加亚锦赛可获得奥运会和世界巡回赛的相应积分，从而有力地保证了亚锦赛的竞技水平，避免了亚锦赛在世界各类赛事的竞争

中被边缘化的可能，提升了亚锦赛的影响力。

截至 2020 年，在已经举办的亚锦赛中，马来西亚举办了 10 届，印度举办了 5 届，菲律宾举办了 2 届，印度尼西亚举办了 6 届，泰国举办了 2 届，韩国举办了 1 届，中国举办了 13 届。

亚锦赛的举办历程，反映了亚羽联和亚洲羽毛球运动的发展历程，也反映出亚羽联各会员协会的实力和对亚洲羽毛球运动的贡献。

（十二）亚洲团体锦标赛

亚洲团体锦标赛是亚羽联主办的高水平羽毛球团体赛事，曾在亚洲锦标赛名下与单项比赛交替进行。自 2018 年起，每年举办一届亚洲羽毛球团体锦标赛。逢单年只设混合团体项目，对应当年的苏迪曼杯赛；逢双年则设男子团体和女子团体项目，对应当年的汤尤杯赛。

历届亚洲团体锦标赛举办年份、地点和项目

（十三）亚洲青年锦标赛

亚洲青年锦标赛是亚羽联主办的高水平青年羽毛球赛事。于 1997 年在菲律宾马尼拉创办首届比赛，在男子团体、女子团体、男子单打、女子单打、男子双打、女子双打和混合双打 7 个项目中，中国队获得男子团体、女子团体、女子单打（龚睿那）、女子双打（高崚/杨维）和混合双打（程瑞/高崚）5 项冠军；印度尼西亚的陶菲克获男单冠军；马来西亚的陈忠明/颜伟德获男双冠军。此后，亚青赛每年举办一届。

2006 年起，为与世界青年锦标赛接轨，改设混合团体、男子单打、女子单打、男子双打、女子双打和混合双打 6 个项目。各比赛项目的金牌获得者获亚洲青年冠军称号。

（十四）亚羽联 U 系列赛事

亚羽联于 2007 年开始举办 U 系列比赛。作为亚青赛（U19）的补充，比赛设 U17 和 U15 两个系列。

三、国内主要的羽毛球比赛

我国的羽毛球赛事种类较多，已形成从少年到老年、从专业到休闲、从竞技到商业、从地方到国际，系统、完整的羽毛球赛事体系。主要赛事有如下几项。

（一）全国综合性运动会羽毛球比赛

1. 全运会羽毛球赛

自1959年我国举行第1届全国运动会起，羽毛球就是正式比赛项目。目前，全运会每4年举行一次，分专业运动队组和群众组，分别设男、女团体和5个单项。

2. 青少运、城运会和青运会

1985年，第1届全国青少年运动会在郑州举行，未设羽毛球项目。之后，1989年在沈阳举办了第2届，羽毛球项目的比赛在丹东举行。

由于全国青少年运动会的年龄设限和设项与1988年在济南首办的全国城市运动会相近，且都是每4年举行一次，为更合理地整合赛事资源，充分发挥城市对体育事业的引领作用，推动城市对体育事业的更大投入，举办了两届的以省、自治区、直辖市和行业体协为主要参赛单位的全国青少年运动会停办，并入了以直辖市所属区县、省会城市和计划单列市为主要参赛单位的全国城市运动会。羽毛球项目一直是城运会的比赛项目。

2010年国际奥委会在新加坡举办了第1届青年奥林匹克运动会后，为与国际接轨，特别是为了更好地将后备梯队建设与奥运战略接轨，2013年，定于2015年在福州举办的第8届全国城市运动会更名为“全国青年运动会”，并从2015年起，每4年举办一届。在已经举办的全国青年运动会中，羽毛球都是正式比赛项目。

2019年在山西举办的二青会上，羽毛球比赛分为体校组和社会俱乐部组，两组分别设项。此后，随着“体教融合”的推进，青运会已经与全国学生运动会合并。

（二）中国羽毛球协会赛事体系（图1-2）

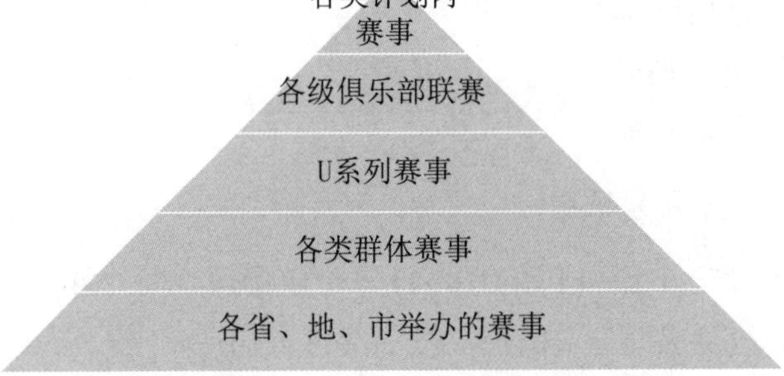

图1-2 中国羽协赛事体系

1. 计划内赛事

（1）全国羽毛球锦标赛

目前，全国羽毛球锦标赛分为全国团体锦标赛和全国单项锦标赛两个赛事。前者设男子团体、女子团体两个团体项目，后者设男子单打、女子单打、男子双打、女子双打和混合双打 5 个单项，每年各举行一次。以有专业队的各省、自治区、城市等为主要参赛单位。两个赛事的金牌获得者获全国冠军称号。

（2）全国羽毛球冠军赛

目前，全国羽毛球冠军赛分为全国团体冠军赛（设混合团体）和全国单项冠军赛（设男子单打、女子单打、男子双打、女子双打和混合双打）两个赛事，每年各举行一次。以有专业队的各省、自治区和城市为主要参赛单位。

（3）全国青年羽毛球锦标赛

目前，比赛分甲组（18 岁）和乙组（16、17 岁）两个组别。分别设男、女团体赛，男、女单打，男、女双打及混双 7 项，每年举行一次。各组别各项目金牌获得者获全国青年冠军称号。

2. 俱乐部联赛

为开拓羽毛球竞赛市场，国家体育总局乒乓球羽毛球运动管理中心从 1999 年开始尝试举办以俱乐部为参赛单位的团体赛，比赛采用主客场制，每年度举行一次。赛事允许运动员跨省交流、引进外援、强强联合等。因比赛热点较多、水平较高，观众有归属感，加上电视转播的覆盖，吸引了商家积极加盟，推动了羽毛球运动的普及和提高。全国羽毛球俱乐部联赛是羽毛球竞赛改革的有益尝试。目前，有三个等级的俱乐部联赛。

（1）俱乐部超级联赛

（2）俱乐部甲级联赛

（3）俱乐部乙级联赛

3. 全国 U 系列羽毛球赛

比赛分 U15-17、U12-14 和 U10-11 3 个年龄段，每个年龄段设南、北两个分赛区和一个总决赛赛区。U15-17 每个赛区分 16~17 岁和 15 岁两个年龄组，分设男子团体、女子团体、男子单打、女子单打、男子双打、女子双打和混合双打 7 个项目。U12-14 和 U10-11 每个赛区按每个年龄组设男子团体、女子团体、男子单打、女子单打、男子双打、女子双打6个项目。各年龄段每年进行一次系列赛。

4. 群体性羽毛球赛

近年群众性羽毛球运动蓬勃发展，有组织的、自发的，各种各样的羽毛球比赛如雨后春笋般遍及神州大地，主要有各行业羽毛球赛、学校羽毛球赛、中老年羽毛球赛等，大大促进了我国羽毛球运动的普及和提高，也促进了我国羽毛球运动竞赛的改革和发展。

目前，中国羽毛球协会主办的年度群众性羽毛球比赛有：全国东西南北中羽毛球大赛、中国羽协业余俱乐部联赛、全国中老年羽毛球邀请赛和全国东西南北中青少年赛四大赛事和系列赛事，以及一些国际、国内的邀请赛、公开赛等，深受广大羽毛球爱好者的喜爱。参赛者从龆龀之年到耄耋老人，甚为踊跃。

5. 省、地、市级羽毛球赛

为了促进羽毛球后备人才的培养、推动羽毛球运动的发展，我国许多省、地、市每年都要举行1~2次省、地或市青少年羽毛球比赛。此外，各地也举办了大量的群体羽毛球赛事。

6. 残疾人羽毛球赛事

中国残疾人联合会是境内残疾人羽毛球赛事组织与管理的职能单位。目前的主要赛事有：

（1）全国残疾人运动会羽毛球赛（含听障）

（2）全国残疾人羽毛球锦标赛（含听障）

（3）全国残疾人羽毛球挑战赛（群体项目）

（4）全国特奥羽毛球赛

第七节 羽毛球竞赛项目

羽毛球运动竞赛项目可分为单项赛和团体赛两种。

一、羽毛球单项赛项目

羽毛球单项赛主要有男子单打、女子单打、男子双打、女子双打和男女混合双打5个项目。现在民间还流行一种三对三的比赛项目，以及世界羽联推广的户外羽毛球项目。

二、羽毛球团体赛项目

羽毛球团体赛项目主要有男子团体赛、女子团体赛和男女混合团体赛三大项。常用赛制有三场制、五场制和多场制等。

三场制：每场团体赛由 2 场单打和 1 场双打组成，比赛顺序为单—单—双或单—双—单，也可以 3 场都是单打。每队一般要限定报名人数，每名运动员只能打一个单打，双打可以由单打运动员兼项，也可以规定单、双打不能互兼。这是基层比赛中常用的赛制。

针对以娱乐为主和更强调参与性的群众性赛事，三场制团体赛也可设两双一单，或三双。

五场制：能够比较全面地体现参赛队的整体实力。因此，羽毛球团体赛最常用的竞赛办法就是五场制。每个团体赛一般由三单两双组成，每队限定报名人数。比赛顺序多种多样，常用的有：单—单—单—双—双、单—双—单—双—单、双—单—双—单—单、单—单—双—双—单等。比赛顺序也可以根据运动员兼项情况进行调整。男女混合团体赛，采用两单三双的打法，即男、女单打各 1 场，男、女双打各 1 场，混合双打 1 场，出场顺序由裁判长根据运动员兼项决定。

针对以娱乐为主和更强调参与性的群众性赛事，五场制团体赛也可根据需要调整单打或双打的场数。

多场制：团体赛由超过 5 场单项赛组成，称多场制。多在对抗赛或双边比赛中采用。场数（一般为单数）、参加人数和比赛项目，可由参加者共同约定。

总分制：团体赛由单打、双打等多场组成，但不以场、局、分定胜负，而是以总分定胜负。如某团体赛由男单、女单、混双三项组成，各项 21 分，总分 50 分。各项比赛均以有一方先得 21 分即结束该项比赛，接着进行下一项比赛，各场得分累加，先得 50 分者胜。出场顺序多采取抽签的方法来确定。这种赛制常在群众性比赛中使用，总分、项目都可自由设定，时间可控，比赛趣味性高。

团体赛出场名单的确定方法，一般来说有两种：一种是按技术水平顺序出场，各队报名时，应填报参赛运动员的单打技术顺序，并按要求填写一定数量的双打配对的技术顺序，这些顺序须经确认，赛前予以公布，各队交换名单时，须按确认的顺序填写，不得颠倒；另一种是根椐各自的情况，任意布阵出场，这种出场方法有田忌赛马之趣，但易出现与实际水平不相当的比赛结果，高水平竞赛一般不用。

CHAPTER 02

第二章 羽毛球竞赛运行设施

羽毛球竞赛运行设施，包括羽毛球比赛场馆、比赛设施器材、裁判器材用品等。它应根据比赛的级别和赛会的法规要求进行配备和设置。奥运会和国际羽毛球比赛的器材和场馆设备，必须符合世界羽联的竞赛规程和规则；全国比赛必须按中国羽毛球协会颁布的规程和规则选择场馆、配置器材；群体性比赛则可变通，不必责备求全。

第一节 羽毛球比赛场馆

羽毛球比赛既可以在室内进行，也可以在室外进行。比赛一般都在比赛馆内进行，综合性运动会的羽毛球比赛还必须在专门设计的羽毛球比赛馆内进行。世界羽联推广的户外羽毛球运动，也有相应的规则与器材标准。

一、综合性运动会和世界羽联国际比赛用场馆

综合性运动会羽毛球比赛和正式国际羽毛球比赛等高水平赛事，都要求在外部环境优美、交通便捷、建筑与设施符合环保要求，所有公共设备都具有无障碍功能的羽毛球比赛馆内进行。

馆外实行严格的人车分流交通体系，确保观众、运动员、技术官员、贵宾、新闻媒体等人流、车流互不干扰。馆内强调具备自然化、人性化的步行空间，特别注意考虑残疾人无障碍通道的设计，各部分人流要立体分流，保证安全便捷。

比赛馆的观众座位，不得少于6000席。内场应能放置6~8片标准的羽毛球比赛场地，并可根据比赛进程调整场地的数量。比赛馆的比赛场区、热身区、运动员区、训练区、贵宾区、赞助商区、媒体区、电视转播区、观众区、竞赛管理区、场馆运行区、安保区等功能区要齐全。

（一）比赛场区（FOP）

①比赛场区为一长方体空间，馆内保持 19~26 摄氏度恒温。

②地面为有弹性的木地板，并铺设经批准的羽毛球比赛专用塑胶球场，球场尺寸为 13.4 米× 6.1 米，距球场边、端线 2 米内为无障碍区。木地板裸露表面均要覆以地毯。

③地面至天花板是等高的，净空高度不低于 12 米，最好不超过 15 米，没有不规则走向的梁架。

④配备符合要求的比赛照明灯具，垂直照度至少可达 1400 勒克斯，以满足比赛和电视直播的需要，且开关自如，即开即亮，无极调光、调向，不晃眼。比赛时，灯光笼罩在球场及其四周 2 米的区域内，产生一种场内明亮、背景较暗的舞台灯光效果；其余区域特别是观众区的亮度可调。有专门设计的体育展示和颁奖仪式灯光。

⑤场馆内无自然光线射入，无反光物体。所有墙面、广告板、座椅、标牌、灯架、天花板均为深色、亚光。广告板面不反光，最好不超过两种颜色，浅色部分面积所占比例应符合世界羽联有关规定。

⑥为有效避免馆内回旋气流的产生，并将其他的空气流动降至最低程度，比赛馆内空间结构最好为长方体。观众席位实施分层、分区管理，以减少观众在馆内的走动距离。所有出入口均为双层密闭门或防风门帘，空调设计要采取特殊措施，以便控制出风方向、风速和风量。

⑦比赛场区内应设技术代表席（奥运会和亚运会时）、裁判长席、回放系统工作台、竞赛管理席、裁判管理席、医务席、体育展示工作台、内场新闻媒体管理席、场地器材管理席等，且有明显标志。

⑧比赛场区一侧应有裁判员专用候场席位、辅助裁判员专用候场席位和相关志愿者席位。

⑨每个比赛场地的无障碍区外，应设临场教练员座位。

⑩比赛场区内备有符合要求的各类比赛器材和设备，如场地计分屏、大型电子显示牌、大型图像显示屏、瓶装饮用水站，以及室温、湿度和气压测量记录仪、即时回放设备等。

⑪在不影响比赛的情况下，比赛场区应有颁奖区设计，供发奖升旗仪式用。颁奖区应圈定边界，没有引导员带领不得入内。区内设颁奖台、升旗装置等发奖设施。

⑫比赛场区器材设施设计示例。

《×××羽毛球赛比赛场区（FOP）器材设施设计方案》

1. 比赛场区（FOP）总体要求

比赛场区位于比赛馆中央的比赛大厅，其赛时注册通行权限为比赛场区（FOP）。比赛场区包括5块比赛场地（决赛开始只保留中间1块比赛场地）、技术官员候场区、竞赛工作台、各类体育器材和辅助器材，以及4个工作出入口、2个紧急疏散出口、1个急救出入口。

2. 地面

在木板地面上，铺设主办单位批准的羽毛球比赛塑胶场地。木地板裸露部分用地毯覆盖。当使用3块或1块场地时，不用的场地也需用地毯覆盖（羽毛球塑胶场地备份1块）。

3. 比赛器材

相应数量的羽毛球网、网柱、拍包筐、贮球箱、运动员坐椅、教练坐椅、电视转播员坐椅（各备份1份）、比赛用球若干。

4. 裁判器材

相应数量的主裁判耳麦、主裁判椅、发球裁判椅、司线裁判椅、擦地板员座椅、引导员座椅、量网尺、计分垫板、间歇标、拖把、秒表（各备份1份）、鹰眼接口馈线与相关的设备。

5. 计分器材

相应数量的计分屏（大屏幕显示屏）、计分屏操作电脑（笔记本）、计分操作台、操作员座椅（各备份1份）。

6. 工作台

①2排以上，不少于40个工作位。

②桌子、座椅、台布、工作岗位标识牌40个，配置必要的电源、网络接口、Wi-Fi和电源插板、麦克风、对讲机若干对。

③位置：与主机位同侧或根据流线进行安排，原则是避开主播电视和摄像镜头，确保画面干净完美。

7. 体育展示器材

广播音响系统、灯光秀系统，在内场东西两面墙上各设置1个可切换播放比赛成绩、比赛实况、网络评论及大会宣传视频的大屏幕和必要的设备，以及表演人员的服装、道具。

8. 颁奖器材

颁奖台、红地毯、托盘、奖品展示台、奖杯、奖牌、鲜花、吉祥物或纪念品、颁奖礼仪人员服装。

9. 其他

风速仪 1 台、温度计 1 台、对讲机 10 对。

10. 围挡与 A 型板

根据现场需要，用若干硬、软隔离或景观布，围挡内场流线。A 型板按合同制作，放置在离比赛场地至少 2 米处。

11. 灯光

场馆电源必须至少双回路，无间隙驳接，不间断电源、不间断灯光照明。

①工作灯光：工作灯光是指每单元赛前、赛中及赛后规定的一段时间内，在竞赛工作台上各相关业务口的岗位工作所需要的照明灯光，不能影响运动员比赛训练。

②比赛灯光：比赛灯光是指比赛场地专用的符合比赛条件规定的比赛或赛前训练的照明灯光。比赛场地上的灯必须安装在距每块场地边线外沿至少 1.5 米的上空，从网柱向两端散开至距端线 1.5 米止，必要时还需要考虑 A 型广告板的照明。靠近网柱的密度、照度高于两端线。灯光对电视直播场地的垂直照度应均匀地达到 1400 勒克斯。运动员击球时灯具不能对运动员产生眩光，使之晃眼。最好是冷光源。

③体育展示灯光：体育展示灯光由热场灯秀、比赛间歇期间体育展示表演人员表演区域的照明灯光组成。体育展示灯光照度应能满足媒体拍照、摄像及观众观赏的需求。

④颁奖灯光：颁奖灯光是指每场决赛结束后颁奖台区域的照明灯光。颁奖灯光照度应能满足媒体拍照、摄像及观众观赏的需求。

12. 比赛场地四周背景要求

比赛场地的上空（含比赛馆穹顶）及四周的围墙、背景、A 型板及观众座席区都必须是深色的，不能有非比赛灯光或自然光透入。比赛场地上方的顶棚颜色不能是浅色的。运动员视野内的 A 型板颜色最好不超过 2 种，并须经主办单位批准。

13. 温度及比赛场区的风向

比赛馆内的温度应保持在 23 摄氏度。比赛场区内的气流速度应不超过 0.2 米/秒。所有入口都必须是双层门或安装双层厚布门帘，两层相距 3 米以上为好。

14. 布置示意图（图 2-1 至图 2-4）

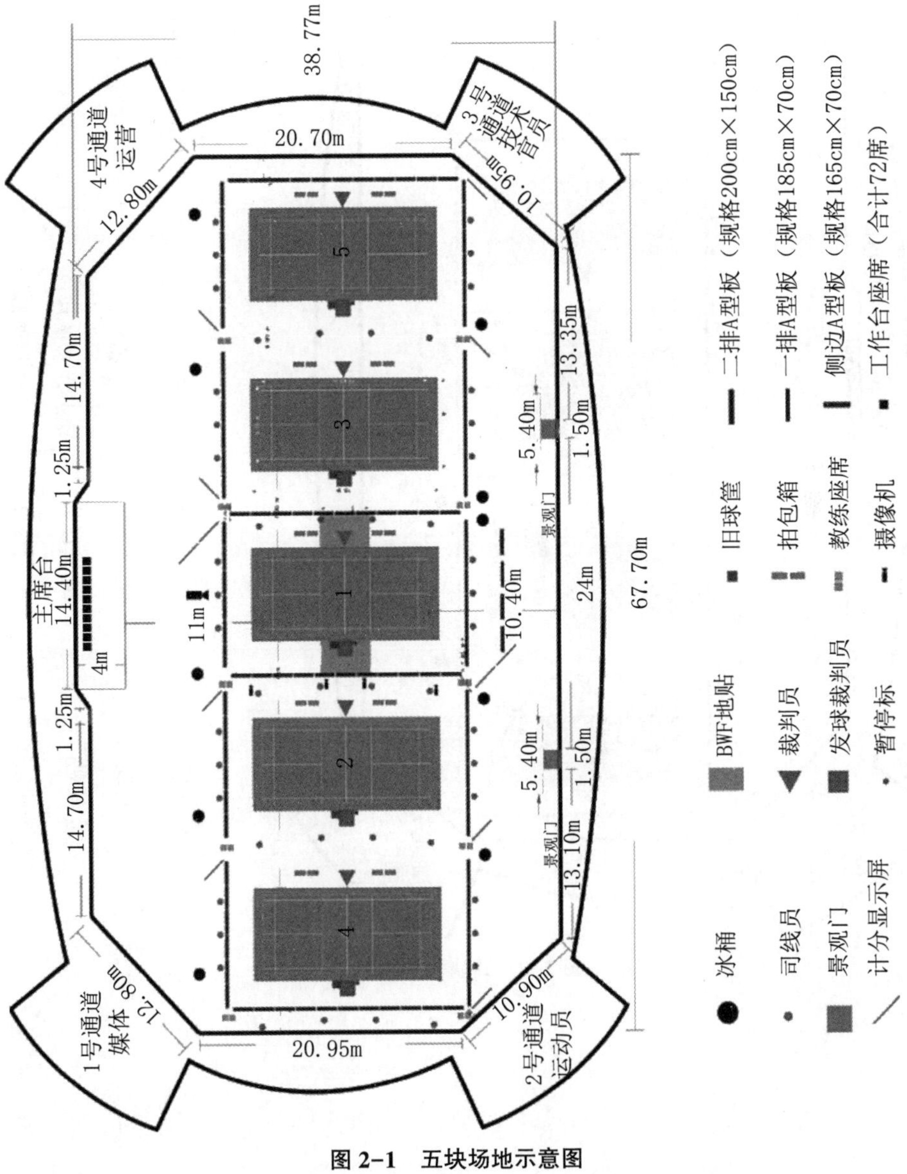

图 2-1　五块场地示意图

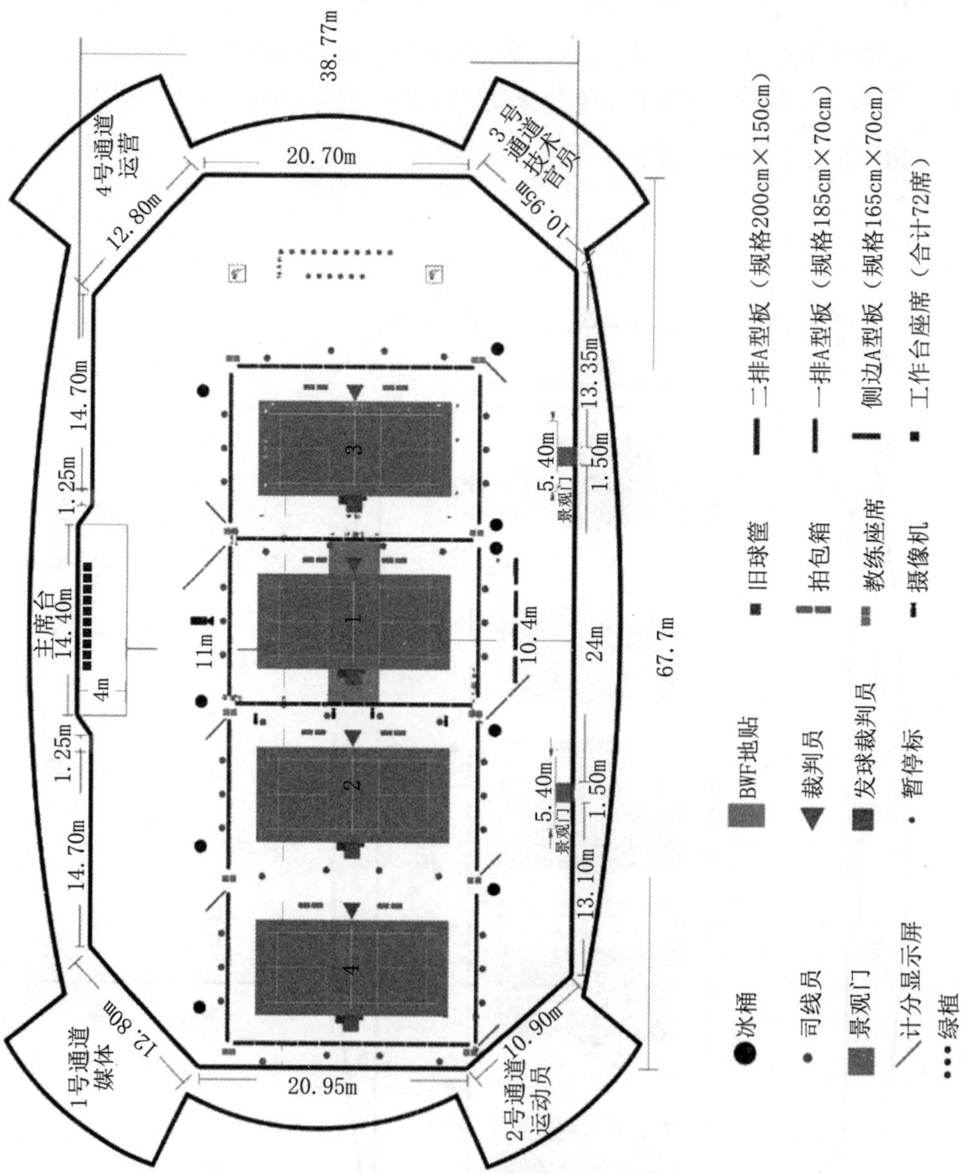
38.77m
4号通道
运营
3号通道
技术官员
20.70m
12.80m
10.95m
14.70m
1.25m
主席台
14.40m
4m
11m
10.4m
24m
67.7m
13.35m
1.50m
5.40m
景观门
1.25m
14.70m
13.10m
1号通道
媒体
12.80m
20.95m
2号通道
运动员
10.90m
3
1
2
4
冰桶
司线员
景观门
计分显示屏
绿植
BWF地贴
裁判员
发球裁判员
暂停标
旧球筐
拍包箱
教练座席
摄像机
二排A型板（规格200cm×150cm）
一排A型板（规格185cm×70cm）
侧边A型板（规格165cm×70cm）
工作台座席（合计72席）

图 2-2　四块场地示意图

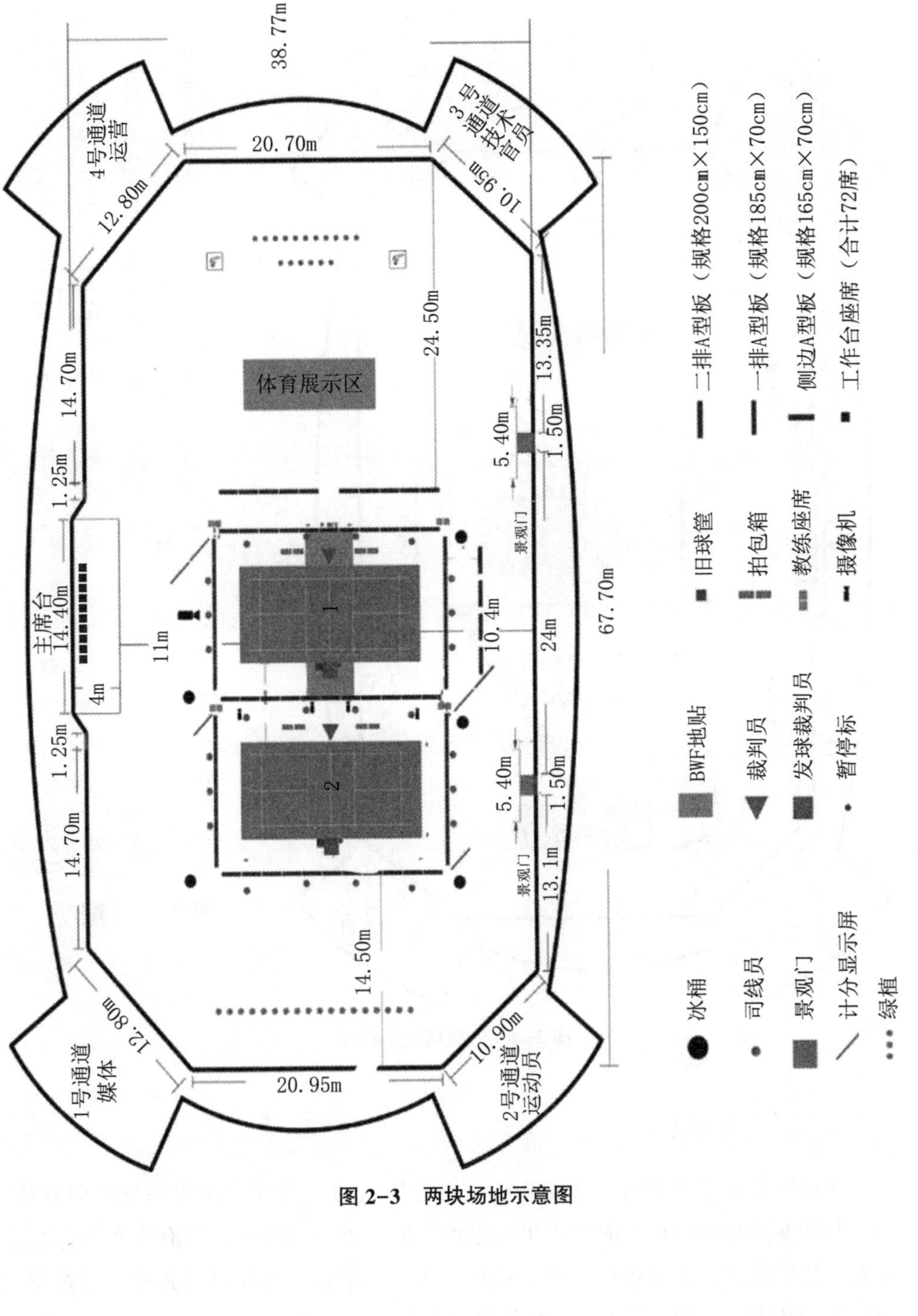

38.77m
4号通道 运营
3号通道 技术官员
20.70m
12.80m
10.95m
24.50m
体育展示区
14.70m
1.25m
主席台
14.40m
11m
4m
5.40m
1.50m
13.35m
景观门
10.4m
24m
67.70m
1
2
13.1m
14.50m
12.80m
10.90m
1号通道 媒体
2号通道 运动员
20.95m
二排A型板（规格200cm×150cm）
一排A型板（规格185cm×70cm）
侧边A型板（规格165cm×70cm）
工作台座席（合计72席）
旧球筐
拍包箱
教练座席
摄像机
BWF地贴
裁判员
发球裁判员
暂停标
冰桶
司线员
景观门
计分显示屏
绿植

图 2-3　两块场地示意图

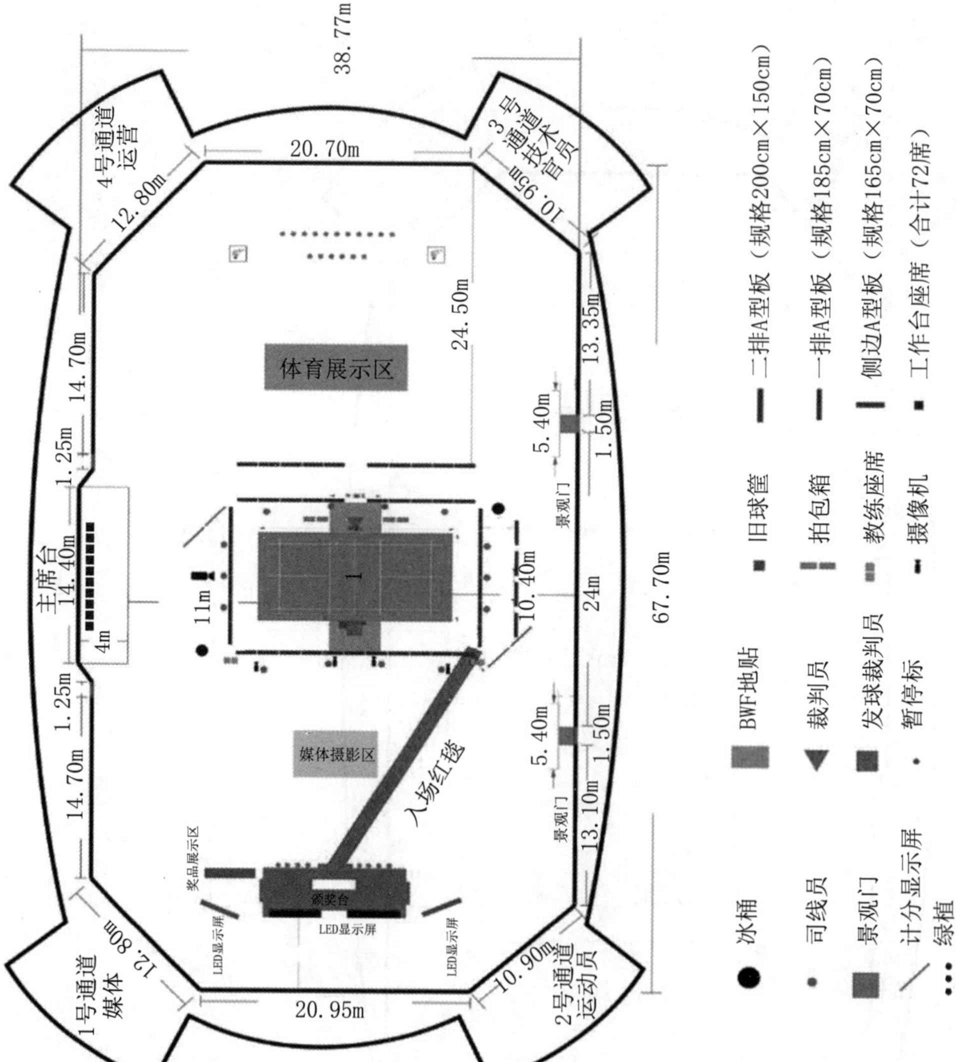

图 2-4　一块场地示意图

（二）竞赛管理区

①该区应整洁、安静、布局合理，有专用入口，与其他相应功能区要有通道，与比赛进程密切相关的工作用房尽可能地靠近比赛场地，备有完善的办公、饮食、通信设备，能对场馆照明、音响、通信、空调、电控室等实施有效控制，有助于为技术官员的竞赛组织工作提供高效服务。

②设有技术代表办公室（奥运会和亚运会时）、裁判长办公室和新闻协调官员办公室。这些办公室均配有办公、通信、休息、卫生、更衣及比赛进程监视器、电视直播信号、竞赛信息查询终端和通报设备等设施。

③有可供不少于50名裁判员使用的休息室。室内要有比赛进程监视器、电视直播信号、竞赛信息查询终端和通报设备，以及与之配套的男、女更衣室和淋浴、卫生设备与带锁的衣柜，并提供小食品和软饮料。

④备有定员不少于100名的辅助裁判员休息室，提供小食品和软饮料，配有比赛进程监视器、电视直播信号、竞赛信息查询终端和通报设备及与之配套的男、女更衣室和淋浴、卫生设备与带锁衣柜。

⑤颁奖工作室两间，供男、女工作人员工作、化妆、休息用，室内应有相应的设备。

⑥有可供50人和150人举行会议的会议室各一间，配备必要的声讯影像设备。

⑦竞赛信息中心应配有办公室、电脑文印操作间、接待室等，供竞赛信息收集、整理、发布等工作使用。

⑧应设专人管理的竞赛器材储放室、奖品保管室。

⑨检录大厅为运动员区、热身场区和比赛场区的衔接部，应备有检录台和运动员候赛席，以及比赛进程监视器、电视直播信号、竞赛信息查询终端和联络通讯等设备。

⑩在比较安静和隐蔽的位置，按反兴奋剂工作要求，建造一个设备齐全、安全可靠的兴奋剂检查室，内含候检室、采样室、反兴奋剂工作人员办公室和专用卫生间。

⑪竞赛管理区器材设施设计示例。

《×××羽毛球比赛竞赛管理区器材设施设计方案》

1. 中国羽协办公室

①位置：体育馆东南侧，技术官员入口门厅右侧。

②平面示意图（略）。

③地面：水泥地面。

④家具白电配备：办公桌椅2套、三人沙发1张、茶几1张、冷热饮水机1台、电视柜1个、双门铁文件柜1个、白板1面。

⑤技术设备：电话电传1部、电视机2台、台式电脑3台、打印机1台。

⑥照明：室内应有公共照明、办公照明和应急照明设备。

⑦空调：室温应控制在25摄氏度左右。

⑧空气净化：应配备空气净化机，必要时放置炭包或空气清新剂。

⑨音频视频：室内的广播系统应有独立开关，能自由转换收听场内广播或场外公共广播。室内需要有视频信号输出口，能自由切换收看公共电视节目或现场比赛信息。

⑩通信：室内需要有电讯信号、网络信号输出口和WiFi，保证电话、电脑上网的正常使用，对讲机2对。

⑪绿植：室内需摆放相宜的绿色植物。

⑫消防安全：室内须有相应的消防安全设备。

⑬电路设计：室内需为办公提供专用的电路插座。

⑭标识：外门榜上应悬挂与行人视线垂直的双面中英文对照标识牌，使其便于辨识寻找。

⑮办公文具：办公桌上应配置相应的办公文具。

⑯餐台：参照运动员休息室设置。

2. 裁判长工作室

①位置：FOP东侧外。

②布置示意图（略）。

③地面：铺设相应颜色地毯。

④家具白电配备：办公桌椅4套、双门铁文件柜2个、衣架1个、白板1面、冷热饮水机1台。

⑤餐台：供餐设备1套（咖啡机1台、加热水壶1个、果汁加热器2个、餐盘2个）、餐点［水果（种类不少于3种）、茶、咖啡、无糖/有糖碳酸饮料、矿泉水、奶、方糖、点心（甜味、咸味各3种）、酸奶］、纸杯、搅拌棒若干。

⑥技术设备：办公用桌面电脑4台、传真电话1部、电视机2台、WiFi。

⑦照明：室内应有公共照明、办公照明和应急照明设备。

⑧空调：室温应控制在23摄氏度左右。

⑨空气净化：应配备空气净化机，必要时放置炭包或空气清新剂。

⑩音频视频：室内的广播系统应有独立开关，能自由转换收听场内广播或场外公共广播。室内需要预留视频信号输出口，能自由切换收看公共电视节目或现场比赛信息。

⑪通信：室内需要有预留的电讯信号和网络信号输出口，保证电话、传真和电脑上网的正常使用。

⑫绿植：室内需摆放相宜的绿色植物。

⑬消防安全：室内须有相应的消防安全设备。

⑭标识：门上应有“世界羽联裁判长室”中英文对照标识牌，室外门榜上应悬挂与行人视线垂直、内容相同的双面标识牌，使其便于辨识寻找。

⑮办公文具：办公桌上应配置相应的办公文具。

3. 世界羽联办公室

①位置：FOP 东侧外。

②布置示意图（略）。

③地面：铺设地毯。

④家具白电配备：办公桌 2 张、软垫转椅 2 把、双门铁文件柜 2 个、冷热饮水机 1 台、白板 1 面。

⑤餐台：供餐设备 1 套（咖啡机 1 台、加热水壶 1 个、果汁加热器 2 个、餐盘 2 个）、餐点［水果（种类不少于 3 种）、茶、咖啡、无糖/有糖碳酸饮料、矿泉水、奶、方糖、点心（甜味、咸味各 3 种）、酸奶］、纸杯、搅拌棒若干。

⑥技术设备：传真电话 1 部、WiFi、电视机 2 台。

⑦照明：室内应有公共照明和应急照明设备。

⑧空调：室温应控制在 23 摄氏度左右。

⑨空气净化：应配备空气净化机，必要时放置炭包或空气清新剂。

⑩音频视频：室内的广播系统应有独立开关，能自由转换收听场内广播或场外公共广播。室内需要预留视频信号输出口，能自由切换收看公共电视节目或现场比赛信息。

⑪通信：室内需要有预留的电讯信号和网络信号输出口，保证电脑上网和电话的正常使用。

⑫绿植：室内需摆放相宜的绿色植物。

⑬消防安全：室内须有相应的消防安全设备。

⑭电路设计：室内需为办公和白电家具提供专用的电路插座。

⑮标识：室外门榜上应悬挂与行人视线垂直的双面中英文对照标识牌，使其便于辨识寻找。

⑯办公文具：办公桌上，应配置相应的办公文具。

4. 竞赛运行办公室

①位置：体育馆东北侧，运营入口门厅左侧。

②平面示意图（略）。

③地面：水泥地面。

④家具白电配备：办公桌椅 8 套、冷热饮水机 1 台、双门铁文件柜 2 个、折叠椅 10 把、大白板 1 面。

⑤技术设备：电话 1 部、电视机 2 台、台式电脑 8 台、打印机 4 台、复印机 1 台。

⑥照明：室内应有公共照明、办公照明和应急照明设备。

⑦空调：室温应控制在 25 摄氏度左右。

⑧空气净化：应配备空气净化机，必要时放置炭包或空气清新剂。

⑨音频视频：室内的广播系统应有独立开关，能自由转换收听场内广播或场外公共广播。室内需要预留视频信号输出口，能自由切换收看公共电视节目或现场比赛信息。

⑩通信：室内需要有预留的电讯信号、网络信号输出口和 WiFi，保证电话、电脑的正常使用，对讲机 4 对。

⑪绿植：室内需摆放相宜的绿色植物。

⑫消防安全：室内须有相应的消防安全设备。

⑬电路设计：室内需提供专用的电路插座。

⑭标识：室外门榜上应悬挂与行人视线垂直的双面中英文对照标识牌，使其便于辨识寻找。

⑮办公文具：办公桌上应配置相应的办公文具。

5. 技术会议室

①位置：体育馆东侧，外侧走廊。

②平面示意图（略）。

③地面：铺设地毯。

④家具白电配备：会议桌椅若干，可举行 120 人会议，主视觉背景板 1 面、冷热饮水机 4 台、大白板 1 面，必要时加设茶歇餐台。

⑤技术设备：电视机 2 台、多媒体投影 1 套、会议音响 1 套。

⑥照明：室内应有公共照明、会议照明和应急照明设备。

⑦空调：室温应控制在 25 摄氏度左右。

⑧空气净化：应配备空气净化机，必要时放置炭包或空气清新剂。

⑨音频视频：室内的广播系统应有独立开关，能自由转换收听场内广播或场外公共广播。室内需要预留视频信号输出口，能自由切换收看公共电视节目或现

场比赛信息。

⑩通信：室内需要有预留的电讯信号、网络信号输出口和 WiFi，能上网。

⑪绿植：室内需摆放相宜的绿色植物。

⑫消防安全：室内须有相应的消防安全设备。

⑬电路设计：室内需为办公、会议提供专用的电路插座。

⑭标识：室外门榜上应悬挂与行人视线垂直的双面中英文对照标识牌，使其便于辨识寻找。

6. 裁判员休息室

①位置：FOP 东侧外。

②布置示意图（略）。

③地面：铺设相应颜色地毯。

④家具白电配备：中型折叠条桌 4 张、软垫折叠椅 30 把、衣架 2 个、白板 1 面、冷热饮水机 1 台。

⑤餐台：供餐设备 2 套（咖啡机 1 台、加热水壶 1 个、果汁加热器 2 个、餐盘 2 个）、餐点 2 套［水果（种类不少于 3 种）、茶、咖啡、无糖/有糖碳酸饮料、矿泉水、奶、方糖、点心（甜味、咸味各 3 种）、酸奶］、纸杯、搅拌棒若干。

⑥技术设备：电话 1 部、WiFi、电视机 2 台。

⑦照明：室内应有公共照明和应急照明设备。

⑧空调：室温应控制在 23 摄氏度左右。

⑨空气净化：应配备空气净化机，必要时放置炭包或空气清新剂。

⑩音频视频：室内的广播系统应有独立开关，能自由转换收听场内广播或场外公共广播。室内需要预留视频信号输出口，能自由切换收看公共电视节目或现场比赛信息。

⑪通信：室内需要有预留的电讯信号和网络信号输出口，保证电话、传真和电脑上网的正常使用。

⑫绿植：室内需摆放相宜的绿色植物。

⑬消防安全：室内须有相应的消防安全设备。

⑭电路设计：室内需为办公、餐饮、照明电器提供专用的电路插座。照明与电器应使用不同的电路。

⑮标识：门上应有“裁判员休息室”中英文对照标识牌，室外门榜上应悬挂与行人视线垂直、内容相同的双面标识牌，使其便于辨识寻找。

7. 裁判员更衣室（男）

①位置图（略）。

②布置示意图（略）。

③地面：铺设瓷砖或大理石。

④家具白电配备：更衣柜 2 个，长凳 2 条。

⑤清洁用品：洗手液、卫生纸、干手纸若干，一次性马桶坐垫。

⑥照明：室内应有专用照明和应急照明设备。

⑦空调：室温应控制在 23 摄氏度左右。

⑧空气净化：应有排气系统，必要时放置炭包或空气清新剂。

⑨音频：室内的广播系统应有独立开关，能自由转换收听场内广播或场外公共广播。

⑩绿植：卫生间内需摆放相宜的绿色植物。

⑪消防安全：室内须有相应的消防安全设备。

⑫电路设计：室内需为个人清洁用电器提供专用的电路插座。照明与电器应使用不同的电路。

⑬标识：门上应有“裁判员男更衣室”中英文对照标识牌，室外门榜上应悬挂与行人视线垂直、内容相同的双面标识牌，使其便于辨识寻找。

8. 裁判员更衣室（女）

①位置图（略）。

②其他均参考男更衣室。

9. 司线员休息室

①位置图（略）。

②布置示意图（略）。

③地面：水泥地面。

④家具白电配备：中型折叠条桌 8 张、折叠椅 80 把、衣架 8 个、挂钟 1 个、大白板 1 面、单门透明冰箱 1 台、冷热饮水机 2 台。

⑤餐台：供餐设备 3 套（咖啡机 1 台、加热水壶 1 个、果汁加热器 2 个、餐盘 2 个）、餐点 3 套［水果（种类不少于 3 种）、茶、咖啡、无糖/有糖碳酸饮料、矿泉水、奶、方糖、点心（甜味、咸味各 3 种）、酸奶］、纸杯、搅拌棒若干。

⑥技术设备：电话 1 部、电视机 2 台、WiFi。

⑦照明：室内应有公共照明和应急照明设备。

⑧空调：室温应控制在23摄氏度左右。

⑨空气净化：应配备空气净化机，必要时放置炭包或空气清新剂。

⑩音频视频：室内的广播系统应有独立开关，能自由转换收听场内广播或场外公共广播。室内需要预留视频信号输出口，能自由切换收看公共电视节目或现场比赛信息。

⑪通信：室内需要有预留的电讯信号和网络信号输出口，保证电话、传真和电脑的正常使用。

⑫绿植：室内需摆放相宜的绿色植物。

⑬消防安全：室内须有相应的消防安全设备。

⑭电路设计：室内需为办公、餐饮、照明电器提供专用的电路插座。照明与电器应使用不同的电路。

⑮标识：门上应有“司线员休息室”中英文对照标识牌，室外门榜上应悬挂与行人视线垂直、内容相同的双面标识牌，使其便于辨识寻找。

10. 司线员更衣室（男、女各一间）

①位置图（略）。

②除不用穆斯林厕位外，其他均与裁判员更衣室同。

11. 技术官员卫生间（男、女各一间）

①位置图（略）。

②要求：必须男、女各有一个穆斯林厕位，配备洗手液、卫生纸、干手纸、一次性马桶坐垫和手烘干机。

12. 竞赛信息处

（1）编排室印刷室

①位置图（略）。

②地面：水泥地面。

③家具白电配备：办公桌椅6套、中型折叠条桌2张、冷热饮水机1台、双门铁文件柜2个、折叠椅10把、白板1面。

④技术设备：电话1部、WiFi、电视机2台、台式电脑6台、笔记本电脑1台、高速打印机2台、复印机1台、快速一体印刷机2台、扫描仪1台、传真机1台、对讲机4对。

⑤照明：室内应有公共照明、办公照明和应急照明设备。

⑥空调：室温应控制在23摄氏度左右。

⑦空气净化：应配备空气净化机，必要时放置炭包或空气清新剂。

⑧音频视频：室内的广播系统应有独立开关，能自由转换收听场内广播或场外公共广播。室内需要预留视频信号输出口，能自由切换收看公共电视节目或现场比赛信息。

⑨通信：室内需要有预留的电讯信号和网络信号接口，保证网络、电话、电脑上网的正常使用。

⑩绿植：室内需摆放相宜的绿色植物。

⑪消防安全：室内须有相应的消防安全设备。

⑫电路设计：室内需为办公、印刷提供专用的电路插座和插板。

⑬办公文具：办公桌上应配置相应的办公文具。

⑭印刷用具：足够的复印纸、印刷墨（粉）和装订用具。

（2）运动员入口处成绩信息公告

①位置图（略）。

②配备：成绩信息公告栏、参赛队信息领取箱、信息询问服务台、电视屏2块（一播公共频道，一播赛场实况）、对讲机1对。

③照明：厅内应有足够亮度的公共照明。

④空调：室温应控制在23摄氏度左右。

⑤绿植：厅内需摆放相宜的绿色植物。

⑥标识：公告栏上应有符合赛事形象景观和题头的中英文对照“成绩公告栏”和“官方通告”标志，信息箱要有参赛队标志，信息查询台也应有明显标识。

（3）住地信息台

①技术官员住地信息台：成绩信息公告栏、大白板、中型折叠条桌2张、椅子4把、传真电话1部、复印机1台、办公用品1套。

②运动员住地信息台：成绩信息公告栏、大白板、中型折叠条桌2张、椅子4把、传真电话1部、复印机1台、办公用品1套。

③世界羽联贵宾住地信息台：大白板、中型折叠条桌2张、椅4把、传真电话1部、复印机1台、办公用品1套。

13. 器材储存维护

（1）器材供应商工作间

①位置图（略）。

②地面：水泥地面。

③家具白电配备：中型折叠条桌 4 张，无软垫椅 4 把。

④照明和电源：应有足够的照明和电源插座。

⑤空调：室温应控制在 25 摄氏度左右。

⑥绿植：厅内需摆放相宜的绿色植物。

⑦标识：门上应有中英文对照标识牌，室外门榜上应悬挂与行人视线垂直、内容相同的双面标识牌，使其便于辨识寻找。

⑧办公文具：办公桌上应配置相应的办公文具。

（2）竞赛器材室

①位置图（略）。

②地面：水泥地面。

③家具白电配备：小型折叠条桌 1 张，无软垫椅 3 把。

④照明和电源：应有足够的照明和电源插座。

⑤空调：室温应控制在 25 摄氏度左右。

14. 颁奖工作区

（1）颁奖器材间与礼仪人员室

①位置图（略）。

②地面：水泥地面。

③家具白电配备：小型折叠条桌，无软垫椅。

④照明和电源：应有足够的照明和电源插座。

⑤空调：室温应控制在 25 摄氏度左右。

⑥标识：门上应有中英文对照标识牌，室外门榜上应悬挂与行人视线垂直、内容相同的双面标识牌，使其便于辨识寻找。

（2）体育展示演出人员准备室

①位置图（略）。

②地面：水泥地面。

③家具白电配备：小型折叠桌 10 张、无软垫椅 30 把、冷热饮水机 2 台、电视机 2 台。

④照明和电源：应有足够的照明和电源插座。

⑤空调：室温应控制在 25 摄氏度左右。

⑥化妆镜：10个。

⑦音频视频：室内的广播系统应有独立开关，能自由转换收听场内广播或场外公共广播。室内需要预留视频信号输出口，能自由切换收看公共电视节目或现场比赛信息。

⑧标识：门上应有中英文对照标识牌，室外门榜上应悬挂与行人视线垂直、内容相同的双面标识牌，使其便于辨识寻找。

15. 运动员检录处

①位置：检录厅。

②设施：中型折叠桌4张、工作人员座椅12把、运动员候检无软垫座椅30把、挂钟1个、饮水机1台、纸杯若干、30厘米直尺4把、胶带和软隔离若干。

③照明：应有专用照明和应急照明设备。

④空调：室温应控制在23摄氏度左右。

⑤绿植：需摆放相宜的绿色植物。

⑥消防安全：须有相应的消防安全设备。

⑦技术设备：电话1部、电视机2台、配置电源插板、手提扩音器2台、对讲机2对。

⑧标识：应有“运动员检录处”中英文对照标识牌，适当处应有引导标牌，便于辨识寻找。

（三）运动员准备区

①该区有专门入口，并有专门通道至看台运动员座席区和热身区。

②运动员及随队官员休息区应环境幽雅，既有安静的休息室，又有便于交流的敞开式休息厅，设有饮食、卖品部，配备比赛实时比分显示器、电视直播信号和竞赛信息查询终端等设施。

③男、女各两间更衣室，备有充足的淋浴、卫生设备和带锁衣柜。

④有设备齐全的医务设施，如诊疗室、理疗室、按摩室和制冰块机等，为运动员提供全面的恢复、伤病医疗等服务。

⑤设穿球拍线服务室。有专业人员和设备，随时为运动员服务。

⑥在看台上设有满足需要的运动员及随队官员座席区和技术摄像区，供运动员、领队、教练员、随队医生和其他项目运动员观看比赛、拍摄技术录像。如果是团体赛，最好在内场设参赛队的候赛座席区。

⑦热身场区与比赛场区在同一个建筑内，相距步行距离约在2分钟以内，安

静、无干扰，设有相应数量的标准羽毛球场地，场地的各种设施与比赛场地相同，并备有饮水机、充足的座椅、比赛进程监视器、电视直播信号和竞赛信息查询终端。

⑧训练场区至少应有 8 块标准羽毛球场，它是为各参赛单位在赛前和赛中，按日程安排进行训练的场所。场地的各种条件最好与比赛场地基本相同，其净空高度至少为 10 米。如果训练场地与热身场地在同一建筑内，应将它们隔断，成为两个相对独立的场所；如果训练场地在比赛馆附近，应有专用通道至运动员区。

⑨运动员准备区器材设施设计示例。

《×××羽毛球比赛运动员准备区器材设施设计方案》

1. 运动员休息室

①位置图（略）。

②面积：可供不少于 80 人休息。

③布置示意图（略）。

④地面：铺设相应颜色地毯。

⑤家具白电配备：中型折叠桌 2 张、折叠椅子 30 把、无软垫椅 40 把、圆桌 6 张、衣架 4 个、大白板 1 面、单门透明冰箱 2 台、挂钟 1 个、沙发 1 套、游戏机 1~2 台、自动按摩椅 2 张。

⑥餐台：供餐设备 1 套（加热水壶 1 个、果汁加热器 1 个、餐盘 2 个）、餐点［水果（种类不少于 3 种）、茶、无糖/有糖碳酸饮料、矿泉水、点心（甜味、咸味各 3 种）］、纸杯、搅拌棒若干。

⑦技术设备：电话 1 部、电视机 2 台。

⑧照明：室内应有公共照明、办公照明和应急照明设备。

⑨空调：室温应控制在 23 摄氏度左右。

⑩空气净化：应配备空气净化机，必要时放置炭包或空气清新剂。

⑪音频视频：室内的广播系统应有独立开关，能自由转换收听场内广播或场外公共广播。室内需要预留视频信号输出口，能自由切换收看公共电视节目或现场比赛信息。

⑫通信：室内需要有预留的电讯信号、网络信号输出口和 WiFi，保证电话、电脑上网的正常使用。

⑬绿植：室内需摆放相宜的绿色植物。

⑭消防安全：室内须有相应的消防安全设备。

⑮电路设计：室内需为办公、餐饮、照明电器提供专用的电路插座。照明与电器应使用不同的电路。

⑯标识：门上应有“运动员休息室”中英文对照标识牌，室外门榜上应悬挂与行人视线垂直、内容相同的双面标识牌，使其便于辨识寻找。

2. 男运动员更衣室

要有休息间、更衣储物间、淋浴区（淋浴设备 8 套）、卫生间（4 个马桶，其中应有一个穆斯林厕位，尿兜器 4 个）。

①位置图（略）。

②布置示意图（略）。

③地面：铺设瓷砖或大理石。

④家具白电配备：四门更衣柜 8 个、6 人座长凳 2 条、手烘干机 1 台、饮水机 1 台、制冰机 1 台、固定浴液和洗发液装置按设备配置。

⑤清洁用品：洗手液、卫生纸、干手纸若干、一次性马桶坐垫、二合一浴液和洗发液、棉签、针线包。

⑥照明：室内应有专用照明和应急照明设备。

⑦空调：室温应控制在 23 摄氏度左右。

⑧空气净化：应有排气系统，必要时放置炭包或空气清新剂。

⑨音频：室内的广播系统应有独立开关，能自由转换收听场内广播或场外公共广播。

⑩绿植：卫生间内需摆放相宜的绿色植物。

⑪消防安全：室内须有相应的消防安全设备。

⑫电路设计：室内需为个人清洁用电器提供专用的电路插座。照明与电器应使用不同的电路。

⑬门的设计：门应有自动关闭装置。

⑭标识：门上应有“运动员更衣室（男）”中英文对照标识牌，室外门榜上应悬挂与行人视线垂直、内容相同的双面标识牌，使其便于辨识寻找。

3. 女运动员更衣室

要有休息间、更衣储物间、淋浴区（淋浴设备 8 套）、卫生间（4 个马桶，其中应有一个穆斯林厕位）。

①位置图（略）。

②其他要求均与男更衣室相同。

4. 训练热身场

有条件的情况下，热身场地和训练场地应该分别封闭管理。

①位置：场馆南侧训练厅内。

②地面：有弹性的木地板上，铺设比赛专用的塑胶场地，裸露的木地板用与 FOP 一样的地毯覆盖。

③空调：室温保持在 23 摄氏度。馆内应有效避免回旋气流产生，并将空气流速降至 0.20 米/秒，入口用双层门帘遮挡。

④灯光：

- 工作灯光：要求与 FOP 相同。
- 热身灯光：要求与 FOP 比赛灯光相同。

⑤四周背景：要求与 FOP 相同。

⑥设施：网柱、球网（9 块场地）、电话 1 部、WiFi、播放赛场实况视频电视机 2 台、挂钟 1 个、温度计 1 个、冷热饮水机 2 台、可坐 6 人以上的长凳 8 条、中型折叠桌 1 张、折叠椅 4 把、软隔离若干米、量网尺 9 把、拖把 20 把、办公文具若干。

⑦消防安全：四周须有相应的消防安全设备。

⑧布置示意图（略）。

其中 4 块为训练场地，其余为热身场地。

5. 穿拍弦处

①位置：训练热身场内。

②设备：由合同商配备服务设施。

③照明：应有专用照明和应急照明设备。

④电路：应有必要的电源和插座。

6. 按摩设施

①位置：训练热身场内。

②配备：按摩床（6 个），并用屏风（12 个）隔挡，必要的电路和插座、插线板。

③标识：应有中英文对照标识牌。

④布置示意图（略）。

⑤根据规定，可标明有偿服务、价格、电话等。

7. 力量训练室

①位置：热身训练场旁。

②地面：铺设相应颜色的地毯。

③家具白电配备：办公桌椅 1 套、瓶装水若干、小白板 1 面。

④技术设备：电话 1 部、电视机 1 台 、仰卧起坐健身器材、多功能跑步机、多功能杠铃床、两用拉力器、联合器械等。

⑤照明：室内应有公共照明和应急照明设备。

⑥空调：室温应控制在 23 摄氏度左右。

⑦空气净化：应配备空气净化机，必要时放置炭包或空气清新剂。

⑧音频视频：室内的广播系统应有独立开关，能自由转换收听场内广播或场外公共广播。室内需要预留视频信号输出口，能自由切换收看公共电视节目或现场比赛信息。

⑨绿植：室内需摆放相宜的绿色植物。

⑩消防安全：室内须有相应的消防安全设备。

⑪电路设计：室内需提供办公和器械专用的电路插座。

⑫标识：室外门榜上应悬挂与行人视线垂直的双面中英文对照标识牌，使其便于辨识寻找。

8. 运动队技术摄影席位

①位置：主馆北侧或南侧二层看台平台上，从东至西用软隔离划 3 个区位，为运动员技术摄像席，具体位置须现场勘定。

②电源：应有相应的电源插座、接线板。

9. 运动员观赛席

①位置：体育馆西南侧，与一层运动员准备区相对应的二层看台，划出一个区域。

②数量：300 个座位。

③要求：用硬隔离围挡与观众隔开，并有专用楼梯和通道与运动员准备区连接，不能与其他人群相混。

10. 运动员男、女卫生间

①位置：热身训练馆北侧，力量训练室旁。

②要求：男、女卫生间必须各有一个穆斯林厕位，配备洗手液、卫生纸、干

手纸、一次性马桶坐垫和手烘干机。

11. 混合采访区

①位置：靠近媒体入口的内场右侧。

②地面：铺设相应颜色地毯。

③在墙上安装背景板。

④家具白电配备：折叠椅子和圆桌若干，供记者等候采访休息。

⑤技术设备：电视机 2 台、可移动补光灯 2 台。

⑥照明：应有供采访、拍照的专用照明和公共照明、办公照明、应急照明等设备。

⑦空调：室温应控制在 23 摄氏度左右。

⑧空气净化：应配备空气净化机，必要时放置炭包或空气清新剂。

⑨音频视频：广播系统应有独立开关，能自由转换收听场内广播或场外公共广播，还需要预留视频信号输出口，能自由切换收看公共电视节目或现场比赛信息。

⑩通信：要有预留的电讯信号、网络信号输出口和 WiFi，保证电脑能正常上网使用。

⑪绿植：需摆放相宜的绿色植物。

⑫消防安全：须有相应的消防安全设备。

⑬电路设计：需为办公、照明电器、采访摄像提供专用的电路和插座。照明与电器应使用不同的电路。

⑭标识：应有中英文对照标识牌，应悬挂与行人视线垂直、内容相同的双面标识牌，使其便于辨识寻找。

⑮用隔离围挡把混合区隔成两个空间。

⑯布置示意图（略）。

（四）媒体区

①在看台最佳位置分设文字记者席和电视评论员席，方便文字记者、电视评论员和转播顾问、观察员等以最好的视角同时兼顾所有场地的比赛，并为他们提供相应的设施。

②在比赛场区最合理的位置设摄影记者工作区，为他们拍摄理想画面提供便利和服务。

③电视摄像机位应安排在最佳位置，保障高水平的电视直播。

④靠比赛场区设立新闻分中心，包括办公室、新闻发布厅、采访室（至少2间）、工作区、技术用房和提供饮食服务的休息空间，配有充足的可供记者编辑、发稿、上网、查询信息的设备和优质电讯服务，如比赛实时比分显示器、电视直播信号和竞赛信息查询终端。

⑤比赛区出口和运动员休息区之间设立混合采访区，以便记者对运动员进行赛后即时采访（具体要求见第53页）。

⑥新闻分中心备有专业语言翻译人员，特别是英语、法语、马来语、韩语、日语等语言译员。

⑦媒体区应有专门入口和通道，与各相关功能区相连。

⑧所有新闻设施通向比赛区的缆线都应是暗线铺设或覆盖严密，以保安全。

（五）VIP 区及国际组织办公区

①该区应远离媒体和公共区域，有专用入口和与各相关功能区连接的通道。区内环境优美、舒适，提供餐饮、通信、卖品、礼仪、文秘、语言翻译等服务。

②设协会主席办公室、秘书长办公室、秘书处办公室、资深官员办公室各1间，配有办公、通信、更衣、卫生、接待等设施。设比赛进程监视器、电视直播信号和竞赛信息查询终端。

③小型会议室1间。

④看台最佳位置设 VIP 席区，并设置专用通道与发奖区相连。

⑤世界羽联官员下榻的饭店应提供设施完备的会议室。

⑥其他人员用房若干间，供接待、安保、司机、警卫人员休息使用。

（六）观众区

①从任一观众区座位观赛，都能看清球场、场地界线及其四周2米以内的区域，视线不被馆内固定物遮挡。

②观众座椅最好统一为深色，并有“比赛中请勿用闪光灯”的明显提醒标志。

③观众出入口、通道实行分层、分区管理，为观众提供的服务点分层、分区设置，以减少观众在馆内座席区域的走动距离，减小人流所产生的气流。

④在每层观众休息厅分区设卫生间、问讯处、公众急救处、竞赛信息查询处，以及饮食、通信、金融、商业服务部及休息座椅、羽毛球运动宣传图片等。

⑤合理设置寄存处和吸烟区。

（七）赞助商区

比赛馆应提供一定数量的包厢与看台座位供赞助商和商业合作伙伴租用。在区内应设置酒吧、餐饮等配套服务设施。

（八）场馆运行区

该区各部分用房及空间的设定，需满足羽毛球比赛馆管理、安保、保洁、医务，以及水、电、气调控维修和职工办公、生活等日常运营的基本要求。

二、正规比赛用场馆

正规羽毛球比赛，一般要用室内羽毛球场 4～12 块，可在一个建筑里，也可以分开。主馆内应有运动员休息室、裁判员休息室、贵宾休息室、医务室等。

场地上空的净空高度至少 12 米。场地表面一般都为木质地板，地板上铺设专业塑胶场地。

灯光要布置在球场边线外两侧，不得直射运动员的眼睛，照度 1000～1200 勒克斯，四周的亮度应低于球场，比赛时不能使用闪光灯照相。羽毛球比赛场地四周墙壁的颜色必须是深色的，特别是端线外的墙壁或广告更不能是浅色的。

比赛馆内场应设记录台、裁判工作台、裁判长席、裁判员席、值班医生席，每个球场 2 米外设临场运动队（团体赛时）和教练员席。内场应控制人数，无关人员一律不得入内。

看台上应设贵宾席和运动员、教练员席。

三、群体性羽毛球比赛用场馆

以安全、有序为第一位，可根据实际条件进行变更。器材设施以能开展比赛活动为着眼点，不必责备求全。

第二节　羽毛球比赛器材

羽毛球运动竞赛器材主要有运动木地板、塑胶场地、网、网柱、比赛球、球拍等，辅助竞赛器材还有计分器、停赛标、即时回放系统、量网尺、贮球箱、干拖把、拍包筐和穿拍线设备等。

一、塑胶场地

国内外主要羽毛球比赛，都在塑胶羽毛球场地上进行。羽毛球塑胶场地是由几块长条塑胶地毯，用拉链或尼龙搭扣或黏胶带拼接起来的。铺设前，应铺平24小时，让其自然平整。安放时，先置地胶于预定位置，用圆筒从中心向四角推压，将地胶下的气泡挤出场地，然后用胶带把地胶固定在木地板上。

在一个馆内同时有两块以上的场地时，最好将这些场地平行安放，端线朝主席台，并编上号。

二、网

挂网的绳索最适宜的是拉伸性较小的编织尼龙绳或钢丝。绳索太粗或拉力太大，拉紧时会引起网柱摇晃或向场中移动，使网下垂。挂网的绳索应从羽毛球网上端75厘米宽的白布带对折后的夹层穿过。夹层的上沿必须平展，紧贴网绳。夹层的两端最好有小孔，可以把夹层的两端与网柱紧系在一起。网的两侧垂边与网柱之间没有空隙。应该特别提醒的是，因网柱的直径是4厘米，加之它必须放置在双打线上，所以标准的球网长度应该是6.1米减去8厘米，实际长度为6.02米。

三、网柱

正式比赛应使用直径4厘米、高1.55米无拉杆的配重式网柱。网柱安放在双打边线的中点上，为便于移动，底座外侧应装有轮子。网柱的任何支撑或配重物都不得伸到安放网柱的边线以内。

四、计分器

羽毛球比赛计分器有电动和纯手动两种，大型比赛一般用电动的。不管是电动的还是手动的，分数都应由0~30组成，局数由0~2组成，场分由0~5组成，最好是两面显示的，有“发球权”和“发球顺序”及“间歇”显示。它的位置和方向要让裁判员能清楚地看到，以便控制，同时也要让所有的观众都能看清。电子显示屏的显示版面设计，要尽量遵循物理显示服从双方竞赛信息的逻辑关系。电子屏的显示不能太亮，以免影响运动员的视觉。目前，世界羽联在其主办的赛事和世界巡回赛中采用统一的计时计分软件。

五、间歇标

间歇标的高度一般为 50 厘米左右，标明比赛“间歇”。可以是任意几何形体，如圆锥体、棱锥体、正反两平面体等，也可展示广告，只要醒目、美观，便于裁判员移动即可。

六、比赛球

羽毛球的规定重量为 4.74～5.50 克。每次比赛都要按海拔、湿度和气温来确定一种主要用球的型号，然后再配一定数量比之重和比之轻的两种球。一般是海拔越高，或气温越高，或湿度越大，用球的型号越轻。每次比赛的用球，都须于赛前经裁判长确认。比赛用球的型号由裁判长在开赛前测试确定。开赛后，是否需要测试球速并调整用球型号，由裁判长根据实际情况确定。

七、球拍

对羽毛球拍，竞赛规则有严格的规定，羽毛球比赛的球拍由参加者自备，裁判员不进行检查。

八、量网尺

量网尺是在 1.524 米和 1.55 米处有标记，长 1.7 米左右，木质或铝合金制的直尺。对量网尺的要求是规整、轻便。

九、贮球箱

比赛时，临场用球一般都由发球裁判员保管，所以在发球裁判员的椅旁应放一个贮球箱，收集换下来的旧球，贮放新球。它的边长尺寸以稍大于球筒的长度为宜。

十、干拖把

比赛场地表面，常有运动员滴下的汗水或其他原因造成场地潮湿，应立即用干拖把将它擦干，以防运动员滑倒。拖把要有良好的吸水性能，不掉毛，每个场地至少要备两把。正规比赛一般配备专职拖地的场地助理，一个半场配一人。

十一、拍包筐

拍包筐是运动员进场后放置拍包、备用球拍、毛巾、运动衣和饮水的容器，其参考尺寸至少为 80 厘米×60 厘米×30 厘米，每个球场一边两个。目前世界羽联主要赛事所用的拍包筐与场地 A 型广告板一体设计制作。

十二、即时回放系统

即时回放系统是司线员的宣判或裁判员的宣判或纠正受到运动员的挑战时，用以回放球最初落点的电子显示系统。全国性比赛尚未启用。国际比赛，由世界羽联提供。

第三节　羽毛球比赛裁判器材

为了做好羽毛球竞赛工作，裁判员须配备一定的器材用品，如裁判椅、记分文具等。

一、裁判员椅

裁判员椅座位高为 1.55 米，左右扶手间设一可翻动的搁板，让裁判员能在其上进行书写。椅子的四脚要稍微张开，使椅子的重心稳定。供裁判员上下的阶梯设计要合理、适用，便于裁判员上下椅子。场地比较小时，可适当降低椅子的高度。

二、发球裁判员椅

常用的无扶手靠背椅就可作发球裁判员椅用。

三、司线员椅

要求同发球裁判员椅。如果场地太小，也可用小凳子。

四、发球测高仪

发球测高仪是根据规则“发球员的球拍击中球的瞬间，整个球应低于场地地面上方 1.15 米”的规定，设计的一种发球裁判员使用的器材。一般由两片透明玻璃片或有机玻璃和它的支架构成。每个玻璃片上有距地面 1.15 米的刻度线。运动员发球时，发球裁判员用该仪器测量羽毛球是否低于此刻度线，以判断是否发球违例。此种器材尚未全面推广，仅在高水平赛事中应用。

五、记分垫板

未给裁判员提供电子计分器时，需要提供裁判员临场填写记分表时用的垫板，尺寸比 A4 纸略大一点，可用三合板或有机塑料板等材料制成。垫板应带有一个夹子，以便夹住记分表等纸张。

六、计时器

裁判员、裁判长每人都要有计时器，如手表，作为临场计时用。

七、红、黄、黑牌

每个临场裁判员都应备有红、黄牌各一块，裁判长应备有黑牌一块，它们可用塑料制作，尺寸约为 6 厘米×10 厘米。

八、竞赛表格

竞赛表格有单项记分表、团体记分表、团体赛出场表、仲裁申诉表、抽签用表、编排记录用表等，单项记分表用量最大。

九、席卡

场内的工作台上，应放置技术代表席、值班裁判长席、仲裁席、记录台、医生、领球处、场地值班员和裁判员席等席卡。席卡一般用 KT 板制成，两面显示，尺寸约为 20 厘米× 8 厘米。

十、抽签编排记录用具

包括签卡或号球、签盒、区牌、电脑、公告板和复印机等。

十一、办公文具

不管是临场裁判员还是编排记录人员，都需要笔、纸、笔记本、装订工具、直尺、橡皮擦、工作包等办公文具，因此应充分准备。

十二、裁判员服装

正规比赛，裁判员都应统一着装。服装由大会根据季节准备，司线员服装最好与其他裁判人员有所区别。羽毛球比赛通常在春、夏、秋三季举办，每位技术官员至少应配备两件短袖 T 恤、一套长服、一双深色运动鞋、一个双肩包。每位司线员应配有深色长帽檐的网球帽。国际裁判员有专门的制服。综合性运动会时，技术官员工装为大会统一设计、统一制作。为避免影响场上运动员的视觉判断，临场裁判人员的服装应为深色。

CHAPTER 03

第三章 羽毛球竞赛管理

第一节 羽毛球竞赛管理概述

管理是人类社会活动的产物，从某种意义上说，没有管理，就没有社会生产，就没有社会活动，也就形成不了人类社会。管理是随着人类社会活动的产生而出现的，又随着人类社会活动的发展而不断发展。

管理从词意上理解就是管辖和治理，但是，“管理”作为一个科学概念，由于学派不同，说法各异。有人认为“管理是通过计划工作、组织工作、领导工作和控制工作的诸过程来协调所有的资源，以便达到既定的目标”；有人认为“管理就是领导”；有人认为“管理就是决策”；有人把管理喻为“头马、空气、木匠”，即管理如头马，能把人们领向光明、带向胜利；如空气充满所有的空间，无处不存、无刻不在，但又无任何压力，所有的规章制度都成为人们的自觉行动；如木匠能物尽其用，人尽其才。还有人把管理看作主要是对人而不是对物的管理，认为管理“与个人及集体共事，以达成组织的目的”，即“人际的技巧”。

从以上各种管理定义中，可以看出管理活动有以下共同点：

①管理活动以人为主体；

②管理活动以人和物质要素为客体；

③管理活动有一定的目的性，即主体有目的地作用于客体而形成的活动。

综上所述，管理可定义为：管理是人们为实现一定的目的，而对人、财、物、时间和信息等要素所进行的计划、组织控制等一系列活动。

羽毛球竞赛管理，就是羽毛球运动竞赛管理者为实现竞赛系统的功能目标，而对竞赛活动进行科学的计划、组织和控制的活动过程，即对羽毛球运动竞赛的人流、物流、信息流进行整合和排序的活动过程。

羽毛球运动竞赛管理，是构筑羽毛球运动竞赛系统的桥梁和纽带，是指挥和协调羽毛球运动竞赛系统中各部门、各层次、各类人员共同劳动的重要手段，是实现羽毛球运动竞赛工作科学化的保证，是提高羽毛球运动竞赛效益，使竞赛质量获得最大化，从而达到安全、有序、规范、精彩要求的根本方法。

$$\text{竞赛质量}=\frac{\text{事业效益}+\text{社会效益}+\text{经济效益}}{\text{投入}}$$

羽毛球运动竞赛活动，是一种群聚性的活动。在有限的空间里，短时间内，聚集了成千上万的人，进行剧烈的竞争活动，群情激昂，情绪波动振幅超大，易于失控。因此，安全是第一个必须认真管控的问题。器材设备安全、比赛过程安全、治安安全、消防安全、电力安全、通信安全、交通安全、卫生安全、饮食安全和应急疏散安全等，都应列入竞赛质量评估的清单。而破解“安全”这一难题的抓手就是“有序”，即上文所说的“对羽毛球运动竞赛的人流、物流、信息流进行整合和排序”，使之井井有条、按部就班。“规范”就是竞赛活动必须符合竞赛法规的要求。只有这样，才能保证竞赛活动公正、公平，使比赛过程井井有条，确保比赛过程的安全。一次赛事活动，能达到安全、有序、规范的要求，应该算是一次圆满、成功的赛事了。至于“精彩”，则是锦上添花的事，是每个竞赛组织者和竞赛管理者应当极力追求的。

羽毛球运动竞赛管理，是通过一定的组织机构来实现的。国际羽毛球运动竞赛的日常管理由世界羽联主管；全国羽毛球运动竞赛的日常管理由中国羽协负责；地方羽毛球运动竞赛的日常管理由地方体育行政部门（地方羽协）承担；一次羽毛球竞赛大会的管理，由主办者、承办者、参赛者联合组成的组织委员会来承担。因此，竞赛规范理应分级评估。国际比赛，有国际比赛的“安全”“规范”要求；群体性比赛，有群体性的比赛标准，不可整齐划一。这也就是说，竞赛是分级管理、分级评估的，不能用一个标准来衡量所有的比赛，用一套办法来组织一切赛事。不过，衡量标准还是有一个底线的。这个底线就是：羽毛球运动竞赛管理一定要加强计划性，一定要坚持合法、合理、公正、准确、迅速的工作原则。

合法：就是不管是组织推动某项工作，还是处理协调某个矛盾，都必须以国家法律和羽毛球竞赛法规为准绳，依法办事、依法裁决、依法办赛，确保羽毛球运动竞赛活动的顺利进行。

合理：就是一定要按羽毛球竞赛规律进行管理，要科学化、系统化、程序化。

公正：它是依法办赛的保证，只有公正、公开、公平才能保证合理、合法。公正要求执法尺度平稳、统一。尺度平稳，首先要心平，其次要执法技术娴熟、平稳，对法规的理解要深刻、层次要分明、判断要准确，这样才能保证羽毛球竞赛法规的正确执行。

准确：是迅速的先决条件，只有判断准确，抓住要害，才能迅速化解矛盾，解决问题。许多球迷问题、争议问题都是在公正、公开、合理、合法的前提下，准确地运用法规，准确地抓住问题的要害而化解矛盾、解决问题的。

迅速：羽毛球竞赛活动是时限性极强、工作强度大的活动，竞争激烈、矛盾尖锐，因此管理反应一定要迅速，处理问题要速战速决，措施有力，拖沓不得。

合法、合理、公正、准确、迅速，是羽毛球运动竞赛管理必须严格遵循的管理原则。

第二节　羽毛球竞赛管理方法

一、羽毛球竞赛管理方法

羽毛球运动竞赛管理人员，是实施羽毛球运动竞赛管理方法的主体。他们的素质和群体构成，将直接影响羽毛球运动竞赛的顺利进行和发展，是实现羽毛球运动竞赛系统功能目标的关键因素。因此，羽毛球运动竞赛管理人员，应具有高尚的职业道德品质、丰富的专业知识、过人的工作能力和雷厉风行的工作作风，即羽毛球竞赛管理人员，应具备较高智商和情商。管理群体构成，要注意知识、能力、年龄的互补性，资质的和谐性和群体的动力结构。

道德标准具有行为导向作用，能减少组织和社会的摩擦，节省组织和社会的协调费用、监督与控制费用，有助于更好地实现特定的组织目标。公正、正直、诚实、信用、廉洁、合作、利他、社会责任，是羽毛球竞赛管理人员必须具备的道德观念。积极主动、自信乐观，正如《CEO 圣经》著者韦尔奇所述，“一种对人的热情关注以及一种非正式的平等交流的风格，帮助庞大多元的商业帝国摆脱成熟企业的痼疾——金字塔式的官僚体制，而走向灵活主动、不拘一格的道路”的改革精神，强烈的法制意识和严密谨慎的政策水平，是羽毛球竞赛人员不可或缺的职业道德品质。

“知识就是力量”是家喻户晓的格言。广博的知识，将使羽毛球竞赛管理人员具有成熟的智慧、开阔的视野和犀利的眼光。深厚的专业理论基础，是羽毛球竞赛管理者实施竞赛管理方法的主要支柱。

高尚的道德品质、深厚的专业理论基础和广博的学识，为羽毛球竞赛管理人员进一步锻炼才干、提高能力，提供了有利条件。因此，有志于羽毛球竞赛管理事业的人们，不但要注重德、智的不断提高，还应在竞赛管理实践中，努力提高自己的才干，使自己具有较强的分析能力、果断的决策能力、全面的组织协调能力、广泛的社会活动能力和人际技巧，并能全面地掌握羽毛球竞赛管理方法，成为一位优秀的羽毛球竞赛管理者。

羽毛球运动竞赛管理主要方法有行政、法律、经济、宣传教育和系统方法等。

（一）行政方法

行政方法是指依靠各级羽毛球竞赛行政组织，运用行政手段，按行政系统，对羽毛球竞赛进行管理的方法。行政方法的形式一般表现为命令、决议、指示、规定、指令性计划，以及其他各种行政性文件等。

行政管理方法具有权威性、强制性、针对性、纵向性等特点。它的优点是有利于集中领导，便于发挥管理职能，是实施各种管理方法的必要手段，能较好地处理特殊问题和管理中出现的新情况，具有一定的灵活性；而缺点是权力过于集中，管理效果易受领导者水平的影响，不便于分权，不利于发挥子系统的积极性，难于进行横向沟通等。

行政方法是管理活动中最古老、最基本的方法。它的适应性很强，适应范围较广，无论是宏观的羽毛球竞赛管理，还是微观的具体竞赛活动的组织，都离不开它。从宏观上看，尤其是羽毛球竞赛管理系统内部由上至下的各项工作的布置，运用行政方法比较有效。在具体的一次羽毛球竞赛活动中，处理一些突发事件（如赛风问题等），运用行政措施便于及时控制事态的蔓延，保障正常的竞赛秩序。但由于行政方法存在一定的缺陷，因此，一定要注意不要单一使用，要掌握好集权与分权相结合、系统性和权责一致的原则。

（二）法律方法

法律方法是指运用法令、法规、条例、规则、章程等法律手段对羽毛球竞赛进行管理的方法。它是增强竞赛管理效能，推动羽毛球竞赛管理法制化进程的重要途径，具有强制性、规范性、稳定性和可预测性等特点，能使竞赛管理机构责权利明晰、赏罚分明，有利于羽毛球竞赛管理活动公开、公正、规范，更具透明度，有利于羽毛球竞赛活动的反腐倡廉建设。

但法律方法也存在不足的一面，如对新问题、特殊问题就无法涵盖，因此，充分发挥管理人员的主动性、积极性、创造性是非常必要的。

（三）经济方法

随着我国社会主义市场经济的发展，经济方法被引进羽毛球竞赛管理。所谓经济方法，就是按经济规律，运用经济手段进行管理的方法。在管理活动中，贯彻物质利益原则，来调动各方面的积极性，充分发挥羽毛球竞赛的经济功能，提高羽毛球竞赛的社会经济效益；把经济利益与责任挂钩，来控制、提高羽毛球竞赛质量，促进羽毛球运动事业的发展。但是，它也与其他管理方法一样，有其自身的弱点，在运用中，如果忽视思想教育工作，就可能导致“一切向钱看”的倾向，不能妥善处理国家、集体与个人，利益与质量的关系，只思索取、不求奉献，只思盈利、不求质量，因而，还应考虑采用其他有效方法加以配合。特别是在“政府一家办赛”向“社会参与办赛”转型过程中，大量经济方法引入赛事管理过程，需用合同、协议等法律手段对办赛各相关方进行利益捆绑和平衡。

（四）宣传教育方法

人是一切工作的主体，任何管理工作都离不开人，这就是所谓的“人本主义”。羽毛球竞赛管理的宣传教育方法，就是通过做人的工作，来调动广大竞赛参与者的积极性和主动性。它是舆论导向，信息管理，情绪管理，也是其他管理方法的阐释管道。

在羽毛球竞赛管理中采用的宣传教育方法有以下几种。

①对法规、领导意图和其他管理方法进行阐释，统一思想，对内整合管理群体动力，利用信息调动人们的工作热情，努力完成竞赛管理任务；对外控制离散信息，及时解疑释异，形成强大的舆论导向，对观众情绪进行管理，避免球迷情绪迷乱，引导大家做文明观众；

②形象宣传，使公众对羽毛球运动有更深刻的理解，促进羽毛球运动进一步发展；

③对先进典型进行公开宣传，使抽象的说教向实实在在、可触可摸的形象转化，利用形象信息调动人们情绪，扩大宣传教育的效果。

使用宣传教育方法，要注意发挥它的先行性、疏导性、表率性、真理性和灵活性等优点，努力克服它的滞后性弱点。

（五）系统方法

系统管理方法，就是把参与羽毛球竞赛活动的人流、信息流和物流，放入羽毛球竞赛系统中，利用系统论、信息论、控制论和网络图等现代手段，对其进行管理。它具有目标明确、逻辑清晰、调控性强、适应性强和直观形象的特点，可以在羽毛球竞赛宏观管理和微观管理中广泛应用。

二、羽毛球竞赛管理对象

羽毛球竞赛管理对象就是参与竞赛活动的“三流”，具体内容包括以下几个方面。

（一）竞赛组织的管理

竞赛组织机构是发挥管理功能、实现管理目标的组织保证。因此，首先加强对羽毛球竞赛组织的管理，是非常必要的。保证其构成具有互补性、和谐性和动力性，完善各项组织机制，是羽毛球竞赛组织管理的主要任务。

（二）竞赛人员的管理

羽毛球竞赛人员包括竞赛干部、裁判人员和场馆人员。他们都是竞赛管理的主体，羽毛球竞赛管理的水平，很大程度上取决于他们的素质和工作积极性。因此，应重视对他们的培养、选拔和使用，有计划地加强羽毛球竞赛人员队伍的建设。

（三）竞赛计划的管理

制订羽毛球运动竞赛计划，是羽毛球运动竞赛管理的首要职能。竞赛计划是一切管理活动的起点和依据，也是羽毛球竞赛中最大、最重要的信息流。竞赛计划的质量直接影响着羽毛球运动竞赛的管理效果，因此，进行竞赛管理必须加强对羽毛球运动竞赛计划的管理。

（四）竞赛经费和物质条件的管理

竞赛经费和必要的物质条件是开展羽毛球竞赛的物质基础，是羽毛球竞赛中不可缺少的重要因素。对这些因素的管理直接影响羽毛球竞赛的效果和质量，加强竞赛经费和物质条件的管理，也就是加强羽毛球竞赛的物流管理，是羽毛球竞赛管理的重要内容。

（五）竞赛风险的管理

有成功，就有失败。失败，就是成功的风险。把失败减为0，就是成功。这种规避失败、控制造成失败因素的管理手段，就叫风险管理。

风险管理从1930年开始萌芽，最早起源于美国。20世纪50年代，风险管理发展成为一门学科。1970年以后，逐渐掀起了全球性的风险管理运动。

为保证羽毛球赛事的圆满成功，在竞赛工作中引进先进的科学理论，对竞赛工作实施风险管理，是非常必要的。

羽毛球赛事性质、规模、赛制，赛事运行设施，竞赛管理人员、工作人员素质，运动队素质和期望值，技术官员水平、观众球迷及媒体等，都有风险存在。所以，我们要对赛事的每个构成事项、每个过程，进行精细的分析和研究，进行风险评估，列出风险清单。针对清单所列的所有问题，一一制订规避办法和应急预案，并对所形成的预案进行反复的演练，使每个参与者明确各自的职责任务，能熟练地进行应对，确保竞赛风险得到有效的管控，为赛事的圆满成功保驾护航。

（六）竞赛过程的管理

羽毛球运动竞赛过程的管理，属于竞赛微观管理范畴，是对实施竞赛计划产生实际羽毛球竞赛效果过程的管理，是对具体羽毛球竞赛活动中的人、事、物进行全过程的管理，即对上述的竞赛组织、竞赛人员、竞赛计划、竞赛经费物资、竞赛风险进行具体的、精准的、综合性的管理。它是一项复杂而细致的管理工作，管理失当，将会引起混乱，后果可想而知。它是羽毛球运动竞赛管理的重要内容。下面将专辟“羽毛球竞赛总体过程管理”“羽毛球竞赛重要事项管理”和“羽毛球竞赛重要工作日管理”三个章节予以论述。

第三节　羽毛球竞赛总体过程管理

羽毛球竞赛总体过程管理属竞赛微观管理范畴，也就是把某一具体羽毛球竞赛作为一个系统，对它进行管理。

羽毛球竞赛总体过程管理系统，一般可以分成筹备、实施、善后三个程序板块，每个程序板块均由人流、物流和信息流三个子系统前后相接而成。

一、筹备板块

筹备板块有三个目标任务，一是概念设计，二是法规制定，三是赛中运转系统的构建。

（一）概念设计

概念设计，包括比赛名称、比赛目的任务、比赛性质、比赛规模、场馆的数量与要求、经费预算、比赛组织机构构成、裁判调配和承办单位等项目的设计和确定。

（二）法规制定

根据比赛目的、任务、性质及历史的经验教训，制定有关的竞赛法规，是筹备板块的主要任务。一次比赛中，最重要的竞赛法规就是羽毛球竞赛规程。

羽毛球竞赛规程，是竞赛组织者和参加者最具体的指导性法规文件，是实施羽毛球竞赛管理的重要依据和规范。它通过确定的宗旨、办法、措施，贯彻羽毛球运动竞赛的方针、政策，体现羽毛球运动发展的远期战略、近期策略，有针对性地体现出提倡、发展什么，或限制、反对什么，引导训练的指导思想，指导训练技术发展方向，促进训练水平的不断提高，促进人才梯队的建设，促进重点项目的发展，推动群众性羽毛球运动的发展；通过奖惩计分办法和有关纪律规定，提倡、引导运动员发扬优良的体育道德风尚，反对、限制不良的赛场作风，保证羽毛球运动竞赛质量。它具有很强的激励作用，通过奖励、竞争和荣誉感，激励运动员弘扬奥林匹克精神，奋发向上。

羽毛球竞赛规程是依据竞赛目的、任务、竞赛计划和客观实际制定的，它必须遵循系统性、目的性、公平性、效益性和稳定性等原则。系统性是关系到竞赛规程能否贯彻落实竞赛方针，全面实现竞赛目的、任务的重要因素。制定规程，目的不明确或混淆了不同的目的，都将导致管理混乱，也会影响羽毛球运动竞赛的效益和质量。公平、公正是羽毛球竞赛最根本的准则，不公平将毁坏羽毛球运动事业，因此公平是制定羽毛球竞赛规程必须谨遵的重要原则。羽毛球竞赛规程既要发展又要保持相对稳定，稳定是竞赛规程具有严肃性和权威性的基础。竞赛规程一经公布就应相对的稳定，不能朝令夕改、变化无常，确有不合理处需要修改、补充，必须由制定部门按规定程序，通过广泛的调查研究，慎重决定，在比赛开始前一段时间，正式通知有关单位。

羽毛球竞赛规程包括竞赛目的、赛会全称、竞赛时间地点、竞赛项目、参加单位、承办单位、参加办法、竞赛办法、录取名次与奖励、报名和报到、裁判员与仲裁委员会、未尽事宜和解释权归属等内容，根据实际情况可以有所增减。

(三) 系统的构建与调试

羽毛球运动竞赛系统的主要构件，一是组织机构，二是工作计划。

1. 组织机构及职能

建立组织机构是羽毛球竞赛组织、管理工作的关键环节。机构设置要合理，职能划分要明确，才能圆满地完成竞赛任务。羽毛球竞赛组织机构一般都采用委员会制，在主办单位的领导下，由承办单位各方代表、参赛单位代表、裁判长等组成竞赛组织委员会，负责组织和领导竞赛的全部工作。

组织委员会，在运动队没报到之前为筹委会，由主、承办双方组成，负责审议、确定组委会参加范围及人员组成；审议、批准各职能机构的设置及主要负责人名单；审议、批准各项工作实施方案；审议、批准大会经费的使用原则、范围及预、决算方案；裁定筹备过程中的重大问题。筹委会的职能机构设置与组委会基本相同，随着筹备工作的进展，逐步健全、完善，向组委会职能设置模式过渡。组委会主要职能部门有办公室、竞赛、新闻宣传、安保、行政、接待等，还可视竞赛规模，增设大型活动、外事、工程、集资等职能部门。

办公室的主要职能是：文秘机要、组织人事、综合协调。常规工作有：组织会议、拟定大会基本工作程序与规章制度，以及根据各部门职能调配人员等。办公室要组织的主要会议有：

(1) 筹备工作会

由筹委会主任或常务副主任主持，各职能部门负责人参加，审议工作规划、安排及要求，并进行动员。

(2) 各部门工作联席会议

可定期召开，也可不定期召开，由主任或常务副主任主持，各有关部门负责人参加，汇报各部门工作进展情况、存在问题，提出解决方案，确定下一阶段工作。

(3) 现场办公会

根据筹备工作情况，组织召开专题会议或现场办公会，由存在问题的部门汇报情况并提出解决方案，由与会领导当场确定解决办法并指定责任人。

（4）筹委会

可根据情况召开，最后一次筹委会应在第一次组委会前召开。由筹委会主任主持，组委会全体委员参加，向组委会汇报筹备情况，由组委会审批，交出权力，结束筹委会工作，接着由组委会主任主持，召开第一次组委会。

（5）组委会全体会议

审批各种工作方案，解决各种问题，提出各种要求，一般开两次，由组委会主任或副主任主持。

在组织会议时要注意，会前要做好议题确定、议程拟定、材料准备、会场布置、安全保卫和出席人员落实等工作；会中要做好会议记录、意见征集工作；会后要整理会议纪要，会议文件及时上报、下达，并做好存档和总结工作。

竞赛部（处）是羽毛球竞赛组织管理中专业性很强的办事机构，在整个竞赛组织管理过程中处于核心地位，它的主要职能是：按竞赛规格要求勘察选择比赛场馆，检查验收准备场地器材，做好报名、资格审查和竞赛组织编排工作，做好裁判的调配、任命、培训和临场竞赛组织工作，配合做好颁奖组织工作。

新闻宣传部（处）的主要任务：一是宣传教育工作，负责编制各种宣传材料，拟定宣传口号，设计制作会标、吉祥物等宣传品，确定宣传教育方案，营造环境氛围，采取各种形式做好各类人员的宣传教育工作，大力进行遵纪守法的宣传教育，印发观众须知，通过各种渠道引导球迷做文明观众，宣传比赛中出现的好人好事，鼓励运动员赛出风格、赛出水平；二是制定体育道德风尚评选办法，组织体育道德风尚评选活动；三是新闻传播组织工作，负责制订新闻报道计划，向有关新闻单位发出采访邀请，做好记者采访的组织工作，组建新闻中心，召开新闻发布会，为记者采访提供服务。

行政后勤部（处）的主要任务是：财物管理，生活接待，在食宿、交通、通信和医疗卫生等方面为全体与会人员提供良好的生活环境和工作条件，是羽毛球竞赛管理机构中重要的职能部门。

安全保卫部（处）是羽毛球竞赛管理中不可缺少的重要职能机构之一。其主要职责是负责组织实施竞赛活动整个过程中的各项安全保卫工作，制订实施各项具体活动的安全警卫和交通疏导方案，负责比赛场馆、比赛设施、运动队驻地、饮食卫生、生活设施、安全设施的安全检查和监督工作，负责证件设计、制作、发放和检查工作，负责观众的安检和管理工作。安保部一般由承办单位的内保组织、公安机关和其他有关单位共同组成。竞赛规模小的，安保部的职能可由办公室兼职，不用单列机构。

大型活动部（处）是为组织较大规模的开、闭幕式等大型活动而专设的机构。

根据需要还可以增设其他相应的机构。

2. 计划制订与系统调试

为了尽快地进入系统调试阶段，各部门应以竞赛为中心，制订各自的工作计划和各事项的实施方案，建立起各自的工作系统。首先，各部门应根据各自的职能，列出详尽的任务事项清单；其次，依据各事项的特点，分别寻找出各事项关键的时间节点；最后，用列表、网络图或其他直观简明的办法，整合成各部门的工作计划。办公室应把各部门的计划按事项的性质分级、整合成赛会的总体计划，再配上各事项的实施管理方案，初步构成竞赛运行管理系统。

这种系统，一般都是在以往经验的基础上构成的、未经验证的、书面的东西。因此，通过试运转—磨合调整—再试运转—磨合调整，进行反复调试，使自己的系统达到最优化，是非常重要的。调试，可在各事项子系统调试的基础上，进行局部合练，并逐步扩大合练的范围，最后进行全系统合练、全系统调试，圆满完成羽毛球竞赛系统的构建和调试任务。

二、实施板块

竞赛实施板块是羽毛球竞赛管理系统中的核心板块。它始于裁判员报到，止于比赛结束，裁判员、运动队离会。它的主要目标是保证竞赛秩序，保证竞赛质量。竞赛秩序的好坏和竞赛质量的高低，主要取决于后勤保障、竞赛编排、裁判执法的工作水平和赛风赛纪情况，以及观众文明程度。这就要求组委会领导要有力，各部门要严于职守、紧密配合。

办公室要协调组织好“三式”“三会”，即开幕式、闭幕式、抽签仪式和组委会（综合性运动会为领队会）、裁判员会、裁判长教练员联席会。准备好会议室，邀请有关领导出席会议。各职能部门要按计划，主动配合，是属本单位主办的就应积极主动地办好本项工作，该配合的就应紧密配合，既分工又合作，互相支持，互相补台，为了保证竞赛秩序，提高竞赛质量，而共同努力。

抽签是组织编排的重要环节，也是保证竞赛秩序，提高竞赛质量的关键。抽签一定要公开、公正，监督到位。因此，抽签仪式的组织是不可忽视的一

“式”，一定要按时向该到场的单位代表、人员发出邀请，该到位的人员一定要确保到位，必要时可邀请新闻单位参加。

组委会一般开两次，必要时可随时召开。在第一次组委会上，要传达主办单位的有关规定，明确竞赛规程中的各种规定，对运动员资格及其他未决的问题作出决议，布置体育道德风尚奖评选，对思想教育、安全保卫、生活管理等工作提出要求，并且宣布竞赛日程安排和重大活动安排及要求。第二次组委会，一般在比赛结束前一天召开，通过体育道德风尚奖评选结果，布置发奖有关事项和返程等问题。

裁判长教练员联席会由竞赛部（处）主持，是竞赛实施板块中最重要的技术会议之一。它是沟通裁判员和运动队对竞赛规程、规则和裁判法认识的主要渠道。通过会议，进一步明确竞赛规程和竞赛规则中的有关规定，统一认识，统一尺度；阐明比赛过程中有关裁判执行工作的技术问题，对不足之处作适当的调整或补充；解释编排原则、竞赛日程安排；说明向仲裁委员会申诉的程序和方法。

在竞赛实施板块中，加强对裁判员的管理，对裁判员进行动员，认真组织他们学习、实习和小结，是竞赛部（处）的重要任务。在动员会上，要对裁判员提出管理、纪律等方面的具体要求，进行职业道德教育，介绍大会日程和生活安排，进行工作分工。为了提高裁判员执法水平，在赛前要组织裁判员认真学习竞赛规则、规程，统一认识，统一尺度，研究赛中可能出现的问题和处理办法，组织必要的考核和实习，在赛中加强监督，每节赛前（后）进行小结，不断提高裁判工作水平，保证比赛顺利进行。

开、闭幕式是整个竞赛活动中非常重要的一个环节。它不仅可以扩大社会宣传，提高体育在社会生活中的地位，还可以对运动员产生良好的心理影响。不同规模、不同特点和任务的比赛，其开、闭幕式的程序也不尽相同。开幕式一般包括以下几个步骤：主持人宣布大会开始，裁判员、运动员入场；升国旗、奏国歌或其他仪式；领导致开幕词；裁判员、运动员代表讲话；裁判员、运动员退场；团体操、文艺表演。闭幕式可以单独进行，也可以在决赛场次之后进行，它常和发奖仪式同时进行，一般程序是：运动员、裁判员入场；宣布比赛结果；发奖；致闭幕词；文艺演出。

这个阶段还应认真抓好以下几项工作：

1. 赛风管理

羽毛球竞赛是传播精神文明的一个窗口，广大观众不仅通过比赛欣赏高超的球艺，而且通过运动员展现的体育道德、精神风貌，受到精神文明的陶冶和感染，从中受到教育。

因此，对于竞赛中出现的冒名顶替、违反比赛纪律、不尊重裁判员、不尊重对手、搞“君子协定”、不尊重观众、打假球及裁判不公等不良现象，必须严格加强管理，以树立健康、文明的比赛风气。一是必须严格做好运动员资格审查工作，杜绝假年龄、假资格等不正之风；二是对竞赛组织的成员，特别是裁判队伍要加强管理教育和监督检查；三是管好运动队，建立领队、教练员责任制，各负其责，抓好赛风赛纪工作；四是加强对观众的管理，比赛是一种紧张激烈的对抗，对人们具有强烈的刺激，易引起观众的共鸣，组织管理不当，可能与一些复杂的社会因素交织在一起，产生迷乱。加强对观众的管理，要贯彻《体育法》，通过法律手段维护赛场秩序，及时制止和惩处严重违纪者，要依靠社会各方面力量，充分利用各种渠道加强对观众的宣传教育，要做好门票的销售、分发和出入口的疏导工作。

2. 运动员分级管理

为使管理切实有效，落到实处，应对参赛运动员实施分级管理办法，即大会抓各队，提出统一要求和具体规定，并做好各队之间的协调工作，定期召开联席会议，听取意见，处理问题，改进工作；领队抓队员，负责全队运动员赛风赛纪和生活的管理，使每个队、每个运动员都能遵守各项规章制度，圆满地完成比赛任务。

3. 后勤及善后管理

贵宾接待、交通安排、成绩公布、场馆器材维护和新闻采访组织等方方面面的工作都要重视。

三、善后板块

善后板块的主要任务是财产清理，财务决算，材料整理归档、上报和总结等。后勤行政部门办理各参赛队离会的各种手续，做好欢送工作，进行财务决算。外事接待部门应做好外宾的欢送工作。竞赛部门要及时编制、印发比赛成绩册。上述善后工作处理完毕，各部门工作人员便可离会。

第四节　羽毛球竞赛重要事项管理

从上节“羽毛球竞赛总体过程管理”的论述中，我们可以看到，羽毛球竞赛包含着无数大大小小的工作事项。为了达到精准、到位的微观管理的目的，我们必须就关键、重要的事项，如人事、财务、安全应急、接待交通、医疗卫生、比赛设施、宣传媒体、主视觉景观、环境临建、竞赛出版物、抽签编排、志愿工作、招商、嘉年华、观众服务、技术官员服务、嘉宾服务、票务、赛事推广、开幕仪式、颁奖仪式、体育展示等，建立精细的微观管理系统，制订出详尽的实施方案，进行有效的管控，确保各事项按时间节点精准推进，融入总体管理系统，以确保赛事的圆满成功。

事项系统主要由工作内容、具体要求、岗位设置、人员配备、物资需求、现场布局、流程流线、相关部门、日程安排等要素构成。把这些要素根据实际情况组合成可操作的具体工作方案，扎实地推行实施。

推行的主要手段是：组织培训，目的是使每个系统成员不管是个人还是部门，都明确自己的任务职责、流程流线、时间节点；召开专题协调会，通过专题协调会破除部门间的障碍，确保系统运行顺畅；督促检查，督促检查是非常重要的工作环节，它可以通过现场检查、例会、专题会等手段来实现。当然，简单的事项也可以通过简单的专题协调会或例会来进行管理。

下面举两个实例，供大家参考。

一、羽毛球比赛分区注册制证方案示例

《×××羽毛球赛分区注册制证方案》

2017 年×月×日至×日，将在×××奥体中心综合体育馆举办×××羽毛球赛。根据××竞（2017）××号文件，大会组委会下设办事机构为：办公室、竞赛部、场馆运行保障部、后勤保障部、新闻宣传部、安全保卫部、医疗卫生部、志愿者服务部，共 8 个部门。为确保比赛安全、有序、圆满、成功地进行，便于赛事活动管理，按照惯例，赛事采用分区分类注册制证、授予通行权限、严格控制流线的办法进行管理。具体方案如下。

(一) 比赛馆分区

将羽毛球比赛馆分成 6 个区域：

1. 贵宾区（红色）
2. 运动员准备区（绿色）
3. 媒体工作区（黄色）
4. 公共活动区（浅黄绿色）
5. 场馆运营管理区（紫色）
6. 竞赛运行区（蓝色）

(二) 证件类别和模板底色

部门	证件底色	部门	证件底色	部门	证件底色
组委会	红色	办公室	紫色	竞赛部	蓝色
场馆运行保障部	紫色	后勤保障部	紫色	新闻宣传部	黄色
安全保卫部	白色	医疗卫生部	紫色	志愿者部	浅紫色
技术官员	蓝色	运动队	绿色	合作商	咖啡色
颁奖礼仪	浅蓝色	体育展示	浅蓝色	嘉宾 VIP	深红色

(三) 升级卡分类

1 区：贵宾区升级卡，分区编码为 1，颜色为红色。
2 区：运动员准备区升级卡，分区编码为 2，颜色为绿色。
3 区：媒体区升级卡，分区编码为 3，颜色为黄色。
5 区：场馆运行区升级卡，分区编码为 5，颜色为紫色。
6 区：竞赛运行区升级卡，分区编码为 6，颜色为蓝色。
FOP 升级卡：标 FOP 字样，颜色为深蓝色。

(四) 证件设计要素

为便于认证，证件暂分 15 种类型，只设红、深红、白、蓝、浅蓝、紫、浅紫、黄、绿、咖啡 10 种颜色。证件正面标有大会 logo、会标、类别、照片、姓名、国家地区、通行权限等；证件反面标有场馆一层分区示意图和功能区标识、证件使用说明等；证件文字均为中英文。

（五）证件尺寸

证件外围尺寸：115mm×170mm
证件实际尺寸：110mm×150mm
升级卡外围尺寸：57mm×85mm（正反面一致）

（六）标识和通行权限分配原则

1. 标识

（1）证件正面（图 3-1）

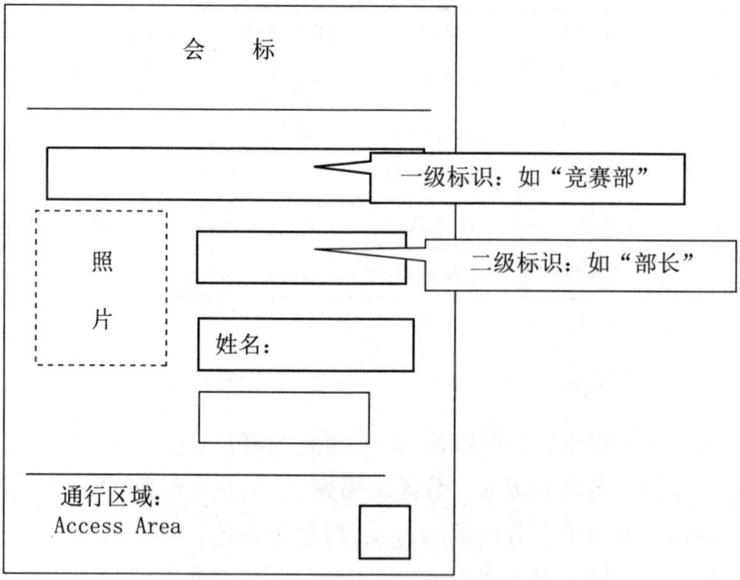

图 3-1　证件正面内容示意图

一级标识为，“证件清单”中汉字编码所示的内容，如竞赛部。
二级标识为，“证件清单”中阿拉伯编码所示的内容，如赞助商。

（2）证件背面（图 3–2）

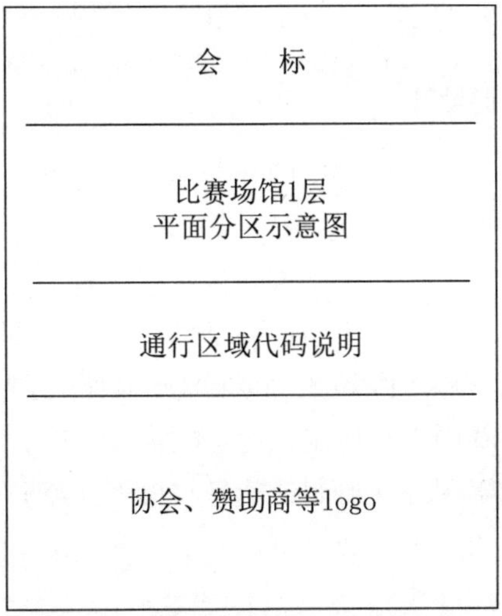

图 3–2　证件背面内容示意图

（3）升级卡（图 3–3）

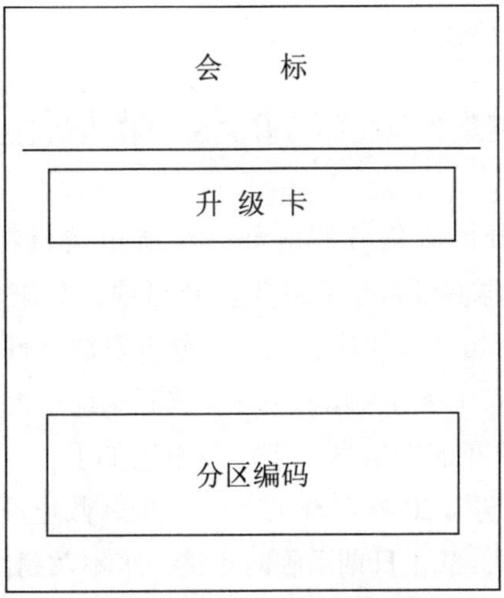

图 3–3　升级卡示意图

2. 证件主要标识和通行区域权限（见二维码内容）

证件主要标识和通行区域权限表

（七）证件制作与审批

1. 证件式样

由×××设计公司负责设计。

2. 证件制作

由×××负责。

3. 证件注册资料

由各职能部门提供，《×××年×××羽毛球赛注册制证信息收集表》见附件 1、2。
附件 1. ×××羽毛球赛国内注册制证信息收集表（略）
附件 2. ×××羽毛球赛国外注册制证信息收集表（略）

4. 审定分工

竞赛部负责分区审定，×××负责制证和注册信息采集，报×××初审后由×××筹备总指挥审批（在册人员不用报批）。安保部负责安全审定。《20 ** 年×××羽毛球赛制证联络员（内部分工）一览表》和《20 ** 年制证信息采集表流程》见附件 4、5（略）。

（八）工作安排

赛前 30 天左右，召集各职能部门有关制证收集信息员、制证人员进行培训并对接制证厂家。

赛前 30 天左右，开始收集各职能部门注册申请材料，截止时间为赛前 20 天。《20 ** 年×××羽毛球赛证件信息收集注意事项》见附件 3（略）。

赛前 15 天左右，开始分批注册、制证，分批发放证件，届时还要在场馆指定地点增设临时制证点。《20 ** 年×××羽毛球赛临时制证审批表》见附件 6（略）。

20 ** 年×××羽毛球赛证件信息收集注意事项如下：

①信息收集截止日期为 20 ** 年 * 月 * 日。报名截止日期前，证件为批量制作的 PVC 带电子芯片证件，截止日期后临时申请，来不及制作，责任由申报人承担。

②证件实行实名制，信息收集包括持证人中文姓名和拼音、电子照片、有效身份证件名称、号码、性别、国家、地区、原单位、联系电话、赛事身份、一级标识、二级标识、通行区域等。

③各部门应对照本部门在 20 ** 年×××羽毛球赛中的工作职责，向有关单位

收集信息，申请信息为电子版表格信息，各职能部门联络员收集信息后打包通过电子邮件发送到×××处，邮箱：×××。收集完毕后证件小组负责整理分类，报送总指挥、公安审定后，转制证单位制作。

④电子版信息收集表格中打有“ * ”号的部分，外单位不用填写，由各部门制证联络员进行填写，同时将英文标识标注清楚，切勿出现因填写错误造成证件制作的时间延误或证件成品后又返工的情况。

信息收集、上报注意事项如下：

①电子照片规格要求为：个人两寸白底免冠 JPG 格式。照片命名为身份证号码，与表格中的个人身份证号码一致，避免同名同姓无法提取制作证件。

② “有效身份证件号码” 一栏，电子表格单元格格式为文本格式，否则 18 位身份证号码后四位会出现 “0000”。身份证号码末位为 X 的，需大写。

③同一单位人员的表格与照片存放在一个文件夹内，用单位名称命名上报。

④×××羽毛球赛制证联络员一览表（略）。

⑤20 ** 年制证信息采集表流程（图 3-4）。

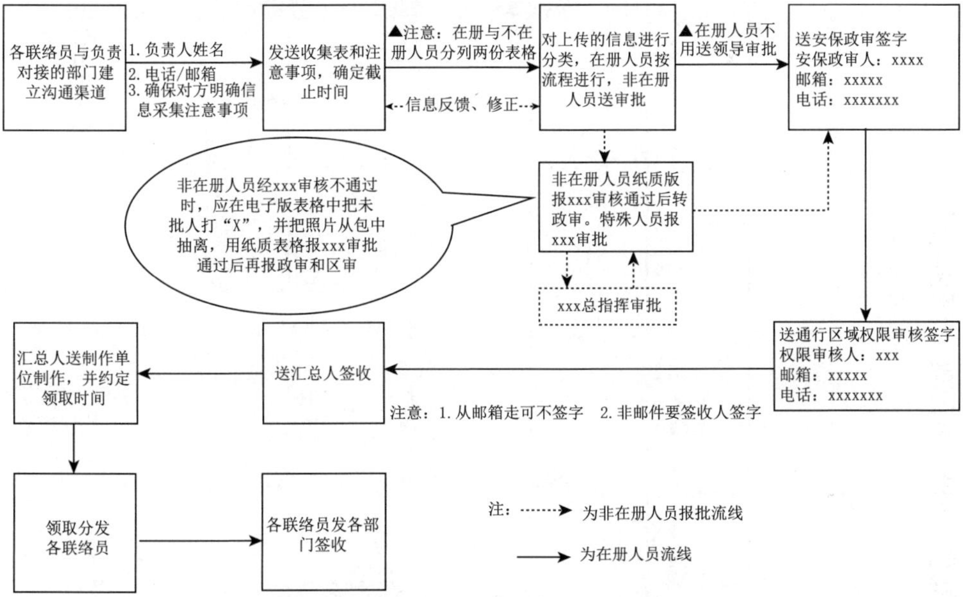

图 3-4　20 ** 年制证信息采集表流程图

×××羽毛球赛临时制证审批表（略）。

证件参考模板（略）。

升级卡模板（略）。

二、器材部工作计划示例（图3–5）

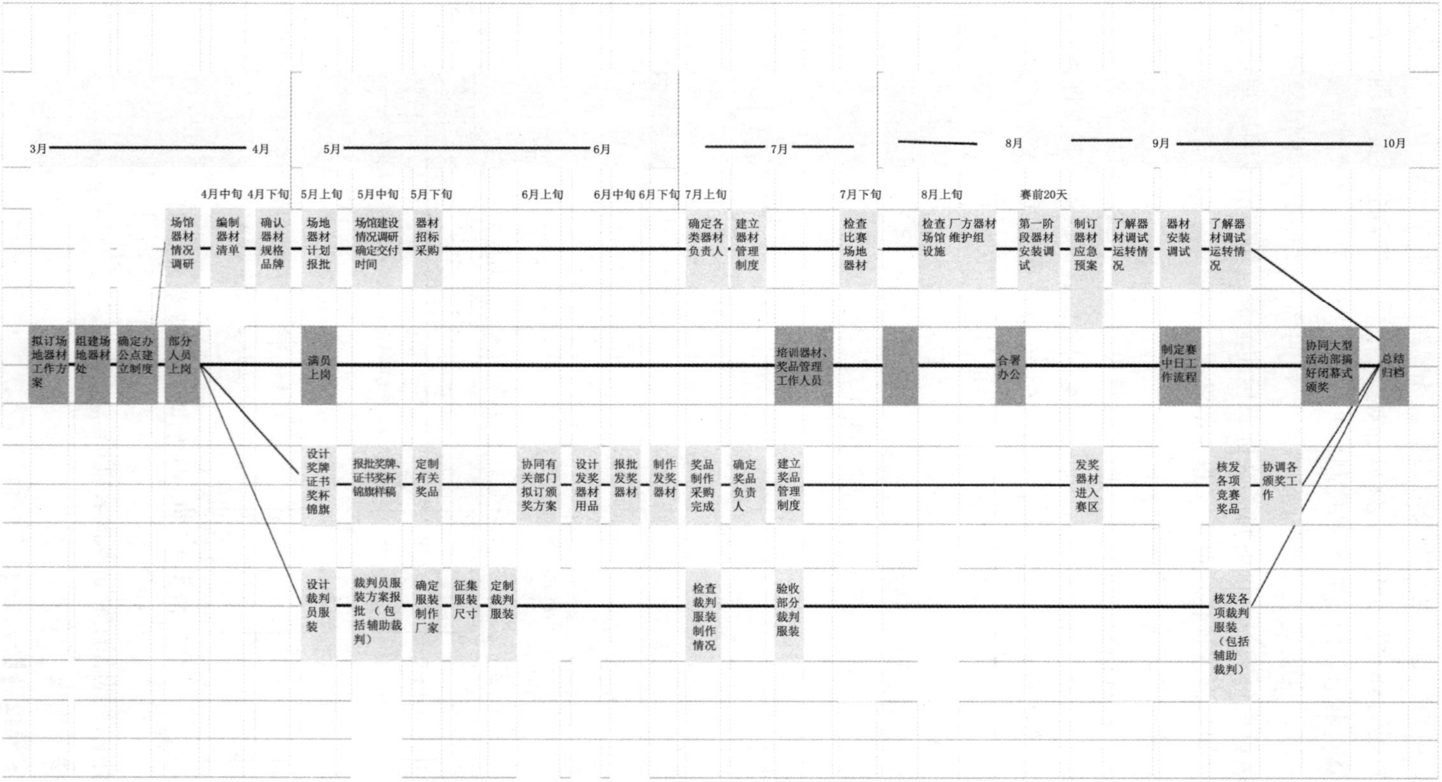

图3–5　器材部工作计划示例图

第五节　羽毛球竞赛重要工作日管理

开票日、新闻发布日、赛事推广活动日、开闭幕日、抽签仪式日、训练日、比赛日、颁奖日等，都是羽毛球竞赛的重要工作日。管理者也可根据实际情况自定。这些重要工作日，既是一个筹备阶段各事项工作的落脚点，也是一个筹备阶段辛勤劳动成果的体现，更是一个赛会成功与失败的展示。因此，这些重要工作日的管理工作，是整个赛事管理工作中的重中之重，必须加大管理力度，把各事项的方案、各条各线的工作，按工作日的时间节点汇集起来，制定一个精确至分钟的“日工作流程”，也称为 DCAS，进行管理。把各部门的工作，统一到时间节点上，思想统一、步调一致、安全有序地向前推进，取得赛会的圆满成功。

DCAS 一般包括任务编号、任务开始时间点、任务结束时间点、工作任务、运行对接部门、地点、负责部门、负责人等内容。由工作日主管部门发起，先制作一个日工作流程模板，把主要工作任务和时间节点定下来，然后发给运行对接部门填补，最后整合成一个完整的工作日流程表（见二维码内容）。

羽毛球赛比赛日工作流程示例

有了经审核完善的 DCAS，日管理工作才完成了一半，接下来还需进行演练。演练可分为桌面演练、实际操作演练、带装演练、局部或部门演练、部门间协同演练和整体演练等多种形式。其目的就是通过反复多次的演练，使 DCAS 反映的内容成为每个参与者自觉、自然、自动的行为。

实施 DCAS 管理，必须确立一位指挥长，实行一元化管理。当日的指挥长，一般由本工作日主管部门的领导担任。他负责当日 DCAS 运行的指挥、协调、监督工作，确保各涉事部门精准地按时间节点启动和完成工作任务。必要时，启动应急预案。

CHAPTER 04

第四章 羽毛球比赛裁判方法

本章将以羽毛球技术官员不同岗位的工作方法为脉络，分别介绍技术官员的组织、技术官员的等级制度和羽毛球比赛的裁判方法。

第一节 技术官员组织

羽毛球技术官员，是羽毛球比赛裁判法执行的主体，它有严密的组织和完善的管理制度。羽毛球技术官员组织可分为常设组织和临时组织两种。

常设组织主要负责技术官员的晋级考试、学术交流、业务培训、工作委派和工作业绩的考核评估。中国的技术官员组织还负责羽毛球比赛规则的修订工作。

国际羽毛球技术官员组织的有关职能，自 2002 年开始，由国际羽毛球联合会（International Badminton Federation，IBF，简称国际羽联），下设的技术委员会（Technical Committee）承担。2006 年，该组织改称羽毛球世界联合会（Badminton World Federation，BWF，简称世界羽联），国际羽毛球技术官员组织的有关职能，仍由其下设的技术委员会负责。

1959 年成立的亚洲羽毛球联合会（Asia Badminton Confederation）简称亚羽联（ABC）。自 2006 年起，“Asia Badminton Confederation”改名为“Badminton Asia Confederation”，简称“BAC”。自 2015 年起，“Badminton Asia Confederation”更名为“Badminton Asia”，简称“BA”。该组织下设的裁判委员会，就是亚洲羽毛球裁判员的组织。

根据《中国羽毛球协会章程》规定，中国羽毛球协会裁判员委员会，是中国羽毛球协会下设的专门委员会，也就是中国的技术官员组织的常设组织机构。

技术官员临时组织，指的是一次羽毛球比赛或一场羽毛球比赛的技术官员组织。

每次比赛，技术官员在竞赛处的领导下，由仲裁、裁判长、司线长、裁判组长或裁判管理、裁判员、司线员和编排记录人员等组成。

一、仲裁

国内羽毛球比赛大都设有仲裁组或仲裁委员会，根据比赛规模，由 3~7 名仲裁组成，有时还设有组长或主任。仲裁委员会成员数量一般为单数，以便意见不统一时进行表决。仲裁由赛事同级竞赛主管部门任命，可由资深羽毛球技术官员、竞赛主管部门官员、组委会成员和羽毛球协会代表组成。仲裁没有裁判权，只有调查和报告权，也就是监察权。通过对书面申诉的调查，对技术官员的执法进行监督，以确保裁判过程的公平、规范。通过受理书面申诉，建立参赛运动队与技术官员队伍间的沟通渠道，构成竞赛纠纷的缓冲带，降低竞赛风险，确保竞赛能安全、有序地运行。

世界羽联的各项赛事均不设仲裁，对赛事负有全责的是裁判长，因此缺乏对裁判长乃至整个赛会裁判人员的监督机制。但国际大型综合性运动会如奥运会和亚运会，每个运动单项都设有技术代表一职，由相应的国际单项体育组织派员出任。国际奥委会和亚奥理事会都规定，主办城市的筹办工作必须接受各国际单项体育组织的指导。因此，自筹办工作启动，技术代表就作为相应国际单项体育组织的代表和联络人，执行国际单项体育组织的章程、规程和各项决议，对筹办工作进行全方位的监督和指导。而在赛时，技术代表的职能包括对以裁判长为首的技术官员队伍的监督，这一部分职能，相当于国内比赛时设立的仲裁职能。区别在于，仲裁架构有着更为合理的合议机制。

二、裁判长

每次比赛设裁判长一名，副裁判长若干名，全面负责比赛的裁判工作，保证比赛公正、顺利地进行，对规则和竞赛规程的解释作出最后决定，全面管理竞赛。

三、裁判组长或裁判管理和司线长

大型比赛一般采取裁判员、司线员、编排记录人员分开管理的办法，裁判员组设裁判管理，司线组设司线长，协助裁判长对分类裁判人员实施管理。一般比赛均采用裁判员、司线员混编，按场地分组，设裁判组长，在裁判长领导下，负责一块场地的裁判组织管理工作。

四、编排记录长或编排记录组长

一次比赛由若干人组成编排记录组，负责抽签、编排秩序册、记录公布比赛成绩、编制成绩册、竞赛资料归档等工作。编排记录组设编排记录组长，协助裁判长对编排记录组实施管理。

五、检录长

检录长的职责是配合裁判长做好比赛运动员和临场技术官员入场前的检录、服装和装备检查等准备工作，管控检录区、入场集结区和入场秩序等。检录长的工作水平直接影响比赛场区的运行秩序。检录长的职责可以依据竞赛主任或裁判长的授权有所增减。

六、临场技术官员

每场比赛由裁判长指派若干名裁判员，分别担任该场比赛的裁判员、发球裁判员、司线员和记分员，各司其职，组织好比赛。

（一）裁判员

裁判员在裁判长领导下工作，并向裁判长负责。每场比赛的裁判员由裁判长指派。

临场裁判员主持一场比赛，并管理该比赛场地及其邻域。临场裁判员对一场比赛的管理时限从进入比赛场地开始，直至该场比赛结束离开比赛场地为止。

一场比赛的发球裁判员和司线员一般由裁判长指派，裁判员与裁判长商议后可予以撤换。在技术官员不足时，裁判员和裁判长商议后可对无人执行的职责做出安排。

裁判员应维护和执行羽毛球比赛规则，及时宣判“违例”或“重发球”；确保运动员和观众能随时了解比赛进程；对比赛双方运动员在下一次发球前提出的申诉做出裁决；仅将与规则有关的申诉提交给裁判长（此类申诉必须在下次发球击出前提出；如果该场比赛结束，则应在申诉方离开场地前提出）。

技术官员对其所分管职责内事实的宣判是最后的裁决，以下情况除外：

①当裁判员确认司线员明显错判时，应予纠正；

②有即时回放系统时，允许运动员按规定挑战有关落点的宣判，并由该系统

作出裁决。

当其他技术官员未能做出裁决时，由裁判员裁决。若裁判员也不能做出裁决时，则判“重发球”。除非在启动了即时回放系统的情况下，则由该系统对有关落点的挑战进行裁决。

裁判员还应记录并向裁判长报告与规则 16 有关的所有情况。

（二）发球裁判员

通常坐在裁判员对面网柱后的矮椅上，使视线保持在发球运动员的腰部水平面上或使用发球测高仪，负责宣判发球员发球违例。根据需要发球裁判员也可以与裁判员同侧而坐，在视线被挡而不能看清发球运动员的发球动作时可以挪动身体位置，直至能看清发球运动员的发球动作。

（三）司线员

专门负责察看球在他所负责的线附近的落点，并以规定的术语和手势进行宣判。

（四）记分员

职责是及时正确地显示裁判员的宣报。

一次比赛所需的技术官员人数要根据不同的裁判组织法，采用不同的估算方法。

裁判员、司线员混编组织时的估算方法是：

（每场裁判制所需的裁判员人数+若干名轮休裁判员人数）×场地数+编排人员人数+检录长人数+裁判长人数=技术官员人数

裁判员与司线员分开组织时，一般场上裁判员人数与轮休裁判员人数的比为 5:3。如 5 片场地，场上裁判员 10 人，应配轮休裁判员 6 人，这样至少要配备 16 名裁判员。

司线员人数=每场临场司线员人数×场地数+若干组备用司线员人数

一般场上司线组数与轮休司线组数的比为 5:3。如果每场用 10 名司线员，共 5 片场地，每组 10 人×5 组=50（人），轮休 3 组 30 人，则司线员共需 80 名。

技术官员人数=裁判员人数+司线员人数+编排人员人数+裁判长人数+检录长人数

（五）医务官

医务官目前还未列入技术官员序列，但在羽毛球比赛裁判工作中，却起着重要的作用。大型的国际羽毛球赛，世界羽联都会派出训练有素的医务官参加赛事裁判工作。我国还未建立医务官制度，一般都临时聘请地方的医务人员担任。为了赛事的有序、规范开展，特在此列出“医务官”条目予以说明。

医务官，在国内比赛中称为“临场医生”。根据《羽毛球竞赛规则》规定和实际情况，他们的任务是为参赛运动员出具伤病证明、处理临场比赛运动员伤病，尤其在临场值班时。医务官不负责大会医疗和急救任务（由另外的医疗和急救团队负责）。一般比赛配置值班“临场医生”男、女各一名，替补一名。大型、场数多的比赛应视情况予以增加。

第二节　技术官员等级

根据国家体育总局颁布的《体育竞赛裁判员管理办法》《中国羽毛球协会裁判员管理办法》和中国羽毛球协会审定的《羽毛球竞赛规则》规定，羽毛球裁判员必须具有高尚的思想道德修养和不徇私情、不搞宗派活动的正派作风，坚持原则，服从领导，遵纪守法，敢于同不良倾向作斗争；必须具有奉献精神，热爱体育事业，热爱羽毛球运动，热爱羽毛球竞赛裁判工作，善于团结，善于学习，工作责任心强，敢于承担责任；必须体魄健康，精力充沛，仪表端庄，和气有礼；必须具有与羽毛球运动相关的理论知识和经验经历，努力钻研业务，精通羽毛球竞赛规则和裁判法，熟悉羽毛球竞赛章程；还必须具有与裁判员技术等级称号相适应的裁判工作水平、裁判组织能力、裁判培训能力和英语水平。

不同水平、规模的比赛，必须配备不同技术等级条件的羽毛球裁判员。国际性比赛应配备国际级以上级别的羽毛球裁判员担任裁判员和发球裁判员，人数不足时，可由国家级裁判员和少部分业务水平较高的能使用英语宣判的一级裁判员作为补充。全国性比赛裁判员和发球裁判员应以国家级以上羽毛球裁判员为主，辅以部分业务水平较高的一级裁判员。省（市）比赛，则可由一级以上裁判员担任裁判员和发球裁判员，人数不足时，可由二级羽毛球裁判员补充。一般羽毛球比赛，应由有等级的羽毛球裁判员承担比赛的裁判工作，适当配备一些经过培训的暂时无等级的羽毛球裁判员。不管是什么水平、规模的羽毛球比赛，司线员均应由有等级的羽毛球裁判员担任，人数不足时，可配以少量经专门培训的无等级羽毛球裁判员。

羽毛球裁判员的考核和等级晋升，由相应羽协负责。晋升国家级裁判员、一级裁判员除进行必要的考核外，还须经过考试。国家级裁判员的考试，由中国羽毛球协会裁判员委员会主持，上报国家体育总局审批。自 2015 年起，国家体育总局将各项目国家级裁判员审批的权限下放给各单项运动协会。羽毛球国家级裁判员晋升考试一般每两年举行一次。考试形式有理论笔试、口试和临场裁判实践考核。理论笔试的内容包括羽毛球竞赛规则裁判法、竞赛组织编排、羽毛球英语术语和常用语。临场裁判实践考核用英语执裁宣判。考试合格者批准为羽毛球国家级裁判员。每次全国性羽毛球比赛，由裁判长对参加本次比赛裁判工作的国家级裁判员进行考核。每年年终，国家级裁判员需向中国羽协裁委会填报一份年度裁判工作汇报表。晋升一级裁判员的考试，由省、市、自治区的羽协和中国人民解放军有关部门负责，按统一规定要求进行，由省、市、自治区体育局批准授予。二级、三级裁判员考核由地（市）、县羽协主持，相应体育行政部门审批授予。

国际羽毛球裁判员分 A（Certificated）、B（Accredited）两级。B 级由各洲羽毛球联合会推荐，世界羽联考核、批准。经考核合格的优秀的国际 B 级裁判员，晋升为国际 A 级裁判员。世界羽联曾要求，国际羽毛球裁判员每年至少要参加 10 次比赛，担任 100 场裁判工作，还规定国际裁判员 55 岁退休。1994 年开始，世界羽联建立国际裁判长队伍，具有丰富经验的资深羽毛球裁判员、教练员或具有其他羽毛球运动经历者，由会员协会按分配名额推荐，参加世界羽联举办的裁判长学习班，合格者列入世界羽联裁判长名单，经实践考核优秀者，升为国际 A 级裁判长，身体健康可工作至 65 岁。目前，世界羽联的裁判长和裁判员队伍建设，仍由技术委员会负责，但分为两个相对独立的团体进行培养、考核和管理。非羽毛球裁判经历的人员也可参与裁判长的选拔考核。这种方法的利弊有待观察。此外，世界羽联还计划建立一支半职业化的裁判长队伍。

亚洲羽联也设有裁判委员会，负责亚洲羽毛球裁判员的晋升和考核工作。亚洲羽毛球裁判员也分两级，B 级由各会员协会推荐，参加由亚洲羽联命题的理论笔试和临场实践考核，合格者被批准为亚洲 B 级羽毛球裁判员。经考核合格的优秀的亚洲 B 级裁判员，晋升为亚洲 A 级裁判员。只有亚洲 A 级裁判员才有可能被推荐参加国际 A、B 级裁判员的选拔。

中国羽毛球协会国际级、亚洲级技术官员情况统计表

第三节　仲裁的工作方法

羽毛球竞赛仲裁属羽毛球竞赛技术官员序列，由与羽毛球赛会同级的体育竞赛主管部门或羽毛球协会任命，一般由熟悉体育竞赛法规，精通羽毛球竞赛规程、羽毛球竞赛规则、羽毛球比赛裁判法的资深羽毛球技术官员、羽毛球协会代

表、体育竞赛主管部门官员或组委会成员组成。他们在赛会期间受理参赛运动队由领队提出的书面申诉，进行调查，向主管部门或协会作出报告，并在规定时间内正式答复申诉方。羽毛球仲裁没有裁判权和处理权，不受理按规程或规则规定由临场技术官员和裁判长职权范围内处理的任何事宜，更不受理由组委会处理与竞赛无直接关系的违反纪律、寻衅闹事、打架斗殴等事件。羽毛球仲裁工作岗位在比赛场区（FOP），应在比赛场区竞赛工作台既便于运动队递交申诉表又便于与裁判长沟通的位置设一仲裁值班席。

一、仲裁工作流程

应在报到后第一次组委会或领队会召开前，举行仲裁第一次会议，学习相关文件，统一思想，制订本赛会仲裁委员会申诉规定等文件；

报批打印相关文件；

在组委会或领队会上宣布本赛会仲裁委员会申诉规定等文件；

比赛中，随时准备接受书面申诉；

如有申诉，则收取申诉表、收缴申诉费、开具申诉费收据并召开仲裁专题会议，研究确定调查内容和调查方法；

启动、实施调查方案；

调查后召开专题会，分析调查材料、统一认识、作出结论和建议；如意见不统一，则进行表决，少数服从多数，以多数意见为统一意见，个人不得保留意见，必须无条件统一口径，违者以违反羽毛球道德规范论处；

撰写、签名、报批报告；

根据主管部门的批示，向申诉者反馈申诉处理结果，如申诉方胜诉应退还申诉费，必要时向裁判长通报；

大会结束离会前，把所收缴的申诉费上缴组委会财务部门，把所有仲裁材料归档封送主管部门。

二、仲裁工作应注意的问题

仲裁必须无条件支持裁判长工作，必要时可以提出建设性的意见，但不得干预、干扰裁判长的工作；

有的时候申诉者会情绪激动地跑到仲裁席，用口头申诉，请不要断然拒绝，应耐心听其倾诉，予以专业的解释，往往他们也仅是倾诉而已；如有必要，你可以建议他向裁判长申诉或用书面形式向仲裁申诉。

三、仲裁委员会申诉规定等文件示例

(一) ×××羽毛球赛仲裁委员会申诉规定

1. 根据本赛事《竞赛规程》和最新版本《羽毛球竞赛规则》制订本规定。

2. 仲裁委员会不受理按规则、规程规定应由执行裁判、裁判长在职权范围内处理的有关事宜和与竞赛无直接关系的违纪等事项。

3. 在比赛过程中，如运动员对临场裁判人员（包括司线员、发球裁判员）的宣判有异议，应向裁判员提出。教练员对裁判员的判决有异议的，可以向裁判长提出申诉。裁判长一旦做出裁决即为最后的裁决。

4. 对裁判长的裁决不服的，允许在该场比赛结束后 20 分钟以内，向仲裁委员会正式提出申诉。

申诉程序如下：

①在规定时间内，由在册领队向值班仲裁领取由大会统一印制的《×××羽毛球赛向仲裁委员会申诉表》。

②按该申诉表要求，认真填写。

③由在册领队签名后，在规定时间内送达值班仲裁席，并交纳申诉仲裁费人民币壹仟元整。

5. 凡不按要求填写，或未经在册领队签名，或未在有效时段内提交申诉的，不予受理。

6. 仲裁委员会将根据调查的情况，在 4 小时内做出处理，并通知申诉者。如败诉，申诉仲裁费不予退还；胜诉，则退还申诉仲裁费并收回收费凭证，但不更改裁判长的裁决。

7. 仲裁委员会的裁决，自发出通知开始生效，各运动队必须服从。仍无理纠缠的，报主管部门批准，根据情节轻重给予批评、警告、严重警告、停止比赛或取消该次比赛资格等处分。

8. 仲裁委员会所收的申诉仲裁费，大会结束后上缴组委会财务部门。

9. 本规定解释权属×××羽毛球赛仲裁委员会。

10. 本规定自宣布之日起生效。

大会仲裁委员会

年 月 日

（二）×××羽毛球赛向仲裁委员会申诉表（表4-1）

表4-1　×××羽毛球赛向仲裁委员会申诉表

<table>
<tr><td>申诉队</td><td colspan="2"></td><td colspan="2">领队签名</td><td colspan="2"></td></tr>
<tr><td>比赛名称</td><td colspan="6"></td></tr>
<tr><td>申诉时间</td><td colspan="6">年　　月　　日　　　时　　分</td></tr>
<tr><td rowspan="2">申诉事由</td><td>比赛项目</td><td></td><td>比赛场号、场序</td><td></td><td>比赛者</td><td></td></tr>
<tr><td>事实
理由
证据</td><td colspan="5"></td></tr>
<tr><td>调查记录</td><td colspan="6"></td></tr>
<tr><td>仲裁裁决及
通知时间</td><td colspan="6"></td></tr>
<tr><td>备注</td><td colspan="6"></td></tr>
</table>

注：如不够填写可附同一规格纸张。

（三）×××羽毛球赛申诉仲裁收费凭证

×××羽毛球赛申诉仲裁收费凭证

兹收到＿＿＿＿＿＿队缴来申诉仲裁费人民币＿＿＿＿＿＿元整。

此据！

＿＿＿＿＿＿收款人：（签名）

年　月　日

第四节　裁判长的工作方法

在本节中，我们将根据世界羽联目前的裁判长工作指南，结合中国羽毛球界裁判长工作的长期实践，对裁判长的工作方法做分析阐述。

一、素质和职责

（一）裁判长的赛事角色

1.“一赛之长”与“一家之长”

一个赛事能否稳定地进行，关键看执行这项赛事的裁判队伍表现如何，其中裁判队伍的“主官”就是裁判长。《羽毛球竞赛规则》规定：裁判长对比赛负全责。而世界羽联技术官员指南赋予裁判长权力的工作领域也覆盖了报名抽签、竞赛编排、规则尺度、比赛调度、训练安排、场地器材、裁判调配、申诉处理、成绩运行等多项竞赛组织工作最核心的内容。同时，裁判长还承担着主动协调组委会衣、食、宿、行等各方面职能，以及协调媒体运行、兴奋剂检查、体育展示、赛事景观、安全保卫和观众服务等诸多部门工作，为赛事的竞赛工作提供全方位保障，保证竞赛顺利运行。

裁判长应依据主办单位和组委会的要求，跟进和落实赛事举办各项条件。其中的重点是为运动员提供良好且安全的比赛条件；为全体技术官员提供安全且能让他们有效履行各自职责的条件；协助主办单位和组委会为现场观众及各类媒体受众呈现精彩赛事；与主办单位工作人员密切合作，遵守主办单位的合同义务等。

根据世界羽联技术官员指南和中国羽协审定的《羽毛球竞赛规则》所赋予的职责，裁判长就是赛事竞赛工作的“一线技术主官”，是名副其实的“一赛之长”。

一个赛事需要的裁判人员少则几十人，多则上百人。他们经主办单位选调，来自五湖四海，个人经历不同、资历不同、经验不同、秉性不同、习惯不同，但都是出于对羽毛球事业的热爱，为了一个共同的爱好——羽毛球裁判工作，短暂地集中到赛区。如何在短时间内组织、管理、调派、指导这支队伍完成任务，怎样建好赛区裁判人员的“家”，当好“一家之长”，对裁判长而言堪称重任。

2. 竞赛规程和比赛规则的执行者和捍卫者

为比赛双方提供公正、均等的竞赛条件，是竞赛组织工作的核心要义。任何一个赛事要做到这一点，都须保证竞赛的公正、公开、透明，因此，赛事的每一项组织工作，包括每一场比赛的进行，都必须有“法”可依，有“章”可循。这个“章法”，就是赛事的竞赛规程和羽毛球比赛规则，以及主办单位的相关规定。裁判长只有先做到通晓羽毛球比赛规则，并吃透赛事的竞赛规程，才能依规循章，使竞赛不出差池。

所有参赛者对规则和规程的理解，是通过裁判长的解释而统一的。所有技术官员对规则的执行尺度，是经过裁判长要求而统一的。有关竞赛的所有纠纷、申诉、矛盾和问题都需要裁判长根据规程和规则处理、交涉、解决和裁决。因此，一个赛事裁判长的工作，就是裁判长解释、运用规程和规则的过程，就是裁判长执行、捍卫规程和规则的过程。衡量裁判长工作水平的一个核心标准，就是他对规程和规则理解的准确度和执行的熟练度。一个赛事对裁判长的最基本要求，就是要准确理解和释义规程和规则的每一条款，并恰当地应用。

3. 主办方意志的体现者和承办方权益的维护者

主办单位办赛，都有其办赛目的和宗旨，并且体现在竞赛规程、视觉形象设计、项目展示及客户群接待方案等赛事组织工作的方方面面。那么，主办单位的办赛标准和要求由谁来监督落实呢？

在奥运会羽毛球赛、亚运会羽毛球赛和中国羽协羽超联赛中，均设有技术代表或比赛监督。办赛标准和要求主要是在他们的监督下，由组委会或赛事运行团队落实的。在世界羽联、亚洲羽联和中国羽协未设技术代表和比赛监督的赛事中，作为主办（管）单位选派的裁判长，就理所当然地成为主办方办赛意志的体现者。

同样，承办单位在筹办过程中，也需要理解、消化、落实主办方的办赛宗旨。这就要求作为专业人士的裁判长给予及时、具体的指导，明确地告知承办方关于赛事筹办各方面的需求和标准，避免筹办工作“拉抽屉”、走弯路。与此同时，裁判长要根据合同维护承办方的合法权益。

4. 赛事利益相关方的协调者和平衡者

一项赛事的参与者分为持票人员（观众）和持证人员两大类。持证人员中又分为运动员及随队官员、技术官员、贵宾及赞助商、媒体和组委会工作人员（含志愿者）五大类。其中媒体人员又分为文字媒体、摄影媒体、转播媒体和新媒体四大类别。所有这些人员都是赛事的合作者、参与者；所有这些人员的工作都是赛事组织工作不可或缺的一部分；所有这些人员对赛事组织工作都有自身的需求。在赛事筹办过程中，如何解决这些需求之间的冲突，如何找到各方利益平衡点，如何形成办赛合力，是裁判长必须面对和解决的问题。

裁判长要有通晓规程和规则的底气，有体现主办者办赛意志的硬气，有以竞赛为核心开展竞赛组织工作的定力，有迅速理解对方核心需求并找到利益平衡点的判断力，有以明确的依据及令人可接受的方法去说服对方的协调力。只有这样，才能在遇到问题时，既有原则性又有灵活性，兵来将挡，水来土掩，有招有术，不断化解矛盾和解决问题。

（二）裁判长工作的基本要求

1. 裁判长的选派及报告制度

目前，经世界羽联批准的所有一类赛事和二类赛事（1 至 6 级）的裁判长均由世界羽联指派；世界羽联批准的三类赛事的裁判长则由各洲联合会指派。除上述赛事外，中国羽协主办的赛事均由中国羽协指派裁判长。

在世界羽联指派裁判长的上述比赛中，裁判长向世界羽联负责。世界羽联指派的赛事裁判长，负责将每天的比赛成绩报告世界羽联（或相关洲联合会）。赛事中发生的任何重大事件都应尽早随同现有证据和相关技术官员的情况说明一并报告。赛事结束后，在规定的时间内，将用标准模板写好的完整报告上报世界羽联（和/或洲联合会）。

在中国羽协指派裁判长的赛事中，由裁判长和若干名副裁判长组成赛事裁判人员的业务领导班子，在组委会竞赛管理机构领导下开展工作。裁判长对中国羽协负责。赛后应在规定时间内将裁判长报告上报中国羽协。

2. 裁判长的自身能力与要求

裁判长属技术官员，更是竞赛的主要管理者。其工作任务重，时间长，涉及面广，责任重大。因此，裁判长必须具备健康的身体、献身敬业的精神、极强的责任心和原则性；要熟悉羽毛球运动，精通羽毛球比赛规则，有丰富的羽毛球竞赛工作经验；有较强的组织管理能力、工作协调能力和人际交往技巧，能带领裁判队伍和相关的人员努力完成比赛任务。

裁判长作为主办单位派出的技术主官，凡事应以身作则，率先垂范，特别是在遵纪守时、衣装仪表等方面，并以同样的标准要求技术官员团队的所有成员及有关人员。

除了竞赛规程和比赛规则外，裁判长还应掌握世界羽联和中国羽协有关法规，如“道德规范”“竞赛通用规程”及相关文件的更新，尤其是对“技术官员行为规范”和由主办单位正式发布的、与赛事相关的其他技术文件的更新。中国羽协赛事指派的裁判长还应熟悉运动员守则、教练员守则、裁判员守则和仲裁委员会条例等。自比赛开始至比赛结束，裁判长包括副裁判长，都应始终在竞赛场区关注比赛进程，全面管理竞赛，并采取一切必要的措施以确保比赛对运动员和技术官员都是公平、公正和安全的。

鉴于计时记分成绩系统的重要性，裁判长应熟悉世界羽联和中国羽协赛事信息系统的运行及操作。

3. 裁判长的工作格局与协作

（1）与主办单位

尽管裁判长对一项赛事的比赛全面负责，但世界羽联仍要求，裁判长就重要问题做出决定前，尤其在最高级别赛事中涉及合同的问题上，必须与现场的世界羽联、东道主羽协或洲联合会赛事官员及组委会商议。在各类羽毛球赛事中，裁判长就重大问题作出决定前，也应与主办单位代表商议。

（2）与赛区组委会

裁判长应与本赛区来自主办单位的代表、组委会、领队（代表运动员）、考委（如有），以及该赛事的工作人员建立建设性的工作关系。

裁判长应主持召开赛前的常规会议（如由主办方、赛会组委会和领队参加的联席会议和技术官员会议），确保所有技术官员及其他利益相关方（领队、主办方等）都知晓自己应负的责任并按规则、相关规程和准则履行各自职责。同时，确保他们知晓已做出的所有相关决定。

（3）与技术官员团队

被选派的副裁判长具有与裁判长相同的任务和责任。裁判长应与副裁判长团结协作、密切配合。在实际工作中，副裁判长往往是受裁判长委托，负责某一部分工作。特别要指出的是，副裁判长做出的决定等同于裁判长做出的决定，不得就副裁判长做出的决定向裁判长提出申诉。裁判长把工作任务分派给其他技术官员后，仍应对所分派的任务持续跟进，且担负最终责任。例如，裁判长可将安排各场比赛的裁判员、发球裁判员和司线员的职责委托给副裁判长或其他技术官员

(如裁判协调)，并要求他们在各场比赛中尽可能安排中立的技术官员执裁，但安排技术官员临场执裁名单的整体责任仍由裁判长担当。

裁判长负责领导和管理本赛事的技术官员队伍，要向他们强调工作责任心并善于调动他们的工作积极性。

4. 处理问题和投诉

(1) 建立联络渠道

在赛区期间，领队（代表其运动员）、技术官员和其他相关人员应能方便地与裁判长进行联络和沟通，以向其提出问题、意见或投诉。

(2) 以事实为依据，以规程、规则为准绳，秉持公正，严谨审慎

遇到任何投诉、申诉、矛盾、纠纷和问题时，裁判长应始终公平、公正、严谨、审慎地进行处理和做出决定。在这一过程中，裁判长应对申诉者或提问者表现出亲和力，耐心倾听，这有助于提问者或申诉者更为客观地反映情况，且有助于完善裁判长的决策。裁判长应仔细听取申诉者对事件的描述及提出的异议；问清情况，并确保掌握全部事实，必要时应借助口译。对于较为复杂的问题，或做出重要决定前，裁判长应仔细梳理事件的来龙去脉，查阅、核对相关的规程和法规及其他依据。如仍有疑问，应与副裁判长、世界羽联、组委会和裁判长考委等方面人士商议。

(3) 裁决

考虑有关裁决的重要性和紧迫性，预判是否由裁判长裁决或转交有关部门。一旦得出结论，应立即进行裁决。裁判长应将有关决定明确地通知申诉者，以及可能直接或间接受到该裁决影响的相关人员，并确保对方理解无误。如有错，则承认且纠正错误，并向对方道歉。

(4) 恪尽职守、主动出击、防患未然

比赛期间，裁判长应始终密切观察比赛进程，善于发现问题苗头，提前评估预判，并在问题成形或升级前及时采取措施予以解决，主动作为，减少投诉例数。

通常在一项赛事的最初几轮，裁判长需要在一个工位兼顾多块场地的情况。随着赛程的推进，比赛场地逐步减少，比赛激烈程度不断提高，裁判长需要适当调整自己的值岗位置以利于工作。特别是到了只有一块场地的比赛单元，裁判长的占位要靠前，不能四平八稳地坐在高高的竞赛管理台上。裁判长占位靠前，传

达给比赛双方和观众的信息是比赛得到充分重视并在裁判长的掌控之中。裁判长占位靠前，精力更集中，视线更清晰，而不是为了作秀。

对于那些因涉及规则或规程，未能在赛事期间解决的投诉和问题，裁判长应通过裁判长报告或其他方式将此类问题向主办单位报告。

5. 反对不良赛风

裁判长还担负着世界羽联和中国羽协反兴奋剂和禁止操控比赛这两项工作的重要责任。

（1）打铁还需自身硬

要维护良好的赛会风气，裁判长及所有技术官员，都必须始终遵守世界羽联和中国羽协“道德规范”“技术官员行为规范”及相关规定。在境内举办的赛事，全体国内技术官员还必须遵守《中国羽毛球协会裁判员管理办法》。裁判长有义务向技术官员宣讲赌博、投注并造成比赛结果反常的严重后果，并督促他们务必遵守纪律。

（2）关于操控比赛

裁判长有责任让领队知晓世界羽联和中国羽协有关运动员消极比赛的有关规定和措施，尤其要关注同单位（协会）运动员之间的比赛场次。密切观察场上的比赛进程和运动员表现，包括比赛馆内的观众反应，以及围绕赛事可能发生的事情。要考虑到操纵比赛正在发生的可能，如观察到有任何可疑行为，应立即采取适当措施，并立即报告世界羽联或中国羽协。

（3）关于反兴奋剂

裁判长有责任核实组委会是否提供了满足本次赛会兴奋剂检查要求的工作条件。还应预先让领队们知晓，在赛事期间和结束后，均可能对运动员进行兴奋剂的随机抽查和/或目标检查；知晓世界羽联、中国羽协与其他相关反兴奋剂组织可能已安排的兴奋剂检查。必要时，协助该反兴奋剂组织官员执行其任务。

关心运动员的健康和安全，并首先确保公平竞赛。必要时，对于被抽到将要接受或正在接受兴奋剂检查的运动员的比赛，可调整赛程予以照顾。

6. 善待媒体

裁判长要特别关注赛会的媒体服务。媒体对赛事宣传的重要性毋庸置疑。在不危及运动员的健康和安全、不干扰比赛和技术官员工作的前提下，裁判长应协助完善为文字媒体、摄影媒体、转播媒体和新媒体工作人员提供的工作条件。裁判长应知晓主办单位有关媒体服务的指导原则，并在比赛场区（FOP）协助维护这些指导原则。

裁判长应代表所有技术官员，协助主办单位新闻官或媒体服务主管，回应媒体提出的有关赛事方面的技术问题，或在这些人员不在场时，直接回答此类问题。

二、赛区报到前的工作

在接受指派之后，裁判长首先要认真学习本次比赛的竞赛规程和有关文件，了解比赛项目、裁判员人数和水平，预计参赛人数、场地数和比赛天数，摘录问题，并及时向竞赛主管部门请示或提出建议，统一思想，澄清概念，拟订工作计划。

为保证工作的效率，从接受指派开始，裁判长要主动了解竞赛各有关部门、人员和联系办法，包括竞赛主管、交通主管、专车司机、大会医生、临场值班医生、场地器材管理人员、管球员、灯光音响控制人员、播音员、翻译人员、编排记录组和裁判人员等。这些信息，以尽早收齐为宜。如果是接受世界羽联的指派，裁判长首先应联系该赛事关键人物——竞赛主任和被指派到该赛事的世界羽联或洲联合会的赛事工作人员，以及世界羽联指派的其他副裁判长、东道协会选派的当地副裁判长等相关人员。

裁判长应与这些关键岗位人员相互沟通，明确要求，为建立一个富有成效的工作关系打下基础。裁判长应特别与世界羽联、洲联合会或中国羽协的赛事工作人员和竞赛主任，分别明确与国际组织或组委会之间沟通的渠道，就各自的工作责任和工作边界进行协调并达成共识。

裁判长应知晓赛事前期相关活动的时间节点（如赛事规程发布、正赛和预赛报名截止日期、有效的排名依据、抽签日期、发布会等），并保持与主办单位的联系，确保这些活动按时完成。

裁判长应在邀请函和赛事补充规程发布前对其进行审核，确保其包含了所有必要的信息。裁判长应确保补充规程所包含的比赛日程（如每日比赛时间、轮次、场地数等）符合规则要求，既公平又切合实际且符合赛事需求。在邀请函和赛事补充规程未获主办单位批准前，任何人不得对外发布赛事日程安排表。

如遇同地举办的年度赛事，上一届赛事的裁判长报告是极具参考价值的文件。本届赛事裁判长应在接受指派后，第一时间与上届裁判长联络，或直接联系赛事主办单位，尽早拿到该份报告。研究并熟悉上届裁判长报告中所强调的所有重要问题，从而使自己的工作更有针对性。但此报告属裁判长与主办单位沟通的文件，不宜外传。

接受指派后，裁判长应尽早向赛事组织者提供检查清单，要求对方提供清单所列的相关信息，以此推进、落实各项竞赛筹备工作，确保赛事成功、顺利举办的关键要素都已到位。同时，还要拾遗补缺，以及做好潜在风险的应急预案。

检查清单是一份非常有效且具有指导意义的文件，要本着对赛事和组委会高度负责的态度精心拟订。为与赛事筹备进程相匹配，建议检查清单分两次发给组委会。两份清单的内容应充分考虑各项工作的轻重缓急、组委会的经验，避免重复。首份清单的检查重点要放在那些需要裁判长到达比赛场馆前确认的事项、需要组委会较长时间解决的事项，以及上一届裁判长报告所述的有关组织方面的主要问题上。例如：

• 裁判长应要求组委会或竞赛主任提供一份比赛场区（FOP）及其相邻的运动员准备区的设计图及运行流线图。对于较高级别的赛事，还要获取整个竞赛场馆的运行图。科学合理的比赛场区（或比赛场馆）功能分区及运行设计是一个赛事能否顺畅进行的最基础工作。

• 裁判长应要求组委会或竞赛主任提供一份涵盖酒店与竞赛场馆和训练场馆之间的交通安排表。交通安排是直接关系到比赛能否按比赛日程进行的要素。

裁判长应与竞赛主任和组委会保持联系，跟进清单事项，确认更新信息，确保所有的主要问题都在到赛区报到前得到解决。同时，主动与主办单位工作人员协调，在落实清单事项时争取他们的支持。

二次检查清单通常涉及例行工作、非重大关键性事项，以及较短时间内组委会可解决的事项，裁判长可在赛前几周将二次清单发给组织者。必要时可单独与竞赛主任等赛事组织者进行沟通。

在竞赛组织工作中，有些竞赛方面的核心要素及其标准是必须坚持，且不容讨论或变通的，裁判长必须坚持而不能妥协。例如，竞赛器材中的运动木地板、塑胶场地、球网、网柱和比赛用球，必须符合相关体育组织的标准。世界羽联主办的比赛要使用世界羽联批准的这些器材；亚羽联主办的比赛要使用亚羽联批准的这些器材；中国羽协主办的比赛要使用中国羽协批准的这些器材。所需数量根据比赛场地、训练场地和热身场地数目确定，不能用“三无”产品。

对不同级别的赛事，裁判长需要根据竞赛规程和指导原则，落实有适当数量、适当资历的裁判员和司线员，包括足够数量的中立裁判员和司线员，以保证竞赛运行。

在世界羽联批准的各级赛事或采取正、预赛制的赛事中，在第一次正赛和预赛报名排名表发布前，裁判长应在主办单位工作人员的协助下对其进行及时审核。裁判长应仔细核查正赛和预赛报名排名表，核对报名排名所依据的世界排名日期、调整排名和虚拟排名（通过参数计算出来的排名）的计算、保护排名、每个协会在每个项目的可报名数（如适用）、正赛和预赛报名名单和候补名单，以及正赛和预赛种子名单是否准确，以此保证抽签不会因此而受到干扰。

第一次正赛和预赛报名排名表发布后，裁判长应对其进行跟踪，随时掌握正赛和预赛报名排名表更新的内容，特别是要准确把握每一个更新的依据，如相关退赛情况，裁判长应要求主办单位提供一份运动员所属协会或领队提交的原始的正式退赛文件。

在抽签结果发布前，裁判长应及时对其予以审核。

在中国羽协主办的赛事中，有关报名统计和抽签编排的具体工作主要由编排记录长负责。但裁判长仍需要掌握所有相关情况。例如：

①种子位置、轮空位置和同队运动员的位置是否符合抽签平衡原则；

②各运动队和运动员的报到情况；

③在领队（教练）会上，确认退出比赛和需要替补的情况并作出决定；

④核对比赛秩序，有无连场、重场、漏场，比赛负担量是否符合规定，如有问题应及时调整公布。

三、赛区报到后的工作

裁判长应按照竞赛规程、邀请函或补充规程的规定，或根据指派单位的要求安排行程，按时到赛区报到。

报到后，裁判长应尽快与竞赛负责人（如竞赛主任，或竞赛部长，或组委会有关负责人）会面，逐一核查全部竞赛服务和保障工作的细节，着力解决在前期沟通期间出现的突出问题。

裁判长应尽早召开有关领域负责人参加的协调会，研究落实有关工作细节。通常，主办单位竞赛官员、承办单位竞赛官员、比赛场区（FOP）主管、裁判员协调、司线长、裁判员考委、裁判长考委、安保负责人和转播协调员等是裁判长在赛会期间的重要联络方。

裁判长要特别关注赛会交通安排表，特别是运动员班车和特殊用车、技术官员班车和特殊用车的配备数量和间隔时间能否满足比赛和训练的需要。裁判长重点要确保每日首班班车有充足的车辆和座位，且发车时间在充分考虑到当地道路通行条件的情况下，按时将运动员和技术官员送达比赛场馆，保证他们有充分的准备时间和热身时间。而每天末班车的发车时间安排要有足够的灵活性，以应对比赛结束时间的不确定性。

裁判长应检查、落实、熟悉位于竞赛场区（FOP）相邻区域和外围所有关键功能区。如运动员、裁判员、司线员休息室、更衣室和洗手间，以及兴奋剂检查室的位置和设备。

裁判长要保证场馆设施对运动员、技术官员、贵宾、媒体、观众和工作人员的安全性；有足够的安保人员配备；有可行的应急预案等。要确保指定的兴奋剂检查室合规达标（符合隐私、安全和舒适方面的要求）。要确保所有辅助医疗设施（如医务室、理疗室）符合赛事级别的要求。确保洗手间和更衣室的数量及功能满足需要。确保所有的媒体设施和混合采访区的大小和外观与赛事级别相适应。确定运动员、技术官员、媒体和贵宾的座席区位置及容量。

报到后，裁判长应尽快对竞赛场区（FOP）进行首检。首检是实地掌握第一手资料的重要行为。通过首检，裁判长应将落实刚性需求所必须采取的应对措施告知组委会竞赛负责人，督促他们在封场检查前（官方训练开始前）全部落实到位。尤其注意：

①比赛木地板平整、牢固、有弹性，绝不允许出现凹凸不平、裂缝、断裂等情况。塑胶场地为有关运动单项联合会认证产品，铺装平展、牢固，塑胶场地的接缝不得开裂，场地端线和边线外的塑胶宽度符合要求，以此保证比赛运动员的安全与发挥。检查每片场地及场地间的丈量是否准确，场地界线的颜色是否清晰可辨，每个比赛场地的四周空间和高度是否符合标准（尤其在有电视转播的场地）。

②网柱是否稳固，网的白布条是否紧贴绳索，网和网柱之间是否有空隙，网上是否破损有洞。

③裁判椅、发球裁判椅、司线椅的数量、高度和稳固性。

④比赛进行时，除比赛照明外，场地空间内杜绝其他光源（包括反光物体），所有透光的门窗必须遮光。场地背景应为深色且不反光，包括背景立面广告、A 型广告牌、司线员服装、竞赛管理台景观等。

⑤最大限度地减轻比赛场区内的气流影响，包括封闭透风的门窗，调节空调出风口方向及风量、风速，观众出入口安装双层门（帘）等。

⑥检查每个比赛场地上方的比赛照明是否合乎要求（主要是照度、均匀度、安装位置和眩光情况），特别是电视直播场地的灯光照度是否满足电视转播的最低要求。

⑦确定比赛场区（FOP）内所有设施设备的数量和位置。如临场教练椅、场地助理椅、拍包筐、发球测高仪、量网尺、拖把、间歇标、旧球箱、场地计分器、A 型广告板等。

⑧确定比赛场区（FOP）的摄影记者工作区域及进入这些区域的方式和流线。

⑨注意比赛场区内人员坐席与场地计分屏画面之间的遮挡问题。在有电视转播的情况下，特别要注意边线摄像机位与边线司线员位、侧机位与摄影区域、靠近主机位一端的司线员位置与主机位画面、进退场流线与主机位画面、转播拾音麦克风与电视摄像机、落点摄像机位背景（A 型广告板）颜色等容易互相干扰、需提前协调解决的问题。

裁判长应排定裁判长及场地医生、比赛管理、用球管理、比赛场区（FOP）主管、信息技术（IT）主管等关键岗位人员的竞赛管理台席次。

如使用即时回放系统，裁判长应检查该系统操控台的位置。要确保有一套备用系统，并对其进行测试，以备即时回放系统操控台与挑战结果显示或比赛场区（FOP）的传输中断时使用。

裁判长应检查比赛用球的数量、型号和速度，确定赛事比赛用球的发放、回收和统计流程，做到心中有数。具体要：

①检查球的数量是否充足，是否准备了三种不同型号、速度的球。

②与用球管理确认每场比赛前后的供球及回收的程序。

裁判长负责检查并批准训练安排表，尤其要：

①在考虑各队参赛运动员人数的基础上，确保训练安排对所有运动员（队）的公平性。

②检查赛前训练所安排的时间是否与已知的运动员到达时间相符。

③有与训练安排相匹配的训练场馆与官方酒店之间的交通服务。

④检查训练场地和热身场地，确保场地安全。一般赛前两天为官方训练日，因此，训练场地至少在赛前两天可用。还应保证在官方训练日，每位运动员至少有 30 分钟在比赛场地的适应性训练时段。世界羽联主办的赛事，还要求在整个比赛期间，必须按赛事级别的规定在训练馆和比赛馆都安排训练，经世界羽联批准的特殊情况除外。

裁判长应与相关各方沟通，并决定全程负责处理和维护赛事软件（TP）文档的人选。

裁判长应检查运动员检录处位置是否合适，最好是位于运动员休息区、热身场区与比赛场区交接处。并就比赛的宣报、运动员和技术官员的进退场流程和流线做出决定。特别注意，在设计比赛场区内器材、设施、设备的摆放位置时，要给技术官员、运动员进、退场的出入口及行走路线预留合理的空间。

裁判长应确保，第一天比赛的赛程方案在领队会上因退赛和晋级可能带来的更改前就已经做好。

• 若未事先确定（世界羽联较高级别的赛事应早已确定），裁判长应决定前面轮次的比赛是按预先安排到指定场地，还是采用“调度”制，或是两者相结合的方式进行（如某些场地的比赛是否有网络直播）。

• 裁判长决定裁判员的值岗方式，例如，是临场调度制还是分组固定场地制，是分批轮休制还是分组轮班制等。确保这些细节能在第一次裁判员会议上宣布。

在计划的封场时间前，裁判长应带领副裁判长及竞赛运行的主要人员对比赛场区（FOP）进行最终的全面检查，并确保在首次检查中提出的所有刚性要求和改正措施都已落实。

裁判长应组织召开相关会议。

（一）领队会议或裁判长教练员联席会

世界羽联主办的比赛通常在赛前一天召开领队会议，由裁判长主持。中国羽协主办的比赛通常在赛前一天召开裁判长教练员联席会，由竞赛管理部门主持。

1. 会议开始前裁判长的工作

①检查会议室，保证主席台和代表坐席数量能够容纳预计的与会人士，并且配有投影仪、屏幕、笔记本电脑连接电缆、麦克风等必需设备。最好为与会人士提供瓶装饮用水。

②核实会议时间和地点是否已经通知到各队领队。

③检查签到台和签到表的准备情况。

④检查拟发放的会议资料（如抽签结果复印件及退赛表、录像许可、训练需求表、交通安排表等）的准备情况。

⑤与副裁判长一起复核会议议程，明确会议分工。

2. 会议开始后裁判长的工作

①以专业但轻松的方式主持会议，既有权威又具亲和力。做到表达清晰、语速舒缓、用语简明。必要时用口译，保证与会者都能听懂所讲内容。每段内容之

后允许与会者提问，排除疑虑。

②裁判长应结合赛事实际制作会议演示文稿。将演示文稿重点集中在与本次赛事相关的业务细节和后勤保障方面，包括有关“规程”或“规则”的最新修改，以及赛事期间的联系方式等。对于通用内容，应根据参会领队对这一部分内容的掌握情况来决定简要说明或详解。

③世界羽联批准的赛事，要确保演示文稿涵盖了世界羽联（洲联合会）规定必须执行的全部内容（如有关道德或诚信方面的内容）。

④对规程和规则中有关条款作出解释，通过沟通取得一致的认识。如说明本次赛事采用固定高度发球规则还是发球替换规则。

⑤对有关判罚尺度进行说明，以便取得共识，如发球违例、换球、换拍、擦汗、受伤和间歇等问题的处理，如有补充规定应在会上宣布。

⑥确定比赛的检录时间、方法。如是团体赛，还需确定交换名单的时间、地点。

⑦介绍热身场地和训练场地在赛前和赛中的安排。

⑧建立领队、教练与裁判长的联系热线，明确房号、电话、办公地点等。

3. 会议结束后裁判长的工作

①完成对正赛和预赛的退赛、强制退赛、晋级，以及替补的相关操作。为此，裁判长需要：

• 在会议前，把“运动员退赛表”作为会议资料发给各领队，以便他们填写新的退赛申请。

• 把会上收集的“运动员退赛表”中新提出的退赛申请，添加到抽签结果发布后收到的退赛统计中。确认退赛运动员是否已到赛区。

• 如果相关领队不能立即确认候补名单中拟晋级的运动员到赛区参赛，应以候补名单中的下一位运动员取而代之。

• 对世界羽联一类和二类赛事中无预赛的项目，在第一天的比赛顺序发布前，候补名单中的运动员可晋级到正赛。对二类赛事中有预赛的项目，在预赛第一天的比赛顺序发布前，候补名单中的运动员可晋级到预赛。

• 当多于一名（对）运动员需晋级到正赛（或预赛）时，则采取同时抽运动员姓名和位置的方式决定晋级运动员在正赛（或预赛）的位置。

②在一个项目的比赛还未开始前，该项目出现如下任一情况时，裁判长应重新抽签：

• 在控制报名时或抽签时出错。

• 正赛抽签结果出现严重不平衡的特殊情况，且该项目无预赛。

• 在退赛和晋级操作之后，预赛的抽签结果出现严重不平衡［如果在退赛和晋级操作之后，预赛出现多于一个的出线位置（Q1、Q2 等）不能产生，或该预赛的抽签结果在其他方面出现严重不平衡，则视该预赛抽签结果为严重不平衡］。

③裁判长应对第一天的比赛安排表因运动员的退赛、强制退赛、晋级，以及替补后所进行的修改予以审批。尤其注意：

• 确保已经进行的退赛、强制退赛、晋级、替补操作，以及重新抽签，连同已经调整的比赛时间，都已准确无误地输入赛事软件（TP）文档，并正确存档。

• 确保更新的赛事软件（TP）文档已经发布，备份的副本也已经以邮件方式报送主办单位（世界羽联，或洲联合会，或中国羽协）。

• 尽快在网上公布已经更新的抽签结果表和赛程安排表。

④对缺席会议的会员协会（队），应在裁判长报告中记录并附文档证明。

（二）裁判员会议

通常，在中国羽协主办的赛事中，可以根据需要举行若干次不同主题的全体裁判人员会议，如报到后的行政工作会、领队与教练员会后的技术会议和每节赛前的准备会等。

1. 首次裁判员行政会议

全国比赛一般都举行这样的会议，参加对象是裁判员、司线员和编排记录人员，由裁判长主持。竞赛管理部门领导作动员性讲话，介绍赛区情况，对裁判人员执裁和生活、工作提出要求；裁判长作比赛情况介绍，提出裁判组织形式和实习的要求。

2. 赛前裁判员技术会议

在领队（教练）会后、比赛开始前，需召开裁判人员技术会议。由裁判长主持，全体裁判人员参加，传达领队会（组委会）、教练会精神，对判罚尺度、宣报要求、进退场要求、每节比赛到场要求及裁判工作程序，作最后决定性的说明。

在世界羽联主办的赛事中，通常在赛前举行一次全体裁判员会议。

1. 裁判员会议前裁判长的工作

①检查会议室，保证主席台和裁判员坐席数量能够容纳所有与会人士，并且配有投影仪、屏幕、笔记本电脑连接电缆、麦克风等必需设备。最好为与会人士

提供瓶装饮用水。

②核实会议时间和地点是否已经通知到全体裁判员。

③决定是否制定有关于羽毛球触及障碍物的补充规定。

④与副裁判长一起复核会议议程，明确会议分工。

⑤在世界羽联主办的赛事中，与竞赛管理负责人协调落实在第一次裁判员会议上按要求币种和数量发放津贴。

2. 裁判员会议开始后裁判长的工作

①以专业但轻松的方式主持会议，既有权威又具亲和力。做到表达清晰、语速舒缓、用语简明。必要时用口译，保证与会者都能听懂所讲内容。每段内容之后允许与会者提问，排除疑虑。

②裁判长应结合赛事实际制作会议演示文稿。将演示文稿重点集中在与裁判员相关的赛事细节和后勤保障方面，如裁判员集合地点、赛时进退场流程、几人司线制、是否有关于羽毛球触及障碍物时的补充规定等。尤其注意：

• 提示有关“规则”和“指南”的最新变化。

• 对于通用内容，应根据裁判员对这一部分内容的掌握情况来决定简要带过或详解。

• 强调电视转播场地的特别规定，如保证局中间歇和局间间歇的完整时间、使用即时回放系统等。

• 必要时，讲解计分设备操作。

• 如采用固定高度发球规则，确保所有裁判员正确使用发球测高仪，必要时可进行培训。

• 要求全体裁判员遵守有关法律法规、比赛道德规范。特别是有关赌博、投注，以及使用社交媒体的相关规定。

• 将最初几个比赛日的裁判员值岗方式，例如，是临场调度制还是分组固定场地制，是分批轮休制还是分组轮班制等，详细告知裁判员。并告知裁判员临场回避办法及是否承担看即时回放的任务。

• 如有裁判员考委在场，应在裁判长所讲内容结束时，给考委充足时间与裁判员讲话。

3. 裁判员会议结束后裁判长的工作

①掌握裁判员的身体和精神状态，以此作为临场选派的依据之一。

②根据裁判员的业务等级和水平，以及中立性，合规合理地调配执裁场次。

如此项工作委派给副裁判长做，裁判长也应随时关注。

③做好裁判执裁首日亮相的一切准备工作，包括开赛前的进退场演练、电子计分装置的试用调试等。同时，裁判长还要善于在第一比赛日（属于问题多发时段）发现问题，总结归纳，及时调整。

（三）司线员会议

在设专职司线员的赛事中，是由司线长辅助裁判长对司线员进行管理的。遇此情况，裁判长应在赛前专门召开司线员会议，与司线员见面。会议由司线长主持，裁判长讲话。主要议题有：

①介绍本赛会情况。

②强调司线员是技术官员队伍的重要组成部分，对司线工作提出要求，表达对他们的期望，并解答他们的提问。

③简述司线员的工作职责，对司线员的技术问题作详细的说明。特别强调没有看清楚时，要诚实、勇敢地做未看清的手势。裁判员如认为司线员有明显错误，可以改判。在有即时回放系统时，强调允许运动员按规定对落点裁决进行挑战的规定。

④向司线长说明进、退场流程。

裁判长应以既权威又具亲和力的方式与司线员交流。做到表达清晰、语速舒缓、用语简洁。必要时用口译，保证与会者都能听懂所讲内容。

（四）裁判长与编排记录长及其带领的编排记录组会面

会面时要求编排人员在每节比赛开始前准备好比赛的秩序表和记分表。在比赛时：

①在裁判长的指导下调度比赛场次；

②收集、检查结束比赛的场次记分表；

③统计每场比赛所用的时间；

④公布成绩，编发成绩公报；

⑤统计裁判员的执裁次数；

⑥编制成绩册；

⑦归档资料等。

（五）裁判长与医务官员（如有）、临场值班医生会面

临场值班医生最好由心脑血管专业和骨伤专业的各一名医生组成；最好男、

女各一人。开赛前，裁判长应约见临场值班医生，向他们说明上、下班的时间、值班工位、值班任务、遇有运动员在比赛中受伤时的处理步骤，以及规程中有关运动员伤病医生证明的规定等。必要时，裁判长要与组委会沟通，务必使临场医生数量、性别和素质达到要求，以确保赛事顺利。

四、每个比赛单元开始前的工作

一个比赛单元即指赛事中一个既有固定的开始时间，也有结束时间的比赛时间段。一般赛事的票务系统是以比赛单元为基础来设计售票单元的。也就是说，一个比赛单元既有观众入场也含观众退场。一个比赛单元可以是一个上午、一个下午或晚上，通常我们称这样的比赛单元为“节”。世界羽联主办的主要单项赛事在四分之一决赛之前通常以一天为一个比赛单元。

裁判长必须根据每个比赛单元固定的开赛时间提前到达场地，以便对场地进行赛前最后的全面检查。提前的时间可根据比赛等级、规模和工作量决定，一般提前 30 分钟至 60 分钟不等。

到达场地后，裁判长要完成以下工作。

1. 检查场地器材

①对比赛场区（FOP）进行全面检查，其中重点检查场地、器材。如查看比赛场地保洁状态、所有器材和设备（司线椅、教练椅、发球测高仪、毛巾或拖把等）是否放置正确。

②确认信息技术（IT）系统功能正常。如播报系统、裁判员记分设备、计分显示系统、即时回放系统等准备就绪。

2. 召开本单元裁判员赛前准备会

对前一节比赛的裁判工作进行总结、讲评，调控裁判尺度，强调本节比赛应注意的事项，解答裁判员提出的问题，安排当节比赛的裁判工作。

3. 检查竞赛管理团队到岗情况

确认竞赛管理团队关键岗位人员，如比赛场区（FOP）主管、检录长、比赛协调、播音员、用球管理、场地器材管理、比赛照明、音视频控制人员、值班医生、编排记录和成绩信息人员、计时计分系统和即时回放系统支持人员、体育展示人员，以及所有轮值裁判人员和各场地第一场比赛的运动员等，是否均已到位并准备就序。

4. 测试球速并确定本节用球型号

第一天比赛开始前，裁判长应主持并监督测球。测球时：

①应请参赛运动员测球，最好为男性。

②采取抽样检查办法，即各种型号各抽 1~2 筒，对每种球速的球分别在比赛场地的两端都进行测试。

③测试球速要按规则要求进行。评估测球结果时，要考虑击球方式（击球力度和球的飞行轨迹），以及击球位置（在端线上方）是否符合规则要求。在测球过程中，必要时，指导测球者按照规则规定的方法测试球速。

④测试球飞行速度的稳定性，即察看球在测速区的集结程度。若球的落点前、后、左、右呈无序离散分布，说明球速不稳。

⑤测试球飞行的稳定性，即观察球飞行时是否摇晃或飘忽不定，摇晃或飘忽不定的球占比大的型号，应予更换。

⑥把选定的用球型号告知用球管理，但不得把选定的用球型号告诉测球者或询问其意见。

⑦如果比赛条件（如温度、湿度、馆内观众人数）变化显著，或根据目测和/或裁判员的反馈，必要时，可在同一个比赛日重新测球。

⑧如果比赛条件无明显变化，且每一筒的球速都一致，则没有必要在随后的每一天都测球。

5. 处理新的退赛

对领队会议后出现的退赛、未出场比赛及强制退赛，裁判长应依规予以及时处理。

①若有运动员可直接晋级到正赛，必要时，裁判长可终止正在进行的一场预赛，除非该项目正赛已经开始或该运动员已经输掉比赛。

②将所有的晋级（晋级预赛、晋级正赛）、退赛、未出场比赛、强制退赛、替补、弃权及不战而胜都正确记录，存入赛事软件（TP）文档。

③把辅以罚款的退赛情况列入退赛报告。

6. 与临场医务人员有效沟通

首个比赛日开赛前，以及每当医务人员换人（建议人员固定）时，裁判长都应与医生/医务官会面。必要时，请口译协助，以保证沟通有效。

7. 赛前清场

一般赛事，比赛开始前 5 分钟清场，准时开赛。或根据预先确定的赛事体育展示流程要求准时清场。

五、每个比赛单元中的工作

（一）日常工作

比赛开始后，裁判长应始终在场，密切观察比赛的进程。无论是否属于其直接管辖范围内的事项，裁判长都应始终了解赛事各方面的进展情况，尤其应：

①随着赛事进展及出现的具体问题，及时与组委会负责人员会面。

②将非直接管辖范围的问题转交相关责任人，并适时跟进，使问题得到解决，并让问题提出者知晓处理结果。

③在比赛日的开始和结束，与竞赛团队和志愿者交流，鼓舞他们的士气，增强团队的凝聚力和战斗力。

④首日比赛，观察比赛场区（FOP）总体运行情况、进退场的效率等，如必要，可做出适当调整。

⑤比赛进行中，裁判长和副裁判长应尽量合理分布站位，使所有场地的比赛都在裁判长团队的观察范围内。当多片场地同时比赛时，裁判长和副裁判长应避免长时间在同一位置。裁判长需要离开时，应委托副裁判长代理。

⑥裁判长要密切环视所有的比赛场地，一旦发现运动员与裁判员争论、运动员受伤、比赛进行不流畅等情况，裁判长应到该场地边观察，随时准备接受申诉和裁判员的召唤。尤其是要做好关键场次的监督工作。对重点场次，裁判长可抵近站位，予以特别关注。必要时，裁判长可在裁判员未召唤的情况下进入场地。

⑦如有即时回放系统，裁判长或副裁判长应观察裁判员是否对所有的挑战都已正确执行，必要时，随时介入干预，确保在下一回合开始前，所有的错误都得到纠正。

（二）接受和处理申诉

羽毛球比赛中有3条申诉渠道。

①运动员对临场裁决有异议，在下一次发球前或一局比赛结束离场前，向裁判员提出，由裁判员作出裁决。运动员不得与发球裁判员或司线员争议，如运动员向司线员、发球裁判员提出争议，裁判员应予制止。裁判员应维护发球裁判员和司线员的裁决，如确认他们的裁决无误，应明确告诉运动员，并宣报“继续比赛”，在宣报“继续比赛”后，运动员如果仍纠缠不休，裁判员应按《羽毛球竞

赛规则》第16条处理。如果裁判员认为司线员明显错判，应予纠正。如有即时回放系统，应允许运动员根据规定对落点宣判进行挑战，由即时回放系统给出最终裁决。

②领队或教练员向裁判长提出申诉。裁判长应先仔细倾听，然后到该比赛场边仔细观看，给予答复。

如果裁判员要求裁判长进场，裁判长应仔细地听取裁判员的报告，有必要时还可询问其他裁判人员，再结合自己的观察予以裁决。

如果在比赛中，裁判员认为球的速度太快或太慢，应报告裁判长。裁判长不能让运动员自己来决定球的速度，如果怀疑因为场内温度变化而引起球速的变化，可让双方按规则第3条规定，试一下球速，再作决定。在同一个体育馆、同一个时间，要用同一个速度的比赛球。

③领队向仲裁提出申诉。这种申诉通常发生在中国羽协举办的设有仲裁委员会的全国性赛事中。此类申诉必须根据仲裁条例，在规定的时间内，以填写固定表格的书面形式提交，缴纳仲裁费用，并以在册领队签名为必要条件和要求。仲裁委员会不能更改裁判人员的裁决。只可对事实进行调查，并提出处理意见，向竞赛行政部门或协会报告，由主管单位给予处理。

（三）处理比赛中运动员的伤病

比赛中，运动员因伤病中断比赛时，裁判长应在裁判员召唤时立即带领值班医生进入比赛场地，必要时主动介入处理。

进场后，裁判长应向裁判员了解相关事实，提醒裁判员记录因伤延误的时间。值班医生检查运动员的受伤情况，并迅速从医学角度诊断该运动员的受伤程度，决定是否建议运动员继续比赛。

一般情况下，是否继续比赛取决于运动员自己尽快做出的决定。如果运动员选择继续比赛，医生可给予快速的缓解处理，如用包扎止血或使用喷剂，但不允许因治疗延误比赛。在规定的间歇期间进行的伤病处理，值班医生应能在间歇结束前完成（或接近完成），否则视为延误比赛。一名运动员在一场比赛中，只允许召唤医生使用喷剂一次。

如果值班医生判断运动员伤病程度不宜继续比赛，或运动员接受简短处置后不能立即恢复比赛，则宣布该受伤运动员弃权退赛，不允许运动员再次停顿和治疗。

在世界羽联二类4级（含）以上赛事或世界锦标赛中，遇同队运动员之间的比赛所发生的伤病情况，如果医生认为继续比赛不符合运动员的最佳利益，则裁判长可决定让其弃权或退赛。

裁判长最多允许两人进入比赛场地以协助受伤运动员，给其建议和翻译。为公平起见，裁判长可给予对方相同限额。

裁判长应尽快处理受伤问题，以便恢复或终止比赛。并告知受伤运动员如果利用受伤恢复体力，或屡次对是否继续比赛犹豫不决，将可能被取消比赛资格。

如果运动员伤重，无法继续比赛，则不考虑以上常规做法，由赛会医生实施必要的急救，直至运动员被送往医院。

裁判长应确保赛会有急救绿色通道服务，并知晓如何启动紧急医疗救助，须让领队们了解所有可用的医疗救助服务。赛会派遣的救护车，至少有一辆必须停在场馆的运动员出入口或比赛场区的出入口附近，有最便捷的伤病员转移通道。定点医院也应在距比赛场馆的合理距离内，并有相应的城市交通通行保障。

裁判长应了解赛会的理疗服务信息，包括理疗师、可用设备和运行方式等，并告知领队。

由于所选派的外籍医务官员有可能不具备在东道国的行医资质，因此赛会自始至终应有当地的医疗服务和急救保障，以满足运动员和技术官员的需求。裁判长应将相关信息告知领队。

（四）处理场上出现的任何意外情况

场上出现任何意外情况（如停电等），裁判长要积极主动地联系各有关部门，组织力量解决问题，尽快地恢复正常比赛秩序。

（五）审核记分表

审核裁判员交来的临场记分表，做好比赛结果的记录，随时核查成绩公报，审核成绩公布是否正确。

（六）配合有关部门做好兴奋剂检查工作

大型比赛都要进行兴奋剂检查，裁判长应积极配合，做好被抽查运动员的检录、引导工作。做这项工作时，要特别注意保密。

（七）管理技术官员

一个赛事的运行是否稳定，关键看技术官员团队的工作水平和状态。裁判长是技术官员团队的带头人，对此承担着重要责任。

要关心和落实裁判员和司线员在整个赛事期间的后勤保障，确保技术官员衣、食、住、行的必要条件，有问题立即向有关部门提出解决。在裁判人员长时间连续工作时，要督促后勤部门及时提供饮水、食物，以及茶、咖啡等。对技术官员团队的差旅费报销和津贴发放也要给予关注，以保证他们有效地履行职责。

加强团队凝聚力，提倡团结协作，公平对待团队成员。

明确要求技术官员遵纪守法，遵守“技术官员行为规范”。

必要时，召开裁判员赛前准备会。赛前准备会应重点关注在前一天比赛基础上所作的调整，以及在运行方面的新变化，例如，进退场流程、司线员人数的变化等。同时，留出答疑时间。如有裁判员考委在场，留出时间给考委点评。

根据自身观察，或应裁判员的要求，在合适的时候，对其临场表现提出建设性的反馈意见。尤其注意：

①当发现裁判员的临场表现需要改进以达到要求时，要在该场比赛结束后立即反馈。

②在进行此类反馈时注意保护裁判员隐私。

③确认裁判员理解了裁判长的反馈，随后继续观察该裁判员，确保裁判长的要求得到执行。

一场比赛的裁判员由裁判长指派，在裁判长领导下工作，并向裁判长负责。一场比赛的发球裁判员和司线员一般由裁判长指派，裁判长可以撤换或经裁判员与裁判长商议后撤换发球裁判员和司线员。

裁判长应公平、合理地安排裁判员和发球裁判员的任务。选派技术官员时应注意：

①应尽可能选派中立裁判员和发球裁判员。如果无法为所有场次选派中立的裁判员和发球裁判员，最低限度应确保电视转播场地的裁判员和发球裁判员是中立的。如有可能，其他场地也使用中立裁判员。

②关注比赛中裁判员或发球裁判员与运动员之间出现的紧张气氛。必要时，有关裁判员或发球裁判员回避同一运动员随后的比赛。

③确保所有技术官员在各场任务之间有合理的轮换。

裁判长应经常与裁判员考委沟通。征求裁判员考委对裁判员临场表现的意见，以作为赛事后期安排裁判员的参考依据。为便于考试或考核，在裁判员和发球裁判员的安排上，裁判长应尽可能满足裁判员考委的需求。但裁判长对所有技术官员的任务安排具有最终决定权。

裁判长应及时对司线员进行指导。把裁判长团队和裁判员对司线员临场表现的意见反馈给司线长，通过司线长落实所需调整，以便在后续比赛做出合理安排。如有国际司线员或中立司线员，要把他们安排到竞争最激烈的比赛，且负责端线和边线。尤其在赛事后几轮，把他们安排在有东道主运动员的所有比赛场次。

仔细观看比赛中裁判员、发球裁判员和司线员的临场工作情况，随时记录，以便对裁判员作出准确的鉴定。对临场裁判发现的问题及时讲评，并将裁判员的表现与状态作为后续工作安排的参考依据。在赛会裁判工作小结及裁判长报告中客观评价裁判人员的表现。

（八）管理运动员和教练员

运动员和教练员管理是裁判长工作的主要内容之一。

裁判长应果断、公平地处理运动员、教练员和领队的投诉。

裁判长应对运动员服装是否符合规定做出裁决：

①裁判长在作判断时，要意识到不同光源造成的视觉色差可能对服装颜色的影响。例如，检录处与比赛场区（FOP）的灯光有差异，应以运动员服装在比赛场区呈现的颜色为依据判断。

②如裁判长也不能确定，则应准许运动员穿着比赛。世界羽联规定在这种情况下，裁判长要在赛后将该服装照片提交世界羽联审查。

③世界羽联规定，由裁判长自行决定是否将运动员服装违规情况上报世界羽联（或洲联合会）以评估罚款。

比赛时，裁判长应确保坐在比赛场区（FOP）教练椅上的任何人都遵守“教练员和教育者行为规范”。必要时，裁判长可视教练员、领队或随队官员再次违反行为规范的严重程度，禁止违反者在相应的时间内（如一场比赛、一节或一天的余下时间）进入比赛场区（FOP）。对屡犯或严重违反的教练员、领队或随队官员，裁判长可禁止其在赛事余下的时间内进入比赛场区（FOP）。任何严重或公然违反的行为，裁判长都应通过裁判长报告或事件报告的方式向相关组织（如世界羽联、中国羽协或洲联合会）报告。

如发现教练员位置遮挡广告，裁判长应立即予以调整。

（九）安排并审批每日竞赛日程

每天，裁判长应在发布前审批次日竞赛日程。应注意：

①每天尽早发布次日竞赛日程。即使一些运动员出线情况尚不明确，也可进行初始发布，无须等到所有的比赛顺序和场地确定。

②在确定次日竞赛日程时，征求重要利益相关方的意见，例如，世界羽联或洲联合会赛事官员、转播协调员、竞赛主任等。通常，只要运动员不超负担量，应尽可能满足电视转播有关比赛场次、顺序和场地安排的需求。

③世界羽联规定，在青年赛事、残疾人赛事及其他赛事的预赛中，运动员在其两场比赛之间有权休息至少 30 分钟。其他赛事，运动员在其两场比赛之间有权休息至少 60 分钟。尽管如此规定，裁判长仍应尽量让运动员在其两场比赛之间休息更长的时间，尤其是在同一项目的两场比赛之间。

④特别是在一节内，确保一场比赛的双方运动员，从其前一轮同项目各自比赛结束起，享有大致均衡的休息时间。

⑤尽可能在同一时间段内考虑在不同场地安排不同项目的比赛，以满足不同观众的观赛喜好，提升赛事整体观赏性。

（十）协调、安排半决赛、决赛和颁奖仪式及相应的转场工作

随着比赛进行，场地数在逐步减少，比赛场区需要进行相应的调整。特别是赛事进行到半决赛，有些赛事进行到四分之一决赛，由于比赛场地数的减少，本着充分利用场地空间、为观众和电视转播提供最佳的赛事展示和观赏体验为目的，整个比赛场区需要进行以包括场地、灯光、座席、景观、体育展示、运行流线等调整为主要内容的转场工作。转场工作往往只能在半决赛（或四分之一决赛）前一日比赛全部结束后进行，时间紧、工作量大，讲究秩序和效率，丝毫马虎不得。

裁判长要提前了解赛事的整体转场计划，关注每一次的转场实施，确保比赛安全、顺利的进行。应注意：

①裁判长应对转场计划中比赛场区（FOP）的调整予以审批。原则上，由于场地数的减少，对比赛场区（FOP）的任何调整都应充分并合理地利用空间，给运动员更好的参赛体验，给观众更好的观赛体验。

②如果进退场的程序和流线有任何变化应明确告知裁判员、司线员及播报员。必要时进行现场演练。

③如果场馆运行的身份认证或安检程序有变化，裁判长应在第一时间知晓，并告知相关技术官员特别是执裁的技术官员。如需增加辅助证件，应及时领取、发放到位。

④在决定半决赛和决赛的比赛场序时，裁判长要了解各重要利益相关方的需求并求得最佳平衡点。要考虑诸如电视商业转播需求、观众兴趣、兼项运动员的场序、东道主运动员及保持上座率等因素。其中，如有兼项运动员，其场间休息时间要尽可能去保证，而且，哪个项目先进行，哪个项目后进行，除了要考虑运动员意愿，还要考虑电视转播商业销售所关联的卫星传输讯道租用时段，以及保持上座率的因素。通常在单、双兼项的情况下先单打后双打，使运动员有个相对合理的体力分配；双、双兼项的情况下先混双后男双或女双，因为混双先打，可以同时给兼男双和女双的运动员充裕的场间休息时间。此外，比赛双方来自同一个队的比赛往前排，精彩的项目或比赛往后排等。在征求所有相关人员的反馈意见时，要特别重视世界羽联（或洲联合会）等主办单位竞赛官员的意见，因为对有关必须履行的合同义务方面的违约将导致严重后果。

⑤比赛场地的减少给半决赛和决赛的临场裁判人员安排提供了相对宽裕的条件。除了调整每个场次的司线员人数外，裁判长要根据前期的观察积累，结合裁判员和发球裁判员在赛事期间的临场表现、执裁水平、经验技巧、团队精神等因素认真选派，合理安排。其中，必须坚持“两个优先”，即中立裁判优先，高级别裁判优先。还应征求裁判员考委的意见。

⑥裁判长应从赛事组织者处了解颁奖仪式的安排，如有要求，相关技术官员应出席颁奖仪式。

（十一）处理不端行为

当比赛场地出现严重的或处以红牌的不端行为，以及裁判员需要裁判长协助解决的其他问题时，裁判长须应裁判员召唤进入比赛场地。裁判长也可在出现严重不端行为时主动介入。

进入比赛场地后，裁判长应先向裁判员了解有关情况，必要时，也可向发球裁判员了解情况，以掌握更多的事件信息，并告知运动员。如要从其他渠道获得进一步的信息解决问题，则召唤相关人员进入比赛场地。裁判长应留在比赛场地直至事件处理完毕。裁判长在比赛场地上或比赛场地附近处理问题时，即为比赛暂停，除非裁判长对裁判员、运动员另有通知。

如裁判长决定取消一名运动员的比赛资格，则该运动员将被取消该赛事所有项目的比赛资格；如是团体赛，则将取消其在该团体赛事所有后续比赛的资格，且裁判长可以在报告中建议启动纪律程序。但被取消比赛资格的双打运动员的同伴可在赛事的其他项目中继续比赛。

裁判长应尽快解决问题，将决定简明扼要并富有说服力地向裁判员、运动员解释，然后离开比赛场地，比赛继续，不得进一步讨论或申诉。

（十二）监控球速

比赛进行中，裁判长应始终观察比赛开始前所选定用球的球速是否适当。

如双方运动员希望调换用球，裁判长被裁判员召唤进入比赛场地后，应先询问裁判员的意见，并结合自己的观察作出决定。需要时可允许运动员试球，但不提供其他有效信息。

只有在没有适当球速的比赛球可用且比赛不能继续的极端情况下，可采取折羽毛的特殊措施。但切记，折羽毛仅是为使比赛不被中断而采取的最后的且不得已的手段。折羽毛最好由发球裁判员或其他中立人员操作。

（十三）管理团体赛事

两年一届的世界羽联汤尤杯赛和苏迪曼杯赛，两年一届的亚洲团体锦标赛和亚洲混合团体锦标赛，每年一届的全国团体锦标赛和全国团体冠军赛，都是我们熟知的重要的羽毛球团体赛事。因团体赛事的比赛办法和规程要求与单项赛事的不同，使得团体赛事的竞赛组织工作和裁判长工作有一定的特殊内容。

团体赛事通常都以主办单位颁布的专用规程进行管理，这些规程描述了团体赛事的报名、竞赛办法、抽签及其他相关条款。即便不是专门的团体赛事，而是包括团体和单项的全项目赛事（如亚运会、全运会和青运会的羽毛球赛、全国青年锦标赛等），赛事规程也应包含此类专门条款。

不同的团体赛事采取的赛制也不同。一般多采用第一阶段分组循环赛，第二阶段淘汰赛的方式进行。但也有像亚运会羽毛球团体赛这样采用单淘汰赛制的赛事。

团体赛事与单项赛事的一个明显不同在于，单项赛事的对阵情况在抽签以后，随着每轮比赛的进行都是明确的。而团体赛事即便知道哪两个队比赛，也要等到赛前比赛队交换出场名单后，对阵情况方能揭晓。因此，团体赛事比单项赛事多出的一项业务，就是围绕双方交换出场名单引发的一系列工作。具体工作有：

①裁判长负责抽签和（或）核实抽签结果，安排和（或）审核团体赛事的比赛日程。

②裁判长负责审核团体赛事各队报名名单，并确认这些名单符合赛事规程的

规定。这是一项保证赛事顺利进行的基础性工作。

③除非规程已有规定，团体赛事每个单元比赛的运动员出场名单的交换时间、地点和方式由裁判长决定，并在赛前领队会或联席会上公布。

④裁判长负责审核团体赛事每个比赛单元的运动员出场名单，并确认这些名单符合赛事规程的规定。这是一项需要严肃、认真、审慎对待的工作。如果有问题的出场名单获得通过，会给赛事的顺利进行带来风险。

⑤根据双方运动员出场名单，裁判长应按规程规定，决定该场团体赛中各单场比赛的顺序。如规程没有相关条款，则比赛顺序由裁判长决定，并尽可能做到：

a. 运动员不连场。

b. 给兼项运动员尽可能多的休息时间。

c. 单、双兼项运动员先打单打或先打主项。

在一场团体赛中兼项的运动员，无论是否连场，均有权在其两场比赛之间休息 30 分钟。

⑥为了公平、公正、公开，一旦比赛顺序确定，裁判长应即刻当场同时告知对阵双方。注意“即刻”“当场”“同时”这三个关键词的重要性。裁判长还应立即通知编排记录人员进行后续工作，并对有关发布进行审核。

⑦除非赛事规程有不同规定，在一场团体赛中，一名运动员的第一场比赛开始前，如果裁判长确认该名运动员因伤、病，或其他无法避免的原因不能比赛，裁判长可允许该名运动员被替补，但原则是：

a. 以“低”补“高”，也就是替补运动员（对）的有效排名须低于被替补运动员（对）。

b. “其他不变”，即未受该替补影响的任何场次（配对）应保持不变。例如，被替补的是一场单打，则其他场次不变；被替补的是双打配对其中一名运动员，则被替补运动员的配手应和替补运动员搭档，其他场次仍不变。若被替补运动员单、双兼项，则除了这两场比赛外，其他场次不变。

c. “一退全退”，被替补的运动员不得再参加该场团体赛中的任何一场比赛，但仍可参加本场团体赛之后的其他场次比赛。

⑧世界羽联规定，一个团体赛事的任何阶段，裁判长都可取消有以下表现的运动队的比赛资格：

a. 未按规定时间报到。

b. 未按要求完成规定事项。

c. 未履行自身义务或违反世界羽联（或洲联合会）规章制度。

但慎重起见，裁判长在作出此类决定前，应查明事件成因，并与相关单项组织密切沟通。

六、比赛结束后的工作

（一）每个比赛单元结束

每个比赛单元结束后，裁判长应：

①及时与副裁判长、主要竞赛负责人交流情况。如有问题，即时协调解决措施并检查落实。

②从赛事软件（TP）文档和用球管理人工记录两处，获取该日消耗的比赛用球数及剩余球数，确保余下比赛有足够适当球速的比赛用球。

③世界羽联的主要赛事，在每日比赛结束时发布赛事软件（TP）文档，并将备份发送世界羽联（或洲联合会）办公室。

（二）整个赛事结束

整个赛事的最后一场比赛结束后，裁判长有责任继续监督赛后收尾工作。

①离开比赛场区前，裁判长应核实比赛结果，并按规定向有关单项组织报告，同时向技术官员、组委会及其他相关人员表示感谢。在离开场馆之前，裁判长应确保赛后仍在进行的兴奋剂检查能顺利完成（如检查室的水电保障不能因比赛结束立即中断）且这些受检运动员回酒店的交通已做安排。

②赛事一旦结束，裁判长应立即把本次赛事红、黄牌操作情况和需作进一步处罚的运动员退赛情况的报告上报有关单项组织。如果裁判长或副裁判长目睹了裁判员出示红、黄牌判决的事件，且不认同此判罚，则裁判长可不予报告。

③赛事结束后两周内，裁判长须用标准模板将裁判长报告上报有关单项组织。裁判长报告应包含全部相关细节，但应重点阐述该赛事有助于同一比赛场馆或相同组织者未来承办赛事的信息。草拟裁判长报告时，裁判长应咨询副裁判长的意见，但裁判长对报告内容及上报负责。

④裁判长在比赛结束后应写好裁判员的考核鉴定，并结合裁判长报告写好竞赛及裁判工作小结，报告有关部门。

七、竞赛组织编排工作

竞赛组织编排工作主要是准备和实施抽签、编制比赛秩序和训练安排、产生和发布比赛信息等，其重要性不言而喻。世界羽联主办的赛事，由裁判长直接指导编排记录人员的工作。中国羽协主办的赛事，通常在裁判长的统一领导下委派一名专职副裁判长或编排长，带领编排记录组人员负责此项工作。由于有关工作技术含量高、工作强度大、时效性极强，且要求“零失误”，裁判长对此要高度重视，组委会亦应全力保障。竞赛组织编排工作的内容和方法专章另述（见第五章）。

第五节　检录长的工作方法

一般大型羽毛球比赛，都设有检录长或比赛协调。他们的工作任务由竞赛主任或裁判长授权，主要负责当节比赛运动员的签到、协助受理比赛日值赛运动员赛前弃权事务、协助检查运动员比赛服装器械、召集值赛运动员和技术官员有序入场比赛、根据场上比赛进度协助裁判长实施临时调场工作、协助召集兴奋剂检测受检运动员和颁奖时协助召集受奖运动员并进行服装检查。

检录长必须具备与裁判长等同的素质和业务能力，配备两三名检录员和若干名志愿者协助其工作。他们的工作岗位在检录处。检录处应设在比赛内场（FOP）、热身场地、运动员休息室和技术官员区的接合部，划分为报到区、服装检查区、候赛区、值赛运动员和技术官员混合集结区和候场区。

检录员在检录长领导下，按规范的流程执行以下各项任务。

一、当节比赛运动员的签到工作

事先按当节比赛秩序表，制订好各时段的签到表，受理运动员自觉签到。

随时关注已签到运动员的去向，直至其进入混合集结区。

发现该报到的运动员未在规定时间报到，应及时报告，启动寻找程序，直至找到运动员或有相应的结果，尽量避免发生运动员迟到情况。

如出现运动员因迟到被取消比赛资格，应配合裁判员做好善后工作。如向裁判长和竞赛主任报告，向比赛场区（FOP）主管、裁判协调、司线长和编排长等相关部门通报，通知下一场序比赛的运动员。

二、协助受理比赛日值赛运动员赛前弃权事务

根据竞赛规程、规则和裁判长的授权，接受比赛日值赛运动员赛前弃权的申请。

核对相关证明、文件，提出处理意见，报裁判长批准。

把处理结果告知申请者，报告竞赛主任，向比赛场区（FOP）主管、裁判协调、司线长和编排长等相关部门通报，且通知下一场序比赛的运动员。

三、协助检查运动员比赛服装器械

在值赛运动员报到后，检查他们比赛服的式样、颜色、姓名、队名和广告尺寸是否符合相关规定，尤其是团体赛和双打配对的服装。在残疾人比赛中，还须检查他们使用的辅助器械是否符合规定。

如不符合规定，应配合裁判员责其改正或予以处罚后允许其参赛或取消其比赛资格。

配合裁判员把处理结果报告竞赛主任和裁判长，必要时通报比赛场区（FOP）主管、裁判协调、司线长和编排长等相关部门，并通知下一场序比赛的运动员。

四、召集值赛运动员和技术官员有序入场比赛

根据比赛秩序，准时召集值赛运动员、裁判员、司线员进入混合集结区，确保运动员、裁判员、司线员按裁判安排表和场地比赛秩序表精准对接。

引导准确对接后的运动员、裁判员、司线员入场队伍进入候场区相应位置。

把候场准备情况报告裁判长或比赛场区（FOP）主管。

根据裁判长或比赛场区（FOP）主管的指令，指挥值赛队伍入场。

五、协助裁判长实施临时调场工作

根据各场地比赛进度，向裁判长提出临时调场方案。

经裁判长同意后，协调相关部门，实施临时调场。

必要时，通报相关部门。

六、协助召集兴奋剂检查受检运动员和颁奖时协助召集受奖运动员并进行服装检查

依照裁判长指示，协助兴奋剂检查人员，召集受检运动员。

根据颁奖方案要求，按时间节点召集受奖运动员并进行服装检查后，交给下一环节负责人员。

检录工作任务，是由竞赛主任或裁判长授权的，因此检录长在执行相关任务时，一定要服从竞赛主任和裁判长的领导，与裁判员及相关部门密切配合，确保任务圆满完成。所有的处理，都应有完善的记录和档案，赛事结束后上交主管部门备查。

第六节　裁判员的工作方法

羽毛球裁判员的工作方法，包括裁判员的赛前、赛中、赛后的工作方法与宣报、记分方法等。在本节中，我们将根据世界羽联目前的裁判员工作指南，结合中国羽毛球界裁判员工作的长期实践，对裁判员的工作方法做分析阐述。

裁判员对一场比赛的管理时限，是自该场比赛前裁判员进入比赛场区起，至该场比赛结束离开比赛场区止。

一、赛前的工作方法

裁判员赛前工作，包括进场前和开赛前两部分内容。

（一）进场前的工作

进场前的工作指的是裁判员在接受担任某场比赛的裁判任务后，到进入比赛场地这一段时间的工作。主要内容有：

①检查笔、表、挑边器等用品是否带齐，制服和胸徽是否符合要求，仪容着装是否整洁；

②向记录台领取记分表，核对表中各项内容，预填有关项目，熟悉运动员的姓名和标准发音；

③与自己搭档的发球裁判员会面，交代需配合的有关事项，必要时提醒他/她准备比赛用球、带好运动员的姓名牌等；

④检查司线员和场地助理（如有）是否都在场并做好准备；

⑤确保比赛运动员的服装和器材符合有关规定，如服装上运动员姓名、文字、广告、颜色和款式等是否符合规定；

⑥确保比赛运动员的手机关闭；

⑦必要时，召集比赛运动员按照确定的顺序列队，准备入场。当发现运动员未到时，应立即向裁判长报告；

⑧了解进退场的路线，做好入场的组织工作，在听到广播或看到裁判长示意后，与发球裁判员（有时还包括运动员、司线员）一起入场，带领所有运动员和临场技术官员精神饱满、步伐整齐地在观众面前亮相。

（二）进场后至开赛前的工作

进场后到比赛开始前，应尽快完成以下几项主要工作，时间不宜拖长。

1. 挑边

（1）正确使用挑边器

裁判员使用专用挑边器或硬币进行挑边，应先向双方运动员指明各自在挑边器上代表的是哪一面（颜色或图案），然后用手指将挑边器向上弹起，使其快速翻转，落地或被手接住后，看是哪一面向上。

（2）正确进行场区和发球权的选择

向上一面所代表的一方运动员为赢方，优先在发球权中的“先发球和先接发球”或场区中的“左边和右边”两大类四项中选取一项，同类剩下的选项归挑边输方；接着挑边输方在余下一类的两项选择中选择一项，同类剩下的选项归挑边赢方。例如，赢方选择场区的右（左）边，则场区的左（右）边归另一方；输方可在发球权的“先发球”和“先接发球”中选择一项，如选“先接发球”，则对方“先发球”。

2. 确认首先发球员和首先接发球员（双打）

3. 正确记录和显示挑边结果

如使用记分表，随即在记分表上记录挑边的结果，在发球员记分栏处标记“S”，记下双方的场区。双打比赛时，还需在接发球员记分栏处标记“R”。

把挑边结果告诉发球裁判员和记分员，使计分器能及时、准确地显示出双方运动员的姓名和所在的场区。

如由裁判员操作电动计分器，则要准确输入挑边结果。

4. 检查球网和网柱

检查或安排发球裁判员检查网、网高和网柱。应注意察看：

①网面是否有破洞；

②网的两端与网柱间是否有空隙；

③网柱高是否为 1.55 米；

④网中央顶部离地面是否为 1.524 米。

如发现自己不能解决的问题，应马上报告裁判长，在比赛开始前予以解决。量网时，注意尺要垂直于地面，尺的刻度面要紧贴在网的白布条上，尽量减少误差。

5. 检查场地及其周边

①检查场地上有无异物、界线有无缺损，场地四周 2 米以内是否有障碍物；

②检查间歇标、储球箱、运动员拍包筐等是否齐全，运动员的备用球拍、毛巾及饮料是否放进规定的容器中；

③检查裁判员椅位置是否适宜，位置离边线远一点能扩大视野，有利于控制全场，但如果裁判员的一边没有司线员，位置就不宜太远。

6. 检查司线员的座位

①司线员的座位要对准各自负责的线，在单、双打项目比赛交替进行时特别要注意这方面的检查，及时纠正；

②司线员的座位应距球场 2 米以上；

③检查司线员位置的同时，可以与他们交流有关赛中配合的问题。

7. 检查所有计分设备

检查所有的计分设备，确保其正常工作。

8. 上裁判椅

挑边后，要尽快完成上述检查、调整。确保一切就绪、符合要求后，上裁判椅。

9. 记录热身时间，宣布比赛开始

按要求记录热身时间（除非裁判长另有不同要求，一般热身时间从裁判员在裁判椅上坐下开始计算，至宣报“比赛开始，0 比 0”结束）；宣布比赛开始。

10. 处理赛前场区的不端行为

规则规定，一场比赛进场至比赛开始，在比赛场区发生的不端行为应正常处理，不影响该场比分，即进场后至裁判员宣告比赛开始前：

①黄牌判罚计入本场比赛的黄牌数，比赛开始后该方再犯直接判罚给红牌并失分；

②红牌判罚计入本场红牌数，并立即召唤裁判长，若裁判长决定继续比赛，则比赛仍从 0 比 0 开始，比赛开始后该方再出现红牌判罚判失分；

③若裁判长决定取消违反方比赛资格，黑牌判罚计入本场比赛的黑牌数，违反方被取消比赛资格。

二、赛中的工作方法

比赛进行中可分为发球期、比赛进行期和死球期（即发球前期）三个不同的时间段。在不同时间段里，有不同的工作内容。

（一）发球期的工作

发球开始至发球结束的一段时间为发球期。配备有发球裁判员时，裁判员在发球期主要负责对接发球员在接发球时违例的判决。

根据规则规定，发球期是以发球员的发球动作界定的，所以裁判员在注视接发球员的同时，眼睛的余光还要兼顾发球员。作为一场比赛主持者的裁判员，注意发球员的发球情况，不仅是为了准确地把握“发球时”，做好“接发球违例”的裁决，更重要的是控制好发球期的比赛全局，以便在运动员申诉时，能以自己的观察为依据，或支持发球裁判员的判决，或向裁判长提出自己的看法。因此，裁判员在发球期正确地分配好自己的注意力，使自己既能看清接发球员的情况，又能看清发球员的整个发球动作，是这时期工作的关键。

一般情况下，裁判员此阶段的视线和注意力应从死球期持球运动员—发球员—接发球员有序移动，也就是通常所说的“跟球”。但在发球期的视线分配上，必须兼顾发球员；与此同时，视野应兼顾全场。

1. 接发球员脚违例

接发球时，接发球员应站在规定的发球区内，任何一脚不能踩线、触线、提起或移动。裁判员一定要明确，“发球时”指的是双方站好位置后，发球员的球拍头开始向前挥动至击中球的一段时间。只要接球员这一时段中有脚踩线、触线、提起或移动，即应判接发球脚违例。

双打比赛时，发近网球居多，接发球员提前移动对实施网前扑球是相当有利的，因此双打比赛的接发球脚移动违例发生率较高，裁判员工作时应着重注意。单打比赛也会有脚移动违例发生，但一定要慎重宣判。

在这时期裁判工作的关键是：概念清晰，注意力合理分配，尺度平稳统一，心理放松稳定，不受评论干扰，不前紧后松，也不前松后紧，关键球和不关键球一样处理。

2. 接发球干扰违例

规则规定，“妨碍对方，即阻挡对方紧靠球网的合法击球”“比赛时，运动员故意分散对方注意力的任何举动，如喊叫、故作姿态等”“双打比赛，发球员或接发球员的同伴阻挡对方发球员或接发球员的视线”均为违例。接发球方这种干扰违例，一般出现在双打比赛中，常见的有：

（1）干扰

双打比赛时，接发球员站在贴近前发球线处高举并不断地晃动球拍为干扰对方发近网球的行为，此类干扰的构成条件是“高举”与“晃动”并存，缺一不可，其威胁干扰意识显而易见。

（2）视线被挡

这种情况往往是由视线被挡的一方提出后，经裁判员提醒、调整位置后继续比赛，如不服从裁判员的劝告，就应判违反者违例。

3. 接发球违例

只有站在发球员斜对角发球区的接发球员才能接发球，如果是其同伴回击了发来的球，或不等球落地就用球拍或手接住球，或身体的任何部位触及球，均属违例，哪怕发来的球是明显地飞向错误的发球区或界外，也只能等球落地才算发球出界。

4. 发球区错误

发球区错误包括发球方发球顺序错误、接发球方接发球顺序错误、在错误的发球区发球和在错误的接发球区接发球 4 种情况。

每球得分制实施后，对发球区错误的处理与发球得分制时处理的规则依据发生了变化。裁判员不必再像发球得分制时，需统筹考虑发现该错误的时段、该回合的胜负和错方这三个因素方能宣判，而是采用以下四个步骤处理。

比赛中：

①发现发球区错误（只要发现，不论何时）。

②只能在死球后纠正。

③已得分数有效。

④在记分表上做相应记录。

在发现发球区错误并予以纠正时，可能出现一名运动员连续两次发球或接发球；或一名运动员在同一发球区连续两次发球或连续两次接发球的现象。因此，充分利用记分表，养成在球发出前及时核对记录与运动员站位的习惯，发球区错误是完全可以避免的。掌握以下两点对于避免发球区错误是有效的：

①无论单打还是双打比赛，发球方从己方的左发球区还是右发球区发球是以本方分数为单数还是双数来决定的。

②双打比赛中，运动员只有在本方发球并且得分时才交换发球区。除此之外，无论是发球方还是接发球方，运动员都继续站在上一回合的发球区发球或接发球。也就是说，换发球时，双方运动员都不交换发球区，以此保证运动员间发球的交替。

5. 接发球员未做好准备

发球员在接发球员未做好准备时将球发出，应判“重发球”。但是如果接发球员已做了还击，应认为已做好准备。

6. 发球时未击中球

发球时，发球员挥拍未击中球，即为发球结束，判发球方“违例”。

7. 发球方和接发球方同时被判“违例”

发球期间，发球员和接发球员都被判“违例”，应判“重发球”。

“发球过程中，发球员和接发球员都被判违例”“发球过程中，发球方和接发球方同时违例”“发球过程中，裁判员和发球裁判员同时喊‘违例’”和“发球过程中，发球方和接发球方都被判‘违例’”这四句话表述的是四种不同的情况。第一种情况只涉及发球员和接发球员两人，显然有缺失。第二种情况强调两方的违例发生在同一个时间点。第三种情况强调对两方违例的宣判发生在同一个时间点。第四种情况则考虑到双打时发球员和接发球员的同伴的违例现象。

实际上，发球过程中的发球违例和接发球违例有些是存在时间先后的。如双方运动员站好位置，发球员开始发球，击球瞬间，发球裁判员判发球过高，裁判员判接发球员踩线。发球过高是在击球瞬间发生的违例现象，而踩线在前。因此，这两种违例不是同时发生的。

但是，考虑到技术条件的限制和可操作性，世界羽联将发球过程中的违例打包成一个集合，并把发球期相对于整局比赛看成是一个时间点。只要发球方和接发球方在发球过程中都被判有这个集合中的违例现象，就按重发球处理。

（二）比赛进行期的工作

从球被发出后，直至球落地或裁判员宣判“违例”或“重发球”，这段时间是比赛进行期，即球在对击过程中。裁判员在注意球的飞行情况的同时，还要注意整个球场及其周围的情况，根据规则及时作出宣判。

1. 球不过网

球未从网上越过。如球从网下或穿过网孔进入对方的场区，或球被夹在网孔中均为“违例”。

球停在网顶或过网后挂在网上。如果是在发球时则为“违例”；如果是在比赛进行中则应判“重发球”。

2. “界内”和“界外”

当球落在有司线员分管的线附近或无论界外多远，裁判员均应看司线员。如果司线员没有给出裁决手势，裁判员应要求其做出手势，然后再宣判。司线员对其裁决负全责。裁判员一定要根据司线员的裁决宣判。但遇未设司线员，或司线员未看清，或裁判员认为司线员明显错判，或在有即时回放系统时除外。

裁判员确认司线员明显错判，应立即予以纠正，宣报“纠正”，然后根据球的实际落点报“界内”或“界外”。

司线员未看清或未设司线员时，如球落在界内，裁判员应根据实际情况立即宣报比分，或宣报“换发球”、比分；如球落在界外，裁判员则应先宣报“界外”，然后根据实际情况宣报比分，或宣报“换发球”、比分。

若裁判员也未看清，在无即时回放系统时，应报“重发球”。如有即时回放系统，裁判员则应宣报“视线被挡”，并将左手高举过头，要求获取即时回放系统的裁决。

比赛中，必要时可与裁判长磋商后撤换司线员。

因为裁判员的视线与界线都有一个夹角，所以看球的落点时，特别是对靠近裁判椅这条边线球的落点进行判断时，应挪动身体尽量减小自己的视线与界线的夹角。与此同时，应使裁判员椅位置与边线保持合理距离，以保证自己的视野可控制全场和正确判断球的落点。

3. 重发球

遇以下情况，宣报“重发球”：

①发球员在接发球员未做好准备时发球；

②在发球过程中，发球员和接发球员都被判“违例”；

③除在轮椅式比赛中为“违例”的情况外，发出的球被回击后停在网顶或过网后挂在网上；

④比赛进行中，球托与球的其他部分完全分离；

⑤裁判员认为比赛被干扰或教练员干扰了对方运动员的比赛；

⑥司线员未看清球落点，裁判员也不能做出裁决时；

⑦遇到不可预见的意外情况。

球从邻场飞入场区时，不应机械地判“重发球”。如果裁判员认为飞入场区的球并未妨碍或分散运动员的注意力，则不判“重发球”。

“重发球”时，该次发球无效，原发球员重新发球。

4. 球碰屋顶或场外障碍物

除有特殊规定外，裁判员在看到球碰屋顶或障碍物时，应立即宣判“违例”。球碰场外障碍物，如有司线员时，由司线员判定并报“界外”。球场上空高度不符合规定时，组委会或裁判长一般情况下都会制定补充规定，如碰顶“违例”或发球时触顶判“重发球”等，裁判员在赛前一定要了解掌握，以便正确处理此类球。

5. 球触及运动员的身体或衣物

比赛进行中，球触及运动员身体的任何部分或衣服时，裁判员应立即大声宣报“违例”，使双方运动员都能清楚地听到并立即停止击球，司线员不必做手势。

6. 球碰球拍后未飞向对方场区

裁判员看到球触碰运动员的球拍后未飞向对方场区，不用等球落地，应立即宣报“违例”。

7. 网前“阻挠”

运动员在近网击球时，另一方近网举拍企图封堵球的飞行路线为“阻挠”违例。裁判员要抓住“时间”“位置”两个要素，果断宣判。

“时间”指的是击球员“击球前”还是“击球后”，另一方运动员举拍，在“击球前”则“违例”，在“击球后”为合法还击。

“位置”指的是只有在近网时举拍才算“阻挠”，另一方运动员在后场或离网较远时举拍甚至做击球动作均不算“阻挠”，裁判员一定要注意甄别。

8. 侵入对方场区

可分为网上侵入和网下侵入两种。凡身体、球拍从网上侵入对方场区的为网上侵入。但在网的己方击中球后，球拍可以随球过网。凡身体、球拍从网下过网的为网下侵入。如运动员将球拍掷入对方场区或从网下滑入对方场区，此时应以是否妨碍、影响对方为条件进行宣判：明显妨碍或分散对方注意力的，应判“违例”；否则不判。

9. 触网

触网是指比赛进行中，运动员的身体、衣服或球拍碰到球网或球网的支撑物的一种违例现象。

裁判员应注意触网的时间。如果是在死球前触网，则判触网者“违例”；死球后的触网不判罚。如无法分清先后，则分为两种情况处理：

①死球的结果是触网一方负，则直接根据死球结果宣判。例如，甲方运动员网前扑球，触网的同时球触到界外地面，应直接判甲方失分。

②死球的结果是触网一方胜，判“重发球”。例如，甲方运动员网前扑球，触网的同时球触到对方界内，应判“重发球”。

10. 外来物侵入场区

比赛进行中，裁判员要尽量扩大自己的视野，眼睛不能死盯着球，要能及时地发现外场飞入或侵入本场区的球或其他物品，并判断其是否影响比赛。有影响时，马上宣报“重发球”，清理外来物后，继续比赛。如没有影响，则让比赛继续进行，死球后，再清理外来物。

11. 连击

规则规定，一名运动员两次挥拍两次击中球，或双打比赛中两名运动员连续各击中球一次，或在击球时，球在球拍上停滞或被拖带，均属连击。两次挥拍两次击中球的情况，在比赛中并不多见。一次挥拍球碰拍框后，再由拍弦击出的情况较多，但不属“连击”违例。两名运动员连续各击中球一次的“连击”情况，在双打比赛中时有发生，裁判员应予注意。但两名运动员同去击球，两拍相撞，球由一只球拍击出，不属“连击”违例。第三种情况的“连击”较少见，只有在接快速追身球时，由于动作太慢，勉强还击，造成球在球拍上停留或被拖带，一定要慎重宣判。

12. 死球

凡球撞网并挂在网上或停止在网顶，球触地、球碰网或网柱后在击球者这一方落向地面，或裁判员已宣报“违例”“重发球”，均为死球。死球后任何一方再有以上违例均不再判，但死球期的不端行为除外。

13. 意外事故

当未成死球时，遇有灯光突然熄灭、网柱倒下、地毯接缝开裂等情况，属意外事故，裁判员应暂停比赛，记录比分、发球方位和顺序，以便恢复正常后宣布“重发球”。

（三）死球期的工作

死球期指的是死球后，至下一个球被发出前的一个时段，又叫发球前期。这一时段虽球不在比赛进行中，双方运动员处于相对静止状态，观众也不像在对击过程中把注意力都集中在双方运动员身上，但此时裁判员水平高低、控制全场能力的强弱，可尽显无遗。

事实上，在对击过程中，各方的注意力都在随球走，围绕球的击打、飞行、落点、触碰点和对击双方及各自教练员的表现，裁判员的控制过程随着对击过程线性排列，范围相对集中，观察角度和判断依据也相对清晰。而死球期虽然时间很短，裁判员却要在这短暂的时间里顾及或处理十余个业务点甚至更多（如落点的判罚、挑战的处理、违例的判罚、正确宣报、正确记录、正确操作、正确显示、换球与否、擦地与否、擦汗与否、饮水与否、间歇与否、是否发生伤病、有无不端行为、是否拖延比赛、确认发接发顺序、确认发接发方位、是否延误发球等）。有经验的裁判员可以做到神态自若、有条不紊，每一个眼神、每一个手势、每一步操作、每一次交流都明晰、易懂、准确、恰到好处。而控制能力弱的裁判员就会不知所措、被动应对，甚至会为比赛的顺利进行埋下潜在的风险。

在死球期裁判员所要顾及的一些业务点，彼此之间是有逻辑关系的。认识并掌握这个逻辑关系，工作起来就会更加得心应手。

1. 记录

如使用记分表，死球后，裁判员应先记录后报分。即先在记分表上记上比分，必要时还要做些特殊记录，然后再报分。如果颠倒操作，则易陷于被动。因为报分后，运动员即可发球，此时裁判员正伏首记录，无暇顾及场上情况，而易造成发球期失控。先记录，未报分时，运动员把球发出，裁判员可要求其“重发球”，不会造成发球或接发球违例漏判。

同理，如使用电子控制器操作计分屏，建议先操作再报分。以免报分后再操作时视界丢失，或因处理其他事务忘记操作。这样报分时也可以用余光扫视分数显示是否正确。

先记分后抬头报分，还有利于展现裁判员宣报的仪表和声音。

2. 宣报

记录后，裁判员应尽快报分或宣报换发球及比分。掌握报分的时间和节奏是很重要的，既要做到不让发球员等待太久，也要做到不使自己陷于忙乱。一般顺序为：宣判—记录—报分或宣报换发球及比分。如果不是因裁判员宣判“违例”或“重发球”而出现的死球，则可直接记录—报分或宣报换发球及比分。

3. 挑战

有即时回放系统时，允许运动员按规定向司线员的落点宣判或裁判员的落点宣判或纠正提出挑战。此类挑战必须由运动员在司线员或裁判员宣判后立即提出，运动员必须清楚地向裁判员说“挑战”和（或）举起手臂，明确示意。

在这种情况下，裁判员应首先确认该运动员是否具有挑战权。如果运动员仍有挑战权，裁判员应宣报“……（运动员姓名）挑战宣判‘界内’（或‘界外’）”，同时将左手高举过头。

此时，即时回放系统将对球的第一落点进行回放，并显示该落点的最终裁决结果（“界内”“界外”或“无结论”），由裁判员根据结果宣判挑战“成功”“失败”或“无结论”。

即时回放系统的应用，标志着羽毛球竞赛系统发展到一个相对成熟的阶段。此科技手段的应用对于平衡比赛各方的利益，特别是在保障运动员的权益和支撑裁判人员的判决，以及化解非理性争端方面有着非常明显的作用。这套系统的使用看似给裁判员临场增加了一些工作量和难度，但如果裁判员对系统应用的理解正确，实际上是舒缓了临场裁判员和司线员的压力。

运动员对落点判罚挑战的动机是不同的，有的确有怀疑，有的意图干扰对方节奏，有的则是借机喘息。对于规则赋予运动员的挑战权限，裁判员不能拒绝，也没有必要纠结落点的判断和运动员的挑战动机，而是要立即把工作重点放在正确处理挑战的程序上，把结论交给即时回放系统来做出。因此，对于运动员对落点的挑战，要做到坦然接受，处理步骤清晰，结论宣报有据，千万不要被运动员挑战打乱了场上控制的方寸，破坏了自己的节奏。特别是挑战结论出来后，有关发球方位、比分、发球顺序等宣报，不能“断片儿”。

4. 比分显示

裁判员要随时查对比分显示器，发现比分或发球顺序显示错误应立即纠正。如发现错误时球已发出，则等死球后再纠正。

羽毛球是计分项目，比赛的胜负体现在双方比分上。分数对于比赛双方来说都是各自的核心利益，判罚一方失分就是动了该方的“奶酪”。除了发球和对击的胜负直接体现在分数上，其他所有的违例、重发球、不端行为的处理最终都是通过比分来表现。抓住比分这个要素做好临场裁判员工作，就可以提纲挈领、纲举目张。因此，在正确判罚的前提下正确报分，是裁判员临场执裁工作的逻辑主线。

对于比分，裁判员要做到正确宣判—正确记录—正确操作—正确宣报（包括发音、咬字和语调）—正确显示，并根据正确的比分，确认正确的发球顺序、正确的发球方位等，这是一套完整的系列动作，要动眼、动耳、动脑、动手、动嘴。而在一瞬间能不慌不忙地有序地完成这一系列动作，从头到尾都交代清楚，同时又能实时处理场上发生的情况，如换球与否、擦地与否、擦汗与否、饮水与否、间歇与否、有否伤病发生、有否不端行为、是否拖延比赛等，才是临场裁判工作的较高境界。

在有关比分的系列动作中，任何一个动作的疏漏或错误，都可能成为潜在风险，甚至直接引发争端。例如，一次死球期间，裁判员做到了正确宣报（嘴）—正确操作电子计分控制器（手）—确认发球顺序（眼）—确认发球方位（眼），但就是没有确认显示屏的比分是否与自己所宣报的比分一致，也就是视线未罩住比分显示屏。那么，尽管裁判员确实按下了比分控制器的正确按键，但可能由于线路传输等硬件故障原因，显示屏比分并未跳动。比赛双方因为听到的是裁判员的正确报分也未发现问题。这就肯定会在之后的比赛中出现混乱、引发争端。而发生问题的原因就是通常所说的裁判员关于比分的“动作”没有交代完，有关比分宣报的末端步骤——核实显示屏比分（正确显示）被忽略了。

在2019年巴塞尔世界羽毛球锦标赛的一场女双比赛中，一名外籍裁判员因手部无意碰到计分控制器按键，给比赛一方无端减了一分。因其没有随时观察核对显示屏比分，故没有及时发现错误。当运动员就此申诉时，还固执地坚持错误比分。在全世界众目睽睽之下，这个现场过程通过电视直接播出，给裁判工作造成了很不好的影响。此事件反映出来的，实际上是世界羽联竞赛纠错系统存在着漏洞。事件发生后，世界羽联修改了裁判法，给发球裁判员增加了在确定情况下提示裁判员的职责。此方法属于治标之策（因为在事发现场，裁判长询问了发球裁判员，但发球裁判员也附和裁判员的错误判决），虽不能治本，但也算是亡羊补牢的姿态。

因此，裁判员应该了解羽毛球竞赛的内在规律，把握规则的核心精神，讲究临场执裁的条理和脉络。不要轻易地把任何一个裁决看成一个孤立事件，而应是“前必有因有据，后必有声有响”。动作要有头有尾、过程要平滑连贯、因果要遥相呼应。只有这样，临场执裁才能实现从“必然王国”到“自由王国”的“神操作”。

5. 换球

换球的关键是秉持公正。运动员要求换球首先应向裁判员提出。如双方都同意，则予以更换；如有一方不同意，裁判员应检查羽毛球是否有折毛、变形等损坏情况，有则予以更换，无则不予更换继续比赛。如果球速或飞行受到故意干扰，应换球；必要时执行“规则”16.7 的规定。如一方提出更换球速更快或更慢的用球时，裁判员应予以否定；如双方运动员都提出球速太快或太慢时，应立即召唤裁判长。

在执行换球规定时，裁判员要注意把握“借机喘息”与“正常换球”的实质。如果运动员为恢复体力借机喘息，频频提出换球，裁判员应予以拒绝。尤其是在比分处于关键时刻，为避免比赛节奏被故意破坏，裁判员也可视情况予以拒绝。

一般情况下，运动员未提出换球时，裁判员应避免主动换球。

6. 换拍

在比赛中球拍断裂、断弦，裁判员应允许运动员换拍，但不得试拍。在不中断比赛的情况下，允许运动员在对击中跑到场边更换球拍。

7. 擦汗、喝水与使用自带喷剂

经裁判员许可，运动员可以到场边快速擦汗，或擦汗并喝水，或使用自带喷剂。但前提是比赛未被不当中断。当裁判员同意一方擦汗、喝水时，应示意另一方也可以到场边擦汗、喝水，但要控制时间，不能拖得太久，必要时报“继续比赛”以催促运动员尽快恢复比赛。

“擦汗”“喝水”等往往会成为运动员取得喘息机会的借口，裁判员应拒绝运动员借机恢复体力或改变比赛节奏的要求。如在对方连续得分时频频要求擦汗、喝水，或在比赛的关键时刻提出此类要求，裁判员应予以拒绝。

8. 擦地板

在每次间歇的开始，裁判员均应要求场地助理或司线员（未设专职场地助理时）擦地。在地面有汗湿的情况致运动员摔倒时，裁判员应主动召唤有关人员擦干地面。运动员要求擦地板，应指出需要擦哪里；经确认地面确实有汗水时，裁判员应召唤有关人员擦干地面。擦地一结束，运动员立即回到比赛场地内。只要地面上有汗水，运动员的要求就是正当的。从运动员的安全考虑，裁判员不应予以拒绝，即使有借机喘息之嫌，也只能要求擦地动作快一些，尽快恢复比赛。但对通过甩汗弄脏比赛场地并借机喘息的运动员，应提醒其此类行为不可接受，必要时执行“规则”16.7 的规定。

9. 运动员伤、病

裁判员必须慎重处理比赛时运动员出现的伤、病，迅速判定伤、病的真伪和严重程度。如伤情不真实，应立即恢复比赛，不得给对方造成不利的影响，必要时启动行为不端处理程序。如伤情不严重，不需要医生，应尽快恢复比赛。

裁判员认为必要或不能肯定运动员伤、病的真实性时，应高举右手召唤裁判长进入场地（图 4-1），由裁判长决定是否需要赛会医生或其他人员进入比赛场地。裁判长带领医生进入场地时，裁判员应在记分表上记下当时的比分、发球员、发球顺序和时间，并启动秒表，随时向裁判长报告治疗时间，在裁判长的协助下，决定恢复比赛或受伤运动员退出比赛。

图 4-1　裁判员召唤裁判长的手势

如遇流血情况，应暂停比赛，直至止血或伤口得到妥善处理，或按裁判长的其他建议处理。

当运动员因伤、病向裁判员表达弃权的意愿时，裁判员应向运动员确认："你要弃权吗?"若回答是肯定的，裁判员应作对应的宣报。

10. 运动员申诉

运动员只能向裁判员提出申诉，时间为下一次发球前或一局比赛结束离场前，其内容也只许涉及规则问题。

运动员不能与司线员、发球裁判员纠缠。运动员问及事实时，发球裁判员、司线员可用裁判手势作答。运动员必须服从裁判人员对事实的裁决。如遇运动员与发球裁判员、司线员纠缠时，裁判员应予制止；情况严重的，应按"规则"16.7 的规定处理。

运动员的申诉，裁判员应在下一个发球前或一局结束运动员离场前作出裁决，必要时提交裁判长处理。

11. 延误比赛

应制止回合之间运动员所有不必要的兜圈走动，以及更换新球拍后在场地上试拍。死球后，裁判员已报分，一方运动员也已做好准备，另一方却在场上兜圈子，或未经裁判员许可擅自离开场地喝水、擦汗等，迟迟不做发球或接发球准备，以此来喘息、恢复体力，这就是"故意延误或中断比赛"，应按"规则"16.7 规定的警告—再犯判违例—严重或屡犯的直接判违例并报裁判长，裁判长有权取消其该场比赛资格的程序执行，同时做好记录。如运动员在场上延误比赛，裁判员可以用报分、报"继续比赛"等办法来催促运动员进入比赛，必要时，可提醒该运动员"赶快准备好"等，严重或屡犯的，按"规则"16.7 的规定处理。

12. 离开场地

除规定的间歇，或离开比赛场地但未延误比赛的情况外，裁判员应确保运动员未经裁判员同意不得离开比赛场地。允许运动员在对击中到场边更换球拍。

如有违犯，应提醒违犯方离开比赛场地必须经裁判员同意，必要时执行"规则"16.7 的规定。

13. 场外指导

(1) 场外指导席位置

场外指导席位置由裁判长确定，未经裁判长同意，教练员不得擅自将椅子移离指定位置。裁判员应特别注意，要确保教练员调整座椅位置不干扰司线员，也不遮挡商业广告和场地计分显示屏。

（2）场外指导时段和方式

只有在规定的间歇时段（局中60秒和局间120秒），每方最多两名教练员方可进入场边指定区域对己方运动员进行指导。除规定的间歇时段外，双方教练员只能在死球期间，坐在指定的椅子上对己方运动员进行指导，教练员不得在场边站立。

比赛中，一旦双方运动员做好发球准备，以及对击过程中都不允许场外指导。

（3）不得干扰比赛

比赛进行中，场外指导席上的教练员不得分散运动员的注意力，不得使比赛中断；不得在场边试图以任何方式与对方运动员、教练员、随队官员或临场技术官员交流；不得在场边以任何目的使用电子设备。如果裁判员认为比赛被干扰，或教练员分散了对方运动员的注意力，则判“重发球”（“规则”14.2.5）。再次出现该情况时，立即召唤裁判长。

14. 改变球形或损坏球

运动员以球拍柄或以肘捅羽毛球裙，或用手指捏、掐、掰、折羽毛球，故意改变球形或损坏球，以此影响羽毛球的飞行速度和飞行性能；或借故换球进行喘息，均属行为不端。裁判员除按“规则”16.7的规定处理外，应更换新球。

15. 其他行为不端

①裁判员应确保运动员在场上的举止符合运动员行为规范。任何违犯《运动员行为规范》4.2.2至4.2.3和4.2.6至4.2.17的行为，均视为违犯“规则”16.6.4。裁判员应记录并向裁判长报告任何不端行为及其处理办法。

②任何无礼的举止都属行为不端。如不服从裁判，与裁判人员无理纠缠，拒不恢复比赛；言语粗鲁，满嘴粗话，对自己不满骂自己，对别人不满更是恶言相对；举止粗鲁，不管何因或高兴或不满，摔、抛拍子，用拍子敲地板、击球网或握拳向对方示威等，遇此情况，裁判员应予制止，并按“规则”16.7的规定处理。

③击球时，在对方击球后冲对方喊叫“违例”等，应视为故意分散对方注意力；而对正在击球的同伴大声喊叫，不应视为故意分散对方注意力。

④对试图干扰或恐吓发球裁判员或司线员的运动员，应提醒其此类行为不可接受，必要时执行“规则”16.7的规定。

⑤对通过甩汗或其他方式弄脏比赛场地及其紧邻区域的运动员，应提醒其此类行为不可接受，必要时执行“规则”16.7的规定。

⑥一个回合结束后，运动员过度庆贺或有冒犯行为（如朝对方方向举拳或尖叫，或过度尖叫，或脱衣服），应提醒其不符合体育道德的行为和冒犯行为均不可接受（“规则”16.6.3和16.6.4），必要时执行“规则”16.7的规定。

如果要给运动员以正式警告，裁判员应召违犯运动员过来，举起持黄牌的右手，同时宣报“警告……（运动员姓名）行为不端”，然后在记分表上做好记录，以便向裁判长报告。

如果要对严重违犯或屡犯者判违例，也应召违犯运动员过来，右手高举红牌宣报，然后做好记录，并立即高举右手召唤裁判长（见图4-1）向其报告违犯运动员的不端行为。

当裁判长决定取消运动员资格时，将黑牌交给裁判员，裁判员应召违犯运动员过来，右手持黑牌举过头，同时宣报“行为不端……（运动员姓名）取消比赛资格”。

16. 外界影响和界线破损

裁判员要随时注意全场情况，发现场地线有缺损、场地旁的门未关有风、有自然光影响比赛或网高有变化，应于发球员发球前及时处理。如需裁判长帮助，则将右手举过头，向裁判长报告情况，请求帮助。

17. 暂停比赛

（1）暂停条件

如果比赛条件受到影响（如比赛场区停电、比赛场地或其紧邻区域需要修补等）而不能继续比赛时，裁判长或裁判员可以暂停比赛。

（2）暂停处理

当比赛因各种原因而暂停时，裁判员应宣报“比赛暂停”，并在计分器或记分表上（如使用）记录“S”。裁判员还应记住当时的比分、发球员和发球方位，并开始计时。比赛暂停，已得分数有效，恢复比赛时由该分算起。

（3）暂停结束

比赛条件重新适宜比赛时，暂停即宣告结束，恢复比赛。恢复比赛时，裁判员应记录暂停所用时间，并确认运动员站在正确的场区和正确的发球区，然后询问“准备好了吗?”接着宣报“继续比赛”和比分。

18. 局中间歇

（1）局中间歇的比分点、时段和宣报

每局比赛，当一方先得 11 分时（或在其他计分方法的比赛中，当领先方得相应分数时），允许有不超过 60 秒的间歇。裁判员应立即宣报该比分，随即宣报“间歇”，或“换发球”、比分、“间歇”。

如果是决胜局（第三局）或只进行一局的比赛的局中间歇，裁判员应督促运动员先交换场区，之后再接受教练员指导。裁判员应宣报比分，紧接着宣报“间歇、交换场区”或“换发球”、比分、“交换场区”。

在所有的局中间歇中，到 40 秒时，裁判员应重复宣报“……号场地（超过一片场地时）20 秒”。

在所有的局中间歇中，允许双方各有不超过两名持证教练员进入比赛场地。当裁判员宣报“……号场地 20 秒”时，这些人员必须离开比赛场地。

局中间歇后恢复比赛时，宣报“继续比赛”，并再次宣报比分。

（2）局中间歇的计时

局中间歇从一方先得 11 分的那个回合成死球时即开始计时。如这个球被提出挑战而即时回放系统对挑战的裁决结果仍使一方先得 11 分，则从即时回放系统做出该裁决时算起，不要受到任何外在因素影响（如观众喝彩）。

（3）局中间歇时的工作

每次局中间歇开始，裁判员均应要求场地助理或司线员（如无专职场地助理时）擦地。负责擦地的人员应在裁判员宣报“……号场地 20 秒”时离开场地。

（4）不进行局中间歇

如双方运动员均无意进行此局中间歇，则应继续比赛。但裁判长要求必须间歇的情况除外。

19. 局间间歇

（1）局间间歇的时段和宣报

所有比赛中，局与局之间允许有不超过 120 秒的间歇（有电视转播的比赛，裁判长可在该场比赛前决定变更规定的间歇时间）。

每次局间间歇开始，裁判员应立即宣报“第……局比赛结束，……（运动员姓名）胜”、比分，随即宣报“交换场区”“间歇”。

裁判员应督促运动员先交换场区，之后再接受教练员指导。

每次局间间歇，允许双方各有不超过两名持证教练员在运动员交换场区后进入比赛场地。

在局间间歇到100秒时，应重复宣报“……号场地（超过一片场地时）20秒”。当裁判员宣报“……号场地20秒”时，教练员必须离开比赛场地。

局间间歇后恢复比赛时，宣报“第……局比赛开始”“0比0”。

（2）局间间歇的计时

每局比赛，最后一个球成死球且一方赢得该局时，局间间歇开始计时。如这个球被提出挑战而即时回放系统对挑战的裁决结果仍使一方赢得该局，则从即时回放系统做出该裁决时算起，不要受到任何外在因素影响（如观众喝彩）。

（3）局间间歇时的工作

每局结束，裁判员均应要求场地助理或司线员（如无专职场地助理时）擦地。如指派发球裁判员，则发球裁判员应将间歇标志（如有）放置网下方场地中央，放置时注意避让网下地面广告。

（4）不进行局间间歇

如双方运动员均无意进行此局间间歇，则应继续比赛。但裁判长要求必须间歇的情况除外。

无论是局中间歇还是局间间歇，该场地的所有裁判人员都不能离开场地岗位，裁判员仍应坐在裁判椅上，做继续比赛或下一局开赛的准备工作，如检查比赛球的余量、记分表余下的空格是否够用、计分器小分是否回零、场分局分是否正确显示、场地的清洁状况、运动员拍包筐的整洁状况等。

20. 交换场区

每场比赛局间间歇和决胜局比赛局中间歇开始，比赛双方都应先行交换场区。

（1）局间交换

比赛第一局结束时，双方需先交换场区，再间歇和（或）进行第二局的比赛。

局分1比1时，双方应再次交换场区，再间歇和（或）进行决胜局（第三局）的比赛。

（2）局中交换

第三局比赛中，当领先方得到11分（21分为一局的比赛）时，双方也应先交换场区，再间歇和（或）继续比赛。

（3）注意事项

裁判员宣报交换场区后，要提醒运动员带好各自的备用球拍和其他物品，注意计分器上的名牌和分数是否也做了相应的变动。

（4）忘记交换场区

如果裁判员和运动员都忘了按规定交换场区，一经发现立即交换（如发现时对击已经开始，则在死球后立即交换），已得分数有效。

21. 比赛延伸

每局比赛，双方比分为20平时，率先领先两分的一方胜。双方战成29平时，先得30分的一方胜。

若为一场三局两胜、每局15分的比赛，则每局比赛14比14时，领先两分的一方胜；当比分为20比20时，先得21分的一方胜。

22. 局点和场点

（1）每局最多宣报三次局（场）点

在每局比赛领先方得20分时，对应宣报“局点”或“场点”。每局比赛中任何一方分数达到29分时，均对应宣报“局点”或“场点”。实际在一局比赛打成20平后，任何一方领先一分时都出现一次“局点”或“场点”，但根据世界羽联现行“技术官员指南”规定，每局比赛最多报三次局（场）点。

（2）中、英文宣报局（场）点的语序不同

用中文宣报时，“局点”或“场点”要报在比分之前，用英文宣报时，“局点”或“场点”要报在发球方分数后、接发球方分数前。

23. 手机

比赛中，运动员的手机在比赛场地及邻域响铃，应视为不端行为进行处理。

24. 裁判长有权终止预赛中的某场比赛

在预赛中，当裁判长进入正在进行比赛的某块场地，通知当值裁判员该场比赛的一名（或不止一名）运动员需晋级下一轮或晋级正赛，裁判员应宣报“裁判长终止了比赛。……（运动员姓名）晋级到正赛”或“……（运动员姓名）进入下一轮比赛（或正赛）”（视具体情况宣报）。

三、赛后的工作方法

（一）一场比赛结束的宣报和注意事项

当一场比赛最后一个球成死球后，或这个球被提出挑战而即时回放系统对挑战的裁决结果仍使该场比赛结束，裁判员应在记分表上记下最后一个得分，然后宣布该场比赛结果——从第一局开始的每局比分。宣报时要抬头，声音要洪亮。要避免边宣报边与运动员握手，避免与双方运动员握手后继续坐在裁判椅填写记分表，让其他裁判人员等待一起退场。

（二）记分表的填报

比赛结束，裁判员应立即在记分表上（如使用）记录比赛结束时间、比赛用时和所用球数。

对比赛场地上发生的任何事件，裁判员必须把对相应事件的解释完整地记录在记分表上，并立即交给裁判长。

裁判员可在退场后，在场外仔细填写记分表，并及时交裁判长审核，再交记录台。

（三）此时段不端行为的处置

规则规定，对于一场比赛结束至退场之前所发生的不端行为，应予以正常处理。即一场比赛最后一个球成死球后，裁判员宣告比赛结束至退场前：

①黄牌判罚计入本场比赛的黄牌数；

②红牌判罚计入本场比赛的红牌数，并立即召唤裁判长；

③若裁判长决定取消违犯方比赛资格，黑牌判罚计入本场比赛的黑牌数，违犯方被取消比赛资格。

四、宣报方法

宣报是羽毛球裁判员的重要工作。裁判员必须运用《羽毛球竞赛规则》规定的标准术语进行宣报，声音要洪亮、果断、具有权威性，使观众能了解比赛进程。

裁判员应以正确的术语和手势宣布比赛开始。宣报时声音要清晰、洪亮、富有弹性，既不可大吼大叫、声嘶力竭，也不要低声细语、自说自话；手势要准确、简练，不能拖泥带水；姿态要庄重、大方，自信但不傲慢，更不要松松垮垮、无精打采。亮相伊始，就以良好的个人声音形象、视觉形象和精神状态表达对项目的尊重，对赛事的尊重，对运动员、观众等所有赛事参与者的尊重，以及对裁判员神圣职责的敬畏。

裁判员执裁时要保持适当的紧度但不僵硬，松弛而不懈怠，心无旁骛、精力集中，全情投入，这有利于对所宣报的比分保持良好的口腔记忆和听觉记忆。

（一）比赛开始的宣报

一段好的开场宣报，既可对场上技术官员团队做赛前动员，起到调动情绪、集中注意力、提振士气的作用，又可契合比赛双方整装欲战的氛围，激励运动员的斗志，还可以吸引观众的注意力，提高对本场比赛的关注度。

每次比赛，均由裁判长决定比赛宣报方式。先报“准备比赛”，然后介绍双方运动员，同时以右手或左手平展，手指并拢，手心侧前上，自然指向相应的一方。介绍双方运动员时，要注意团体赛（队名在前，运动员名在后）与单项赛（运动员名在前，队名在后）、单打比赛（单项赛只报谁发球；团体赛只报哪个队发球）与双打比赛（单项赛报谁发球谁接发球；团体赛报哪个队的谁发球，谁接发球）及中英文宣报的细微差别。待双方都做好发球或接发球的准备后，再报“比赛开始，0 比 0”。

第二局比赛开始时，裁判员宣报“第二局比赛开始，0 比 0”，间歇期间出现不端行为判罚违例的情况除外。

如果有第三局的比赛，在第三局开始时，裁判员应报“决胜局比赛开始，0 比 0”，间歇期间出现不端行为判罚违例的情况除外。

（二）比赛中的宣报

1. 比分和换发球

任何时候，都应先报发球方的分数，然后报接发球方的分数。换发球时，要先报“换发球”，再接着报比分，而且要将新的发球方的分数报在前面。如甲以 5 比 3 领先，甲发球并胜了这一回合，裁判员应报“6 比 3”；接着甲输了，裁判员应报“换发球，4 比 6”。

平分时，中英文宣报有细微的不同。例如，双方比分 20 平时，中文宣报“20 比 20”，发球方分数在前，接发球方分数在后。而英文宣报则为“Twenty all”（20 平）。

2. 落点的宣判

球落在界线附近或无论界外多远，裁判员均应看向司线员。司线员对其裁决负全责。但未设司线员，或司线员未看清，或裁判员确认司线员明显错判，或司线员（裁判员）的裁决受到运动员挑战的情况除外。

若裁判员确认司线员明显错判：

①如裁判员确认球落在界内，则应立即宣报“纠正，界内”；

②如裁判员确认球落在界外，则应立即宣报“纠正，界外”。

若未设司线员或司线员未看清：

①如裁判员确认球落在界线外，应立即宣报“界外”，随后宣报比分，或“换发球”、比分；

②若裁判员确认球落在界内，则立即宣报比分，或“换发球”、比分；

③若裁判员也未看清：

• 无即时回放系统时，应宣报“重发球”，接着报比分；

• 有即时回放系统时，裁判员则应宣报“未看清”，并将左手高举过头，要求获取即时回放系统的裁决。

3. 落点的挑战和宣判

理论上，一局比赛的一方对每一个回合球的落点都有挑战权，前提是这方在该局的挑战只有一次被即时回放系统裁定为失败。但一方的挑战如果有两次被即时回放系统裁定为失败，则该方在该局比赛中失去挑战权。世界羽联这一规定是为了在保护运动员权益和防止挑战方借挑战喘息、干扰对方和影响比赛之间求得平衡。

（1）挑战权、挑战时限和挑战手势

①挑战权。

有即时回放系统时，运动员（对）可按规定对司线员的宣判或裁判员的宣判或纠正进行挑战。在每局比赛中，双方均可对每回合球的落点宣判进行挑战，直至该方被即时回放系统裁定挑战失败两次，则该方该局失去挑战权。

②挑战时限。

此类挑战，运动员都必须在裁判员或司线员做出宣判后立即提出。

③挑战手势。

挑战时，运动员必须清楚地向裁判员说“挑战”和（或）举起手臂，明确示意。

（2）确认挑战权

如果司线员的宣判或裁判员的宣判或纠正受到运动员的挑战，裁判员应首先确认该运动员是否仍有挑战权。

①如果该方已无挑战权，裁判员用规范术语告知，比赛继续；

②如果该方仍有挑战权，裁判员应宣报“……［提出挑战的运动员姓名（不管单打、双打，还是团体赛）］挑战宣判‘界内’（或‘界外’）”，同时将左手高举过头，示意即时回放系统对该球落点进行裁决。

（3）确认挑战裁决结果

即时回放系统进行裁决时，对该球的第一落点进行回放，并将挑战的裁决结果——“界内”“界外”或“无结论”告知裁判员。

（4）挑战结果的宣报

①挑战成功。

如果司线员的宣判或裁判员的宣判或纠正被裁定是错误的，则运动员挑战成功，司线员或裁判员的裁决被推翻。

• 如果挑战成功且裁决为界内时，裁判员应宣报“纠正，界内”，随后依情况宣报比分或“换发球”、比分，然后宣报“继续比赛”；

• 如果挑战成功且裁决为界外时，裁判员应宣报“纠正，界外”，随后依情况宣报比分或“换发球”、比分，然后宣报“继续比赛”；

• 如果挑战成功，并因此结束该局比赛，裁判员应宣报“纠正，界内”或“纠正，界外”“……局比赛结束”，随后按规定术语宣报。

②挑战失败。

• 如果挑战失败，裁判员应宣报“挑战失败”，随即依情况宣报“还有一次挑战权”（编者注：根据“规则”附录 2 即时回放系统中关于挑战的有关规定，“还有一次挑战权”这一术语是不严谨的。因为，如果一方仅挑战失败一次，该方仍对该局后续的每一回合的落点具有挑战权，前提是每次挑战均成功。这里裁判员的宣报表达的应该是“还允许挑战失败一次”的意思，即“One Unsuccessful Challenge Allowed”）或“没（无，或已无）挑战权”，随后依情况宣报比分或“换发球”、比分，然后宣报“继续比赛”；

• 如果挑战失败，并因此结束该局比赛，裁判员应宣报“挑战失败”“……局比赛结束”，随后按规定术语宣报。

③挑战结果无结论。

• 如果挑战的裁决结果是“无结论”且被挑战的原宣判为“未看清”的情况，裁判员应宣报“重发球”，接着报比分或“换发球”、比分，随后宣报“继续比赛”；

• 如果挑战的裁决结果是“无结论”且被挑战的原宣判非“未看清”的情况，则被挑战的原裁决有效，裁判员应宣报比分或“换发球”、比分，随后宣报“继续比赛”；

• 如果挑战的裁决结果是“无结论”且被挑战的原宣判非“未看清”的情况，则被挑战的原裁决有效并因此结束该局比赛时，裁判员应宣报“第……局比赛结束”，随后按规定术语宣报。

（5）挑战权的续存

一局中：

①一方挑战成功，该方继续持有挑战权。

②当裁判员要求使用即时回放系统时，或当即时回放系统显示“无结论”时，双方均不失去挑战权。

③一方第一次被即时回放系统裁定挑战失败，则挑战失败的次数为1，但仍可继续挑战。

④一方第二次被即时回放系统裁定挑战失败，挑战失败的次数为2，则失去在该局继续挑战的权利。

4. 违例

当违例发生时，裁判员应宣报“违例”，但以下情况除外。

①发球裁判员宣报了发球违例。对此，裁判员应先宣报“发球违例”，随后使用规定术语说明何种违例；

②裁判员对发球时的违例做出宣报。对此，裁判员应使用规定术语宣报“发球违例”或“接发球违例”；

③球发出后停在网顶，或过网后挂在网上，或比赛进行中球落在界外（司线员已宣报或出示了手势），或球未从网上越过，或球触及运动员的身体或衣服（在残疾人羽毛球比赛中视轮椅或拐杖为运动员身体的一部分），或球触及场地外其他物体或人的“违例”情况，只有在有必要向运动员或观众表明时，才宣

报“违例”。

5. 重发球

当比赛场上出现重发球情况时，裁判员应报“重发球”，接着将比分重报一遍，以示比分不变，比赛继续，发球员可开始发球。

6. 比赛暂停

如遇意外事故或运动员不能控制的情况，裁判长或裁判员决定暂停比赛时，裁判员宣报“比赛暂停”。恢复比赛时，裁判员应先询问运动员“准备好了吗?”接着宣报“继续比赛”和当时的比分。

7. 局点、场点

①在每局比赛领先方得 20 分时，宣报“局点”或“场点”；

②每局比赛中任何一方分数到达 29 分时，均应宣报“局点”或“场点”。

例如，一局男子单打，甲与乙的比分为 19 比 12，甲又得一分，此时裁判员应报“局点”（第一局，或是第二局但乙方胜了第一局）或“场点”（决胜局，或是第二局且甲方胜了第一局），“20 比 12”。

此后乙方一路直追，20 平后，乙与甲的比分交替上升为 28 比 28 时，乙又得一分，这个时候，裁判员要报“局点”（第一局，或是第二局但甲方胜了第一局）或“场点”（决胜局，或是第二局且乙方胜了第一局），“29 比 28”。

之后，甲方又得一分。这时，裁判员要报“局点”（第一局，或是第二局但乙方胜了第一局）或“场点”（决胜局，或是第二局且甲方胜了第一局），“29 比 29”。

中文宣报时，“局点”或“场点”要在比分之前宣报。英文宣报时，“局点”或“场点”必须宣报在发球方分数后，接发球方分数前。

平分时，局（场）点的中英文宣报有细微的不同。例如，双方比分 29 平时，中文宣报“局（场）点，29 比 29”，发球方分数在前，接发球方分数在后。比分在 20 平时局（场）点的英文宣报则为“Twenty，Game Point，All”或“Twenty，Match Point，All”。

8. 不端行为

（1）对不端行为的警告、判违例和取消比赛资格

①警告的宣报。当裁判员执行“规则”第 16 条规定，对运动员为恢复体力、

喘息或接受指导而延误比赛、未经裁判员允许离开场地、故意延误或中断比赛、故意改变或损坏球以影响球的速度或飞行、举止无礼或不当和“规则”未述的其他不端行为实施警告时，应召该违犯运动员（对）“到这里来”，右手持黄牌举过头顶并宣报“警告，……（运动员姓名）行为不端”，随后使用规范用语对该不端行为进行解释。

②判违例的宣报。当裁判员对已被警告过，或严重违犯，或违犯“规则”16.2 的不端行为方判“违例”时，应召该违犯运动员（对）“到这里来”，右手持红牌举过头顶并宣报“违例，……（运动员姓名）行为不端”，随后使用规范用语对该不端行为进行解释。同时，裁判员必须立即召唤裁判长向其报告该不端行为。裁判长有权取消其该场比赛资格。

③取消比赛资格的宣报。当裁判长决定取消该违犯运动员（对）的比赛资格时，将黑牌交给裁判员。裁判员召该违犯运动员（对）“到这里来”，右手持黑牌举过头顶并宣报“……（运动员姓名）行为不端”，随后使用规范用语对该不端行为进行解释，接着宣报“取消比赛资格”，“比赛结束，……［运动员姓名或队名（团体赛）］胜”和（各局）比分。

（2）间歇期间不端行为的警告、判违例和取消比赛资格

间歇期间的行为不端，按一局中的行为不端处理方式处理。发生行为不端时，应马上按《技术官员指南》5.17.3 至 5.17.5 的规定宣报。

①间歇期间警告的宣报。如在间歇期间，运动员因不端行为被警告，则间歇结束后，若是局中间歇发生的不端行为，裁判员应宣报“继续比赛，11 比……（比分）”；若是局间间歇发生的不端行为，则宣报“……局，比赛开始，0 比 0”。

②间歇期间判违例的宣报。如在间歇期间，运动员因行为不端被判违例，则间歇结束后，若是局中间歇被判不端行为违例，裁判员应宣报“11 比……（比分）”“……（运动员姓名）违例”，随后宣报“换发球”（如适用）、“继续比赛”、新的比分；若是局间间歇被判不端行为违例，则宣报“……局，0 比 0”“……（运动员姓名）违例”，随后宣报“换发球”（如适用）、“比赛开始”、新的比分。

③间歇期间取消比赛资格的宣报。如运动员（对）在间歇期间被裁判长取消比赛资格，应不等间歇结束，立即宣报“……（运动员姓名）行为不端”，随后宣报对该不端行为的确切解释，接着宣报“取消比赛资格”。“比赛结束，……［运动员姓名或协会名/队名（团体赛）］胜”和（各局）比分。

(3) 比赛前后对不端行为的处理

裁判员宣布比赛开始前或比赛结束后，在竞赛场区（FOP）出现的行为不端应正常处理，但不影响该场比分。

9. 一局比赛结束

第一局比赛结束后，宣报“第一局比赛结束，……［运动员姓名或队名（团体赛）］胜，……比……（比分）”。

第二局比赛结束后，双方若各胜一局，宣报“第二局比赛结束，……［运动员姓名或队名（团体赛）］胜，……比……（比分），局数1比1”。

如果胜这一局即胜该场比赛，裁判员应在运动员与裁判员和发球裁判员握手后宣报“比赛结束，……［运动员姓名或队名（团体赛）］胜，……（各局）比分”。

10. 局中间歇

一局比赛，当领先方得11分时（如是其他计分方法的比赛，当领先方得相应分数时），裁判员应立即宣报该比分，随即宣报“间歇”或宣报“换发球”、比分、“间歇”。在所有的局中间歇期，到40秒时，裁判员应重复宣报“……号场地（超过一片场地时）20秒”。间歇后恢复比赛时，宣报“继续比赛”，并再次宣报比分。

决胜局比赛，当一方先得11分时（如是其他计分方法的比赛，当领先方得相应分数时），裁判员应立即宣报比分，随即宣报“间歇，交换场区”或“换发球”、比分、“间歇，交换场区”。

如双方运动员均无意愿按“规则”16.2的规定间歇后，则该局或该场比赛应继续比赛，或交换场区后继续比赛（如适用），不间歇。但裁判长要求必须间歇的情况除外。

11. 局间间歇

在各局间的间歇中，到100秒时，裁判员应重复宣报“……号场地（超过一片场地时）20秒”。

第二局比赛开始时，宣报“第二局，比赛开始，0比0”。

第三局（如有）比赛开始时，宣报“决胜局，比赛开始，0比0”。

（三）一场比赛结束的宣报

一场比赛结束时，裁判员应在运动员与裁判员和发球裁判员握手后宣报“比赛结束，……［运动员姓名或队名（团体赛）］胜，……（各局比分）”。

（四）英语宣报方法

羽毛球裁判员用英语宣报时，应准确使用羽毛球竞赛规则所规定的英语临场规范用语。

中文宣报与英文宣报在语序上区别最大的，就是关于“局点”和“场点”的宣报。中文在宣报“局点”或“场点”时，先报“局点”或“场点”，然后再报双方的比分；英文宣报时则将局点“Game Point”或场点“Match Point”放在发球方分数后和接发球方分数前。如中文的“局点，20 比 18”，用英文宣报则是“Twenty，Game Point，Eighteen”；中文的“场点，29 比 28”，用英文宣报则是“Twenty-nine，Match Point，Twenty-eight”。

关于平分的宣报，中文宣报是“20 比 20”，英文宣报则是“Twenty All”；中文宣报“场点，29 比 29”，英文宣报则是“Twenty-nine，Match Point，All”。

五、记分方法

如前所述，羽毛球项目是计分项目，比赛的进程和结果最终体现在比分上。因此，比赛中的比分变化就是裁判员临场工作依循的主线。即便在使用电子计分器的情况下，纸质记分表仍是对场上比分的备案，是临场裁判员的重要帮手。

一张完整的记分表应反映出该场比赛所属赛事的名称、比赛双方运动员的姓名、队名、组别、位置号、比赛项目、阶段、轮次、日期、时间、地点、比赛场地号、比赛开始与结束的时间、裁判员与发球裁判员、每局比赛开始时的发球员与接发球员、双方方位及整个比赛的进程。记分表的最后一行是裁判员和裁判长的签名。一张完整的记分表，可以进行比赛总时间、比赛回合、平分次数、换发球次数、比赛延伸情况、用球数量、违犯“规则”第 16 条和其他情况（如纠正司线员宣判、纠正发球区错误、运动员受伤、比赛暂停、召唤裁判长进入场地、弃权、被裁判长取消比赛资格等）的记录与统计等。

裁判员在记分表上做记录时，要认真、准确、工整、规范，避免出现错误。记分表的具体使用方法如下。

1. 记分表设计与记分方法

羽毛球比赛，裁判员记分表的版面设计是以比赛进程为行，按横轴从左至右展开（因表面尺寸限制可换行、续页），每行按双方比分设并行双通栏。双方比分栏中上下同列的 2 个小方格（单打）或 4 个小方格（双打）为一个比赛回合的记录。

记分采用双通栏从左至右、上下交替且接续式的方法。每一局的记录都始于行首，双方处于同一起跑线。之后每一回合结束，如一方连续得分（发球并得分），即在得分方一栏发球员的小格中依次记下分数；如有换发球，则斜跳到与原发球方下一小方格同列的新发球方一栏中，新发球员的对应小方格记录新发球方的分数。

每局各方比分按实际得分情况如此接续记录，一行双通栏表格不够时则换行（必要时续页），直至该局比分完整记录为止。一页表格不够时可续页，直至该场比赛比分完整记录为止。

随着比赛进行，最新回合的记录总是在一行最右的位置，且只在这一回合胜方的发球员小格中记录该方最新分数，也就是说，在双方比分栏中上下同列的小方格中，永远只用该回合获胜方即将发球运动员的一格填写该方最新分数，其他方格留白。这种记录方法使发球方的分数总是处于最右的位置，明确体现该回合获胜方、发球方和发球员。

2. 赛前填写

进入场地前，按要求完成记分表部分已知内容的填写（电脑或人工）。

当双方做出各自的挑边选项后，在记分表上标明谁是发球员——“S”（发），谁是接发球员——“R”（接）。单打时，只标明发球员。开局时，标明哪方在裁判椅的左边半场——“L”（左），哪方在裁判椅的右边半场——“R”（右）。

比赛开始前，在首先发球员和首先接发球员处填写双方各自的初始分数——“0”。

记下比赛开始时间，即裁判员宣报“比赛开始”的时间。

记录用球情况——从热身用球起记录整场比赛用球。

3. 比赛进行中的填写

每次都将新分数写在该回合胜方即将发球运动员的那个小格中。

双打时，运动员只有在本方发球并得分时，才交换发球区发球。除此之外，接发球时，运动员继续站在上一回合的发球区。

如果接发球方赢得 1 分且成为新的发球方，则在这一回合成为新发球员的那位运动员的小方格记下该方新分数。记分表上最后记录的分数总是属于发球方的。

换发球时，新的发球方总是根据本方已得分数确定发球方位。单数时，从本方左发球区发出；双数时，从本方右发球区发出。

比分为 20 比 20 时，在双方比分通栏的下一同列小格内，自右上角至左下角划一斜线，表示比赛即将自此延伸。

如比赛中出现下列情况，将对应代码填在所要求的位置。

情况	代码	情况	代码
受伤	I	弃权	Ret
比赛暂停	S	警告（行为不端）	W
违例（行为不端）	F	纠正发球区错误	C
纠正司线员的宣判	O	召唤裁判长进入场地	R
被裁判长取消比赛资格	Dis		

如比赛中出现暂停比赛的情况，应在发球员对应一栏的小格处记录“S”。

如裁判员纠正了司线员的宣判，则在该分数的上方或下方（视具体情况定）记录“O”。

如出现纠正发球区错误的情况，则在错误一方被纠正的分数上方或下方（视具体情况定）记录“C”。

如因不端行为出现警告或判违例的情况，则在被判一方的下一小格内记录“W”或“F”和“R”。

运动员受伤并召唤裁判长进场的情况，则在相关运动员的下一小格内记录“I”和“R”。

运动员受伤并弃权的情况，则在相关运动员的后续小格内记录“I”和“Ret”。

如局间间歇期间出现行为不端并召唤裁判长进场，则在一局比赛结束的分数后面，将“W”或“R”记录在违犯运动员对应的下一小格内。如果被判罚了红牌，则还应在下一局比赛开始的 0 比 0 分数后面，对应记录变化后的新比分。

如因不端行为判违例并召唤裁判长进场，裁判长决定取消该方比赛资格，则在相关运动员的后续小格内依次记录“F”“R”和“Dis”。

在相应的小方格记录相应的情况代码时，最好按情况发生顺序由上至下、由前到后填写。

4. 一局比赛结束时的填写

记录该局的局终比分，并在该比分的双方分数之间划一斜线，再画一个圆以圈住该比分。

在记分表上部中间的局分栏填写该局的局终比分。此时，需注意双方比分填写的先后应与对阵双方名字的方位匹配。

如果是双打，在新一局比赛开始前，须标记该局的发球员（S）和接发球员（R）。

新的一局开始时，在首先发球员和首先接发球员处填起始比分“0”。

5. 一场比赛结束时的填写

记录最后一局的局终比分，并在该比分的双方分数之间划一斜线，再画一个圆以圈住该比分。

记录比赛的结束时间，即裁判员在本场比赛结束，宣报“比赛结束”的时间。

在记分表上部中间的局分栏填写该局的局终比分。

在记分表上部将胜方运动员姓名圈起。

6. 一场比赛结束后的填写

比赛结束，离开比赛场地后，计算并记录该场比赛所用时间。

在记分表底部空白处，备注本场比赛所使用的情况代码所对应的情况（可见《羽毛球竞赛规则（2020）》中的“世界羽联记分表示例”，并参考“技术官员规范用语”中有关记分表上事件记录说明的样例）。如果记分表正面写不下，则可写在记分表背面，并在正面标注“请看记分表背面备注”。

在填写完整的记分表上签名后，请当值裁判长审核、签名，然后把记分表交给竞赛管理或编排长。

以上所述的裁判员的工作方法，为裁判员的临场执法提供了合理的工作流程和方法。但是，要让这些流程、方法精准地付诸实施，成为圆满的竞赛事实，裁判员在工作中还必须：

①通晓《羽毛球比赛规则》和《技术官员工作指南》，特别注意掌握最新的变化；

②宣报要迅速而有权威，如有错误应承认，并道歉更正；

③如果发球裁判员迅速且令你信服地指出你的失误（如不当应对运动员的挑战、未注意到司线员的宣判、比分错误等），则更改你的判决；

④当场上出现自己不确定能否处理的问题时，应召唤裁判长；

⑤当发球裁判员向裁判员传递重要信息时，要认真倾听。临场技术官员是一个团队；

⑥所有的宣判和报分，都必须洪亮、清晰，使运动员和观众都能听清；

⑦对是否发生违例有怀疑时，不应宣判“违例”，应让比赛继续进行；

⑧绝不可询问观众或受他们评论的影响；

⑨加强与其他临场技术官员的配合（如保持与发球裁判员的眼神交流，慎重地接受司线员的裁决），与他们建立良好的工作关系；

⑩穿着得体的制服，包括在未提供裁判制服时，遵守《裁判员服装规定》（世界羽联《竞赛通用规程》）；

⑪遵守世界羽联《技术官员行为规范》。

第七节　发球裁判员的工作方法

一、发球裁判员的职责和任务

发球裁判员应坐在裁判员对面网柱后的矮椅上，主要职责和任务如下。

（一）判罚发球员在发球时的违例

发球裁判员负责判断发球员的发球是否合法有效、宣判发球员的发球违例。当看到并肯定发球员发球违例时，发球裁判员应立即大声地宣报“违例”，并用规定的手势表明是何种发球违例。

如果裁判员没有听到，比赛还在进行，发球裁判员可以站起来，再次大声宣报，直至裁判员听见为止。裁判员应使用规范用语认可发球裁判员的宣判，并解释是何种发球违例。

发球裁判员对其所分管职责内事实的宣判是最后的裁决，裁判员和裁判长均无权否决。

发球违例多数是发球瞬间的违例现象。在使用发球测高仪的比赛中，发球违例包括“过高”“不连贯”“脚触线”“脚移动”“未先击中球托”和“未击中球”等多种情况；在未使用发球测高仪的比赛中，它包括“过高”“拍头未向下”“不连贯”“脚触线”“脚移动”“未先击中球托”和“未击中球”等多种情况，发生的部位从手、腰到脚，范围相当大。由于发球违例发生的时间短、内容多、范围大，对发球违例的宣判具有紧迫感和复杂性，使它成为羽毛球裁判工作的主要难点之一。

因此，一名合格的发球裁判员必须具备高尚的职业道德、良好的心理素质和较高的理论素养，并掌握一套正确的工作程序和工作方法。要有不怕名手、不欺新手、不搞人为平衡、不受干扰、能承受巨大的心理压力、敢于秉公执法和依法判罚的能力与精神。要具有扎实的羽毛球竞赛和裁判法的理论基础，对以下几个概念，要有深刻的理解和清晰的认识，并能准确地运用它进行判罚。

1. 固定的发球高度（使用发球测高仪的比赛）

在使用发球测高仪的比赛中，无论是哪位运动员发球，击球瞬间，整个球都必须低于距球场地面 1. 15 米的高度。

2. 相对固定的发球高度——腰（未使用发球测高仪的比赛）

按解剖学概念描述，腰是一个很大的部位，上承胸廓下接骨盆，整个腰弯共有 5 个腰椎，都叫腰。无测高仪比赛中的发球高度，应以胸廓下沿即最后一根肋骨下沿的水平切线为上限。发球时的击球瞬间，整个球应低于发球员的这条水平线。

3. 发球时间

当发球员和接发球员双方做好发球和接发球准备后，发球员球拍的拍头第一次向前挥动即为发球开始，直至发球员的球拍击中球或试图击球但未能击中，即为发球结束，这一段时间为发球时间。

4. 发球“脚违例”

发球脚违例，是一种在整个发球时间内都不允许的违例现象。因此，判断此类违例发生的时间段为整个发球时间。

在整个发球时间内，发球员的任何一脚踩、触线或离开地面、移动均属违例。当发球员站好位置准备开始发球时，发球裁判员就应注意发球员的脚是否踩、触线。如有，此时尚不能宣判，待到发球开始即发球员的球拍第一次开始向前挥动时，如发球员的脚仍有踩、触线，则发球裁判员不必等到球被击出就应宣报“违例”。但必须注意，有些发球员喜欢两脚贴近中线发球，开始挥拍时脚并未触线，而随着挥拍动作的进展，后脚部一转，半个脚明显地踩在线上，这也是发球“脚违例”，应当即宣报“违例”。也有的发球员习惯在站好位置后，前脚向前跨出一步后再挥拍，这不应视为脚移动，因为发球并未开始，但一旦发球员的球拍开始向前挥动直至发球结束这段时间里，发球员的任何一脚踩线，或触线，或离地，或拖动，均为发球“脚违例”。发球裁判员宣报发球“脚违例”的同时，应伸出右腿，右脚自然上翘，用右手指向右脚。解释术语为“发球违例，脚违例”。

5. 发球“未先击中球托违例”

发球时未先击中球托，是发生在发球员发球时击中球那一瞬间的违例现象。此种违例现象稍纵即逝，需要精力、视力、听力集中用于判断。

发球时击球的瞬间，球拍与球的最初接触点不在球的球托上，而是球拍先击中球的羽毛部分或是同时击中球的羽毛和球托，为发球违例。这条规则的主要目的是限制发球员发旋转飘球。所以发球裁判员除了要仔细观察发球员发球时球拍与球的最初接触点是否只在球托，还要注意观察球的飞行状态。如果球拍明显是先击中羽毛，应立即判发球违例。如果不能肯定是否先击中球托，则应特别注意球的飞行状态，球飞行中带有旋转、翻滚或飞行轨迹异常可判违例。此外，发球时球拍是否先击中球托，发出的声音也略有差异，有经验的发球裁判员也可据此做辅助判断。需要注意的是，如果发球时明显击中球托，则不管球的飞行状态如何，都不应判发球违例。发球时“未先击中球托”的判罚手势是以左手五个手指做成羽毛球状，右手手掌代表球拍的拍面，然后以右手掌与左手指尖轻擦，表示球拍未先击中球托。解释术语为“发球违例，未先击中球托”。

6. 发球“动作不连贯违例”

规则规定，自发球开始，发球员挥拍必须连贯向前，直至发球结束，否则为“违例”。

此违例是发生在发球时间段的违例现象。一旦运动员站好位置准备发球，发球员的球拍头开始向前挥动，即为发球开始。在发球员的球拍击中或试图击球但未能击中，也即发球结束前，挥拍必须连贯向前。如果发球员的挥拍不是一次性地连续向前挥动将球发出，或向前过程有停滞，或向前时又向后改变方向，以及在挥拍的过程中动作有不连贯现象，均为发球“动作不连贯违例”。实战中常见的情况是发球员向前挥拍中突然停住，致使接发球员身体重心前倾，然后突然一抖手腕将球发向对方后场。这些都属于发球“动作不连贯违例”。它的宣判手势是以右手自然伸出，手掌平展侧立，掌心向左，示意发球挥拍动作不连续。解释术语为“发球违例，不连贯”。

7. 发球“过高违例”

在使用发球测高仪的比赛中，无论是哪位运动员发球，击球瞬间，整个球都必须低于距球场地面1.15米的高度，否则即为发球“过高违例”。但囿于测高仪的结构所限，发球裁判员要调整好自己的坐高，以及与仪器面板上测高线的距离，尽可能使眼睛与测高线重合在一个水平面上，并对准发球员的发球位置。

在未使用发球测高仪的比赛中，发球“过高违例”的规定则变通为发球“过腰违例”和发球“拍头未向下违例”的规定。

发球时击球的瞬间，球的任何部分高于发球员的腰部，即发球员最低一根肋骨的水平切线，为发球“过高违例”。本规定的目的是防止发球员提高发球的击球点，将球平击出去，而对接球员造成不公平的威胁。因此，发球裁判员首先要找准“腰的切线”，然后注意击球瞬间是否有球的某一部分高于这一切线，哪怕只有一小部分超过，即为发球“过高违例”。这里要注意区分两种情况：一种是发球员已经开始挥拍，且球也已离手，球在空中的位置，远高于发球员的腰部，这不属于违例，因为还未击球；另一种是发球员准备发球并开始向前挥拍时，球保持在低于发球员腰部的状态，而当快击中球时，突然将球上提，球在高于腰部的位置被击出，这是明显的发球违例。发球裁判员在宣报“违例”的同时，要将右手抬至超过腰的位置，肘关节弯曲，前臂平放在胸前，以示此为发球“过高违例”。解释术语为“发球违例，过高”。

发球“过高违例”，是发生在发球员发球时击中球那一瞬间的违例现象。此种违例现象稍纵即逝，正确判断的前提是根据是否使用发球测高仪，分别确定“1.15米的高度线”或“发球运动员腰部最低一根肋骨下沿的水平切线”，也即确定发球裁判员进行高度判断的参照物，方可集中精力进行判断。有经验的发球裁判员还可以根据运动员的习惯、挥拍路径和球的飞行路径进行辅助判断。

8. 发球“拍头未向下违例”

在未使用发球测高仪的比赛中，还需要进行发球时“拍头未向下违例”的判断。

发球员的球拍击中球的瞬间，拍杆和拍头应指向下方，否则为违例。这条规则的目的是防止发球员发出威胁对方的平射球，严格要求发球员只能向前上方将球发出，使球呈向上的飞行弧线越过球网。所以，如果被发出球的飞行轨迹是极具威胁地向接发球员平射而去，则一定是“拍头未向下违例”。如果发球员发出的球是高弧线向上飞行的，而被判为“拍头未向下违例”，有可能是错判，因为这种飞行状态的发球更可能是“过高违例”，发球裁判员一定要明辨。

由于此种违例发生在发球时的击球瞬间，要做出准确判断，仍需建立“未指向下方”的参照体系。其一，有经验的发球裁判员可以迅速找到发球员握拍手最低点的水平切线，只要在发球时的击球瞬间，出现拍头上沿与握拍手最低点水平切线重合，或拍头上沿没有明显低于握拍手最低点的水平切线，即可宣判其为发球“拍头未向下违例”。其二，发出的球的飞行轨迹是向接发球员平射而去，或发出球的飞行轨迹是平射的，即可宣判其为发球“拍头未向下违例”。其三，因为球拍头和拍杆指向下方时，这样的发球挥拍轨迹是发不出平射球的，因此，有经验的发球裁判员可以根据发球员的握拍、挥拍动作和轨迹进行辅助判断。

发球时“拍头未向下违例”的判罚手势为右臂弯曲，前伸上抬至胸前，手掌代表球拍的拍头，使其高于整个前臂，以示球拍的拍头未指向下方。解释术语为“发球违例，拍头未向下”。

9. 发球“未击中球违例”

现行规则规定发球时未击中球属于发球违例，且由发球裁判员宣判。判罚手势为发球裁判员左手臂自然前伸，左手掌心向下，五指聚拢呈球裙状；右手自然弯曲前伸，手掌平展侧立，掌心向左，做自右向左的挥拍动作，右手掌自左手下方击过，示意发球时未击中球。解释术语为“发球违例，未击中球”。

（二）协助裁判员检查场地、器材

裁判员可给发球裁判员安排额外的任务，一般此类安排在赛前的技术官员会议上由裁判长统一布置。通常进入场地后，发球裁判员协助裁判员检查网的高度、网柱是否放置在双打边线的中点上、计分显示屏等，特别要确认发球测高仪、暂停标是否已放好，发球测高仪是否平稳。有时，还要对最靠近发球裁判员处未安排有司线员的边线负责，但需事先通知运动员。

（三）协助裁判员管理比赛用球

为避免延误比赛，发球裁判员要确保整场比赛备有足够数量的比赛用球。进场前，发球裁判员须到比赛用球管理处，领取足够的比赛用球带进场地。如有专门的比赛用球管理员或志愿者负责收发每块场地上的比赛用球，则发球裁判员入场后要检查比赛用球是否到位。有的场次耗球量较大，要随时关注和预测，需要补充比赛球时，应举手示意，要求裁判长及时增加比赛用球。

只有裁判员有权决定是否换球，发球裁判员应按裁判员的要求进行换球。当裁判员示意换球时，发球裁判员应先接过旧球，再将新球递给下一回合的发球方，这样的换球顺序既可以避免不必要的拖延，又保证了比赛期间场上只有一个比赛球，从而避免不必要的混乱。换新球时，一般是把球放在发球方运动员的拍面上，或用手掌托着球，从下向上抛给发球方。抛球时注意礼节，千万不要用掷、摔等不礼貌的动作。

（四）放置间歇标

局间间隙时，根据裁判员“该局比赛结束”“局间间歇”的宣报，将间歇标放置在场地中央网下。如网下有赞助商广告，无论是地胶喷涂广告还是电视转播的虚拟广告，都要注意间歇标的放置不要遮挡广告画面。一般情况，当裁判员宣布该间歇还剩 20 秒时，移出间歇标。如有特殊情况，何时移出间歇标由裁判员决定。

（五）核对裁判员对挑战的执行（必要时提醒）

使用即时回放系统时，发球裁判员应核对是否所有的挑战都被裁判员正确执行，如未正确执行，应在下一回合开始前告知裁判员。

（六）需要时提醒裁判员

发球裁判员应支持裁判员，并在需要时协助裁判员。一旦意识到裁判员错判，应立即提醒裁判员。

二、发球裁判员的工作方法

作为发球裁判员，仅具有明晰的“发球违例”概念是远远不够的，还必须掌握正确的工作程序和方法，能正确地分配自己的注意力，适时地调整自己的视角，果断地宣判，有力地控制发球违例，并正确平静地处理运动员的申诉和询问。

（一）注意力分配

进入场地后，发球裁判员要注意与裁判员的配合默契，完成裁判员交办的工作，并回到自己的工作座位上，准备好比赛用球。

当裁判员坐上裁判员椅后，要注意裁判员的宣报，随着裁判员的介绍，把比赛球递给发球员。

在发球员准备发球时，要注意发球员的站位，双脚是否踩、触线或随着发球动作的展开是否有可能造成触、踩线，并通过重叠发球测高仪的两条观测线找准发球员一方距场地地面 1.15 米高的水平面（在未使用发球测高仪时，找准发球员“腰”的位置）。

在发球员开始挥拍时，要注意球的位置，同时随着球拍的挥动还要注意脚有没有移动、离地、踩触线，以及挥拍动作是否连续，并适时地把视觉中心调整到击球点上来，把发球员的肩和脚都放入自己的立体视野内。

击球的瞬间，要注意球与 1.15 米水平面（或“腰”）的相对位置，拍头上沿与握拍手下切线的相对位置（无测高仪时），以及拍面的角度、击球后的走向，同时注意发球员的脚是否违例。

随着球的击出，要注意它的飞行状态是否异常。如果视线被挡，可以移动自己的位置，使自己能看清发球员的整个发球过程。

对击过程中，要注意与裁判员的默契。死球后，要注意是否要换球，是否要擦地板，如有必要可指导有关人员擦地板。

一局结束，要检查比赛球的数量是否足够，不够要及时补充；要配合裁判员检查计分器、场地，并完成裁判员要求代办的其他事项；局间间歇时，要配合裁判员及时放、移间歇标。

裁判员宣布一场比赛结束后，先与双方运动员握手；裁判员宣报本场比分时走到裁判椅旁等候；如有必要，协助裁判员走下裁判椅。

之后，与裁判员一起按要求退场。如发球裁判员有收回比赛旧球的职责，要收拾比赛剩球，并把剩球交回领球处。

（二）对发球违例严格控制果断宣判

发球是一个相当快的过程，而发球员的故意违例又往往带有偷袭性，只是一瞬间的事，发球裁判员宣判稍慢，就会过去几个回合，无法捕捉。所以发球裁判员在发球员发球时，注意力一定要高度集中，不管是比赛刚开始还是比赛已进行到关键时刻，随时都要准备准确、果断地宣报“违例”。只要出现“违例”就判，始终保持统一的判罚尺度，这样才能有效地控制住“发球违例”。不然，双方“发球违例”将失去控制，发球裁判员也就陷入极度被动的状态。

（三）正确处理运动员的询问

发球裁判员一定要面对发球员，当发球员询问是何种违例时，发球裁判员应果断地再次重复已宣判的“违例”手势，不应回避。如果发球员态度有些过火，也应保持冷静，用平静的心态重复“违例”的手势，不与其纠缠。必要时，可请发球员向裁判员申诉。当然，在出现这种情况时，裁判员会主动介入，进行控制。

（四）掌握平稳的判罚尺度

由于羽毛球竞赛规则条文多采用非定量描述形式，裁判人员判定时，又采用非工具间接估量法，因此，裁判人员的判罚也只能是定性的，不如定量的测量精确，这也就是通常所说的，裁判事实与比赛事实不重合。为了比赛的顺利进行，参赛方与竞赛主持方应约定一个可接受的“误差”范围，并用文字描绘这个范围，也就是“尺度”。正式的“判罚尺度”应来自裁判长。

发球裁判员应注意裁判长对发球违例有关概念的解释，了解他对“尺度”的描述，并对它进行消化，做到正确理解、熟练应用、贯彻始终；在一场比赛中首尾如一、关键球与非关键球如一；在一次赛会中前后如一、名手与新手如一、有无观众如一、有无电视转播如一；在不同场地比赛的发球违例判罚及不同发球裁判员的判罚尺度也相对统一，从而达到整个赛事发球违例判罚尺度平稳，顺利地完成裁判任务。

发球是一瞬间完成的动作，各种发球违例在这一瞬间都有发生的可能。因此，对发球裁判员的基本业务素质要求是稳重和机敏。稳重是指心中有底，即对发球规则和判罚尺度了然于胸；对各种发球违例现象的判断有丰富经验；宣判时准确、果断、权威，令人信服。机敏指神形高度统一，姿态张弛有度、视觉分配合理、始终对发球违例保持警觉和高压状态。一位好的发球裁判员，就像一位狙击手，“违例”的口令在发球裁判员的口腔里，就像一颗在枪膛里沉默的子弹，一旦发现目标就随时被击发，弹无虚发但绝不能“走火”。

发球违例的判罚也是熟能生巧。由于比赛场地空间所限，发球测高仪观测面板上两条测高线的距离比枪械上标尺到准星的距离还短得多。这种结构上的缺陷容易造成较大的误差。而有经验的发球裁判员则会利用比赛场上的辅助参照物支撑自己的判断。例如，在两个网柱上分别找到距地面垂直高度 1.15 米的点作为参照。从发球裁判员的眼睛这个点，延伸到两条测高线重叠后这条线，再铺展到两个网柱的 1.15 米处，这样在球网到前发球线附近就形成了一个虚拟的 1.15 米高的水平面，这至少从点、线、面关系的理论上，对发球“过高”的判断是有帮助的。

第八节　司线员的工作方法

一、司线员的职责

司线员专门负责察看球在他所负责线的落点，并根据判断，用相应的术语和（或）手势进行宣判。

原则上，技术官员对其所分管职责内事实的宣判是最后的裁决。但当裁判员确认司线员明显错判时，应予以纠正。

如使用即时回放系统，则由该系统就运动员对球落点宣判的挑战予以裁决。此裁决一出，即为最终裁决，之前司线员就此落点的宣判，或裁判员就此落点所做的任何纠正，都将被其替代。

二、司线员的宣判

如球落在界外，无论多远均应立即大声、清晰地宣报“界外”，使运动员和观众都能听清，同时两臂平展，掌心向前，并看向裁判员，使裁判员能看清。

如球落在界内，只用右手指向界线，并看向裁判员。注意，此时不宣报术语。

如未看清，应立即用双手盖住眼睛，向裁判员示意。

在球触地前，司线员不要做任何宣报或手势。

司线员只负责宣判球在自己所负责线的落点，不要预判裁判员对违例的裁决或受其干扰从而影响自己的判决。例如，球在落地前触及运动员、或其衣服或球拍，不管有多明显，司线员都只根据球的落点进行判决。

三、司线员的位置

司线员应坐在椅子上，对准自己所负责的线。

司线员应面朝裁判员就座，除非裁判长另有不同要求。

司线椅应放置在司线员所负责的线的延长线上，距场地界线2.5~3.5米处。在安排司线员的座位时，要注意保护他们不受场外干扰，如进退场路线，或摄像、摄影记者的影响等。还要注意他们的位置不要遮挡计分器显示屏、场地广告等。尤其是电视转播场地，背对主机位的司线员不要出现在主机位画面之中，避免“穿帮”。

双打比赛时，负责端线的司线员的位置应稍向双打后发球线方向挪动，置座位于双打后发球线与端线之间，此时他负责后发球线和端线，对在不同线上的落点，需要适当“抢”角度判断。

凡没有安排司线员的界线，均由裁判员负责，或由裁判员指定发球裁判员负责（仅指靠近发球裁判员的那条边线）。

每场比赛的司线员数量可以不同，常用的有三人制、四人制、六人制和十人制，一般级别越高、水平越高的比赛，用的司线员人数越多。不同数目司线制的位置安排和分工如下。

①有 3 名司线员时，2 名分别负责两条端线，余下 1 名负责裁判员对面的一条边线。

②有 4 名司线员时，2 名分别负责两条端线，另 2 名分看两条边线，或裁判员对面一条边线各一半，裁判员负责自己这边的边线。

③有 6 名司线员时，2 名分别负责两条端线，另 4 名各负责半条边线。

④有 8 名司线员时，在 6 名司线员的安排基础上，另 2 名分别负责两条前发球线。

⑤有 10 名司线员时，在 8 名司线员的安排基础上，另 2 名分别负责两条中线。

四、司线员必须具备的素质

司线员的工作相对简单，但他是羽毛球竞赛裁判人员的组成部分，而且人数多、队伍大，是确保竞赛质量的重要因素，只有高素质的司线员队伍，才能保证比赛的顺利进行。

（一）司线员必须具有团队精神

司线员是一场比赛裁判人员的重要组成部分，他们必须具有强烈的团队精神，自觉地融入这个集体，主动地与裁判员配合，随时与裁判员“对眼神”，注意裁判员是否听到自己的宣判、看清自己的手势，必要时可重报、重做。要尊重其他裁判人员，安于职守，不越权。如球碰球拍、衣服、身体后落到界外，司线员的职责是看球的落点，球的落点在界外就判界外，球碰球拍、衣服、身体是裁判员的职责，不要越权。又如球落在边线和端线交接处，两名司线员也要互相尊重、互不越权，球在你负责的线上的落点是界内就判界内，不要管在别人线上的落点是界外还是界内，那是另一个司线员的职责，要安于职守，各司其职。

(二) 司线员必须具有充沛的精力和体力

司线员的工作是一项既单调又需要长时间高度集中精力的工作，容易产生疲劳，注意力容易分散。因此，健康的体魄、充沛的精力是司线员必须具备的基本条件。

(三) 司线员必须具有心理调节能力

司线员的工作环境较为复杂，而"界内""界外"的判罚又比较直观。司线员既要面临数千甚至上万名现场观众的评论，又要面对运动员的意见，所承受的心理压力是相当大的。所以，司线员必须具有很强的心理调节能力，能在较大的心理压力下，保持平静的心态和冷静的头脑；能不受运动员、观众等外界的影响，承受各种压力，坚持自己的判断，迅速果断地做出宣判的手势；尤其是在运动员走向司线员公然表示不满或争议时，能冷静而果断地以手势表示自己的宣判，不意气用事，不与其纠缠。如果没看清就做没看清的手势，心胸坦荡，更是司线员必须具有的气度和能力。

(四) 司线员必须具有清晰的界内外概念

羽毛球竞赛规则规定，所有场地线都是所确定区域的组成部分，羽毛球应有16根羽毛固定在球托部。因此，司线员应非常明确，只要球任何部分的最初落点是在此时该球应落的有效区域，如发球区或场区的线上或线内，即为"界内球"，否则即为"界外球"。

(五) 司线员必须掌握科学的工作方法

司线员应熟悉羽毛球运动，具有较好的球感。正确的工作方法是：执裁时，高度注意场上的比赛情况，时刻保持比赛球在自己视野的控制范围内，当球向自己负责线的方向飞来时，要马上调整视角跟上球，并在球快落地时，提前把视觉中心移到界线上，以便有效地观测球的落点。

当球落在司线员所负责的线的界内时，应立即伸出右手指向自己所负责的线，但不宣报。

无论球落在司线员所负责的线的界外多远，都应立即把两臂向身体两侧平伸，做出"界外"的手势，并高声地宣报"界外"。

当司线员未看清球的落点（如视线被运动员挡住等）时，应举起双手盖住双眼，表示自己未看清球的落点，不能做出判决。

第九节 记分员的工作方法

目前，世界羽联的一类赛事和二类赛事中高级别的比赛，都使用世界羽联统一的计时计分系统。每个场地的记分都由裁判员通过计时计分控制器操作，并通过一整套硬件系统和后台支持工作人员纳入整个世界羽联积分排名系统。因此，在这些赛事中，不再设置专门的记分员。近年来，在中国羽协主办的国内大型赛事中，也普遍使用了电子计时计分系统，由裁判员操作比分控制器。这类赛事，也不再设置专职记分员。但更多赛事，由于条件所限，仍在使用单独的比分显示器，甚至是手动的翻分器。因此，这里有必要将临场记分员的职责和工作要点列出，具体内容如下。

①比赛开始前，将小分和局分都还原为零；

②根据裁判员的挑边结果，正确放置比赛双方运动员的名牌，标示出比赛开始时双方所站的场区和发球方；

③比赛开始后，根据裁判员的宣判，显示出比分和发球方。切记不可喧宾夺主，不应先于裁判员的宣报进行显示器比分或发球方的操作；

④在一局比赛结束时，显示局分，并将运动员名牌转向标示下一局双方运动员所站的场区，比分还原为零；

⑤第三局比赛交换场区时，操作方法同一局结束时的操作；

⑥一场比赛结束时，先显示出最后的比分和局分，如果是团体赛还要显示场分，在取下运动员的名牌后，将计分器显示还原到零后离开场地；

⑦完成裁判长统一交给的其他工作。

第十节 医务官的工作方法

根据实际情况，本节只就中国羽协审定的《羽毛球竞赛规则》有关运动员伤病条款，对临场值班医生的职责任务、职业素质、组织关系、岗位配置、赛前赛中工作和临场伤病处理等事项作分析阐述。

临场值班医生的主要工作任务是，在裁判长的带领下进入场地处理比赛运动员的伤病，运用自己的专业医学知识评估伤病的真实性、严重性，并给出专业的建议，必要时出具证明，对可以经过短时医疗处理不延误比赛且不会对对方造成不利影响的抽筋、拉伤、擦伤、眼伤和其他轻微的伤病进行简单的处理。

由于羽毛球比赛时间长，场地多，突发伤病时有发生，所以，临场值班医生是一份既辛苦又专业的工作。它要求临场值班医生必须既具有守时、敬业、吃苦耐劳等高尚的道德修养，又具备精湛的运动性心脏病、眼科、骨伤科、外科和急诊等专业技能。

临场值班医生，一般隶属组委会后勤部门，并要与赛会的医疗急救系统有着良好的合作关系。但其工作岗位在比赛场区，仅比赛日接受裁判长的领导且不参与临场医疗急救工作。因此，临场值班医生应于比赛日开始前主动会见裁判长，获得比赛日上岗的准确时间、岗位的具体位置和有关羽毛球比赛的相关信息，准备好清理眼睛异物，止血解痉药物、镇痛喷剂、胶布绷带等与处理临场运动员常发伤病有关的药品和医疗器械。

临场值班医生应配置两人，以一男一女为宜，不能脱岗，必要时应进行轮岗或增加人数。

临场值班医生工作流程如图 4-2 所示。

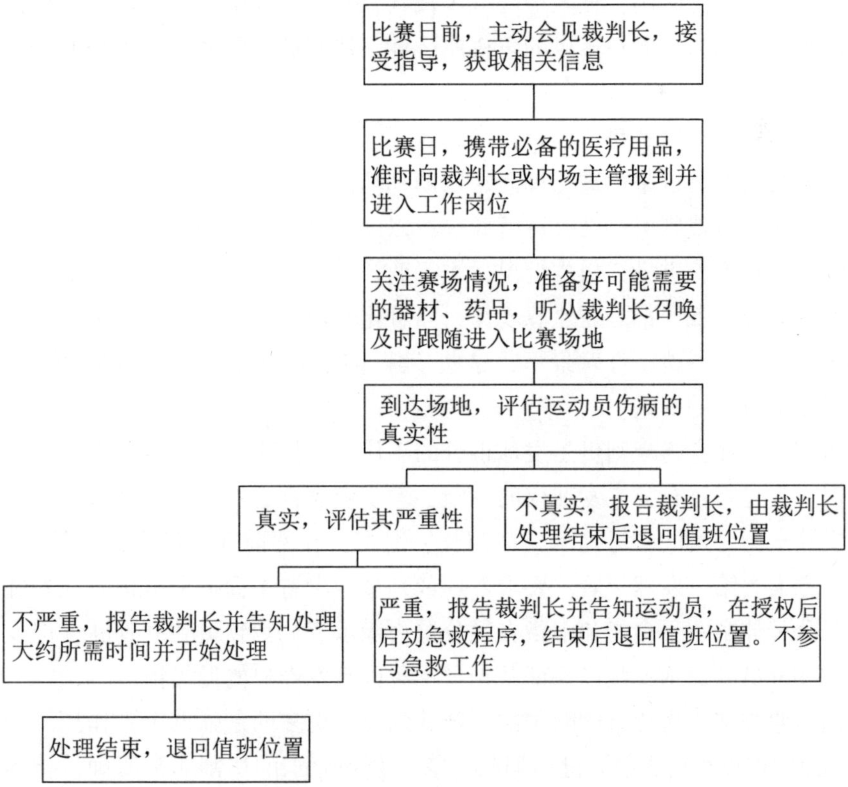

图 4-2　临场值班医生工作流程

以上流程，不包括间歇期的伤病处理。只要裁判长允许，间歇期的伤病处理可延至间歇期结束，但必须记住“一名运动员在一场比赛中，只允许召唤医生使用喷剂一次”。

特别提醒，在进行临场伤病处理时，临场值班医生一定要接受裁判长的指导，与裁判长、裁判员互相默契配合，妥善处理比赛运动员的伤病，做到既不影响正常比赛又能保护运动员的身心健康。

第十一节　临场裁判团队的工作方法

中国羽毛球裁判界在长期的实践中总结出了一套行之有效的临场执裁团队的工作方法，围绕“比赛是为运动员的”这一裁判工作核心宗旨，强调裁判队伍的团队精神和团队意识，以及技术官员临场团队的整体性。建立了分工明确、有效协作、慎处争议、公正公开的临场工作机制，在 20 世纪 80 年代初期之前的国内各类比赛中广泛应用，极大地降低了裁判工作的失误率，最大限度地维护了运动员的利益。例如，面对落点的争议或怀疑，裁判员可以根据情况采取若干步骤来应对：

①请司线员再出手势，进行再次确认；

②召唤司线员过来，进行询问，以助判断；

③召唤发球裁判员过来，进行商议，以助裁决；

④召唤裁判长进场，报告情况，进行商议，做出裁决。

所有这些步骤，都是在比赛现场，当着比赛双方的面进行的。可以说，在当时的项目发展和器材条件背景下，这些步骤体现出对待运动员的利益慎之又慎，以及对比赛双方的尊重。

再例如，在竞赛规则仍是发球得分的年代，双打比赛每方有两次发球权。裁判员对一方是否还有第二发球权的判断，除了依靠自己外，还可以得到来自发球裁判员甚至记分员的参考提示。裁判长一般都会在赛前裁判员会议时统一尺度，即在一方失去第一发球权后，要求发球裁判员伸出右手食指和中指放在右膝上示意，翻分员伸出右手食指和中指在翻分器边缘示意。裁判员独立判断，但发球裁判员和翻分员的提示，足以保证裁判员不犯误判发球权的低级错误。

而以西方文化为背景的欧美羽毛球裁判界，更多的是强调个人作用。所以在 21 世纪前 10 年及其之前，世界羽联对临场裁判分工的切割非常明确，指导思想就是裁判员只做裁判员的事，发球裁判员只做发球裁判员的事，司线员只做司线员的事，谁也不能干涉谁。这种三权分立式的运行机制在每一个具体权力范围里突出的都是裁判人员本身，以致于即使造成严重的落点错判都只能换人而不可以纠正。这就严重地伤害了运动员的利益，颠覆了“比赛是为运动员的”这一核心宗旨，还催生了所谓的“司线战术”。由于在大赛中多次发生问题，影响了羽毛球运动的形象和在奥林匹克大家庭中的地位，世界羽联痛定思痛，逐步推行了一系列改革措施，如裁判员可以纠正司线员的明显错判；在比赛中引进即时回放系统，允许运动员对落点的宣判进行挑战；要求发球裁判员在发现问题时及时提醒裁判员；允许裁判员与发球裁判员进行商议等。但在 2019 年巴塞尔世界羽毛球锦标赛一场女双比赛中，裁判员无意中减掉一方分数，运动员申诉后裁判员却未能发现问题，固执地坚持己见，其他裁判人员也未能提供有效帮助，在亿万电视机观众面前给羽毛球项目和羽毛球裁判队伍“丢了分”。这一事件，反映出目前世界羽联场上纠错机制仍存在漏洞，需要进一步完善，应该引起有关方面的足够重视。

CHAPTER 05

第五章 竞赛组织编排

羽毛球竞赛组织编排工作，主要由抽签、编排和成绩记录发布组成，涉及概率、排列组合、运筹、信息等基础理论，是一项细致、繁杂、技术性强、工作量大的竞赛微观管理工作。本章仅就一般工作方法和涉及的基础知识作以下简介。

第一节 组织编排的相关概念

一、抽签

抽签是确定运动员（队）在循环赛或淘汰赛中比赛位置的一种方法。由于抽签是一种有效的随机手段，能使参赛者有均等的机会，因此，它是弥补各种竞赛方法中机遇性缺陷的一种重要手段。

二、位置号

参赛运动员（队）在循环赛或淘汰赛中所在位置的编号叫位置号。位置号是确定比赛顺序的重要依据。

三、位置数

某项比赛运动员所占位置的数量，叫位置数。它可分为各组位置数和各区位置数。如 35 人参加男子单打单淘汰赛，那么这个淘汰表的位置数就应有 35 个，上半区位置数为 17 个，下半区位置数为 18 个；第一 1/4 区位置数为 8 个，其他 3 个 1/4 区位置数为 9 个。羽毛球竞赛规则对各区的位置数有严格的规定。

四、比赛编号

把一次赛会的各项、各场比赛，按一定的顺序编上代号，这个代号就叫比赛编号。使用比赛编号，便于临场调度和电脑的运用。

五、蛇形进位

这也是一种确定运动员（队）比赛位置的方法，又叫跟进法。它的主要依据是指数。所谓指数，就是给运动员（队）评分数，分数越小水平越高，如冠军或 1 号种子的指数为 1，亚军或 2 号种子的指数为 2。指数与运动员的名次或种子序号是相吻合的。运动员进位时，只要保证各组或各区的指数和相等，就能做到各组或各区的技术水平相等，使比赛结果合理。

如男子团体赛的名次顺序依次是：福建、浙江、江苏、广东、八一、湖北、湖南、广西、四川、北京、天津、河南，分三组进行单循环赛，用蛇形进位法进位（表 5-1）。

如果我们按名次画出进组的顺序，就能得一条蛇形的曲线，这就是这种进位法得名的原因。

表 5-1　蛇形进位法

组别 / 位置号	指数	1	指数	2	指数	3
1	1	福建→	2	浙江→	3	江苏↓
2	6	湖北↓	5	←八一	4	←广东
3	7	湖南→	8	广西→	9	四川↓
4	12	河南←	11	←天津	10	←北京
指数和	26		26		26	

六、轮次和轮数

参加同一项目同一组的所有运动员（队），除轮空者外，各比赛一次为一轮。轮次是确定比赛顺序和计算运动员负担量的主要依据。

单循环赛要用轮转法来确定。

例如，6 个队参加单循环赛，采用 1 号位置固定不动的逆时针轮转法，各轮次的比赛对阵如图 5-1 所示。

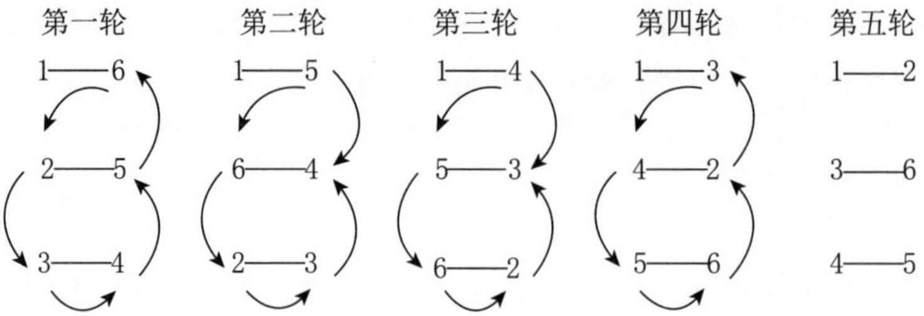

图 5-1　6 个参赛队单循环赛“1”固定的逆时针轮转各轮次对阵图

若 5 个队参加单循环赛则有轮空，轮空用 0 表示，轮转法和各轮比赛对阵如图 5-2 所示。

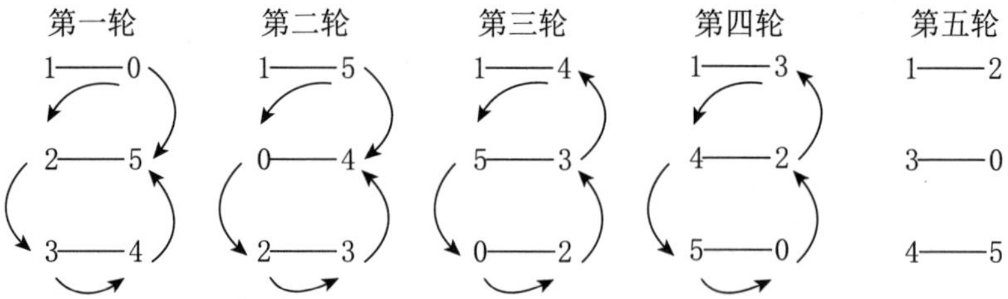

图 5-2　5 个参赛队单循环赛“1”固定的逆时针轮转各轮次对阵图

单淘汰赛，不用轮转就可以确定轮次（图 5-3）。

图 5-3 单淘汰赛轮次

轮数是控制比赛负担量和估算比赛时间的重要数据之一。

单循环赛的轮数都是单数。当参赛人（对、队）数是单数时，人（对、队）数等于轮数；当参赛人（对、队）数是双数时，轮数等于人（对、队）数减一。

例如，9 人参加单循环赛，其轮数就是 9。

10 人参加单循环赛，其轮数 = 10 - 1 = 9（轮）。

单淘汰赛即单败淘汰赛，其轮数为最接近且大于参赛人（对、队）数的 2 的乘方数的指数，2 的几次方即为几轮。

例如，17 人参加单淘汰赛，与它最接近的 2 的乘方数是 2 的 4 次方（2^4）等于 16 和 2 的 5 次方（2^5）等于 32，比 17 大的是 32，32 的 2 的乘方指数是 5，所以 17 人参加单淘汰赛就要比赛 5 轮。

多败淘汰赛的轮数=KN-（K-1）。K 表示败几场被淘汰，如单败淘汰赛 K=1，双败淘汰赛 K=2，三败淘汰赛 K=3，以此类推。N 为最接近且大于参赛人（对、队）数的 2 的乘方数的指数。

双败淘汰赛因 K=2，故比赛轮数=2N-1。

例如，10 人（对、队）参加双淘汰赛，取冠亚军，最接近且大于 10 的 2 的乘方数的指数是 4（$2^4=16$），即 N=4；K=2，故比赛轮数为：

KN-（K-1）=2×4-（2-1）=8-1=7（轮）。

再如，28 人（对、队）参加 5 败淘汰赛，最接近且大于 28 的 2 的乘方数的指数是 5（$2^5=32$），即 N=5；K=5，故比赛轮数为：

KN-（K-1）=5×5-（5-1）=25-4=21（轮）。

七、区

为了使抽签达到强手和同单位选手合理分开的目的，把单淘汰赛秩序表按 1/2 的乘方数划分成几个基本的区域，这些区域就叫区。

1/2 区，从最后一轮的连线画一条垂直平分线，这条垂直平分线就把秩序表分成两个部分，前半部分叫第一 1/2 区（上半区），后半部分叫第二 1/2 区（下半区）。

在倒数第二轮两条连线上再各画一条垂直平分线，把秩序表分成 4 个部分，每一部分按顺序分别为第一 1/4 分区、第二 1/4 分区、第三 1/4 分区、第四 1/4 分区，其他以此类推（图 5-4）。

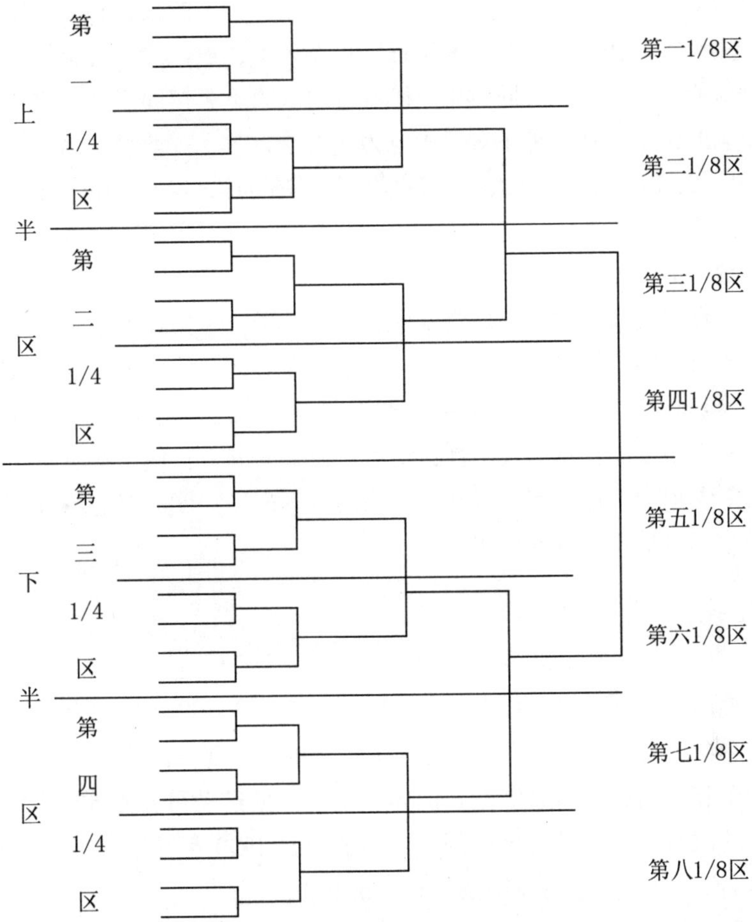

图 5-4 单淘汰赛分区

八、种子

为了使比赛所产生的前若干名选手，如前 4 名、8 名或 16 名的选手，基本上是参加比赛全体选手中最优秀的一部分选手，尽可能克服竞赛方法的不合理性，在竞赛组织编排中常常采用设立“种子”选手的办法。

在单淘汰赛中，关于种子的数目、位置和确定种子的原则都有明确的规定。

采用单循环赛时，如果不分组，可以不设种子；如果分组，每组至少设 1 名种子，若每组设 2 或 3 名种子，就必须按组数把种子分成第二批、第三批，使每 1 组都各有 1 个第一批、第二批或第三批的种子。

若采用混合制并进行一次性抽签的竞赛办法，种子的数目和位置则应按单淘汰赛的方法设置。如第一阶段分 8 组进行单循环赛，第二阶段每组第 1 名进行单淘汰赛决出前 8 名的名次，同时第一阶段各组的第 1 名按编组序号进入第二阶段淘汰表相应的位置，那么种子数目则应为 2 的乘方数，一般设 8 名或 4 名种子较为合理。1、2 号种子分别进入第一阶段单循环赛的第一组和第八组，3、4 号种子分别进入第一阶段的第三组和第六组，5~8 名分别进入余下的各组，这样才能达到设立种子的目的。

当然，在群众体育的羽毛球竞赛中，不设种子或不按技术水平而依竞赛宗旨设种子都是可取的。不设种子，就意味着强手在最初几轮可能相遇而被淘汰，这给其余的参赛者提供了比原来更多的获取名次的机会，造就了“千面获奖者”的局面，从而丰富了比赛的戏剧性，增加了比赛的魅力，使比赛更有生气，吸引更多的人来参加羽毛球比赛。对开发羽毛球竞赛市场，促进羽毛球群众性活动发展，都起着不可估量的推动作用。

九、积分

为了准确排出参赛者的技术顺序，尽量避免排序的偶然性，竞赛组织者把多次比赛的名次，按分折算、累计相加，依积分排定参赛者的技术顺序，以此来作为确定种子和运动员资格的依据。世界羽联是根据运动员在近 52 周内参加所有规定比赛的次数和成绩进行排序的。中国羽协自 1999 年开始，实施“中国羽毛球协会排名”，具体方法见竞赛法规有关章节。

积分赛有很强的凝聚力，能把不同地域、不同规模、不同等级的比赛联结在一起，动员广大的群众参加羽毛球竞赛活动。它可以将普通参赛者，甚至是非常边远地区的基层参赛者与全省、全国的高层次比赛联系在一起，为他们开辟一条通往高级别比赛的通道。这也是争取群众，增加参赛人数的有效办法。

十、轮空

轮空是弥补由于参赛人（对、队）数不足，而造成竞赛秩序表不完整的一种方法。

在单循环赛中，当每组人数是单数时就有轮空。每轮的轮空数都等于 1，轮空的总数等于各组轮空数的总和。

单淘汰赛的轮空数=最接近且比参赛人（对、队）数大的 2 的乘方数−参赛人（对、队）数。

例如，19 人参加比赛，最接近且比 19 大的 2 的乘方数为 32，故轮空数为：

$$32-19=13$$

单淘汰赛的轮空位置，羽毛球竞赛规则有明确的规定。

采用混合制比赛时，轮空位置与各单一的比赛方法相同。如果是采用先循环后淘汰，又是采用一次抽签定位的，那么它的轮空定位与混合制中种子的定位原则一样，两个阶段的比赛方法联系起来考虑，即把第一阶段的各组按第二阶段淘汰赛“区”的概念划成 1/2 区、1/4 区、1/8 区，然后确定第一阶段各组所在的区域，再按单淘汰赛轮空分布法，计算出第一阶段各组的人（对、队）数。

例如，有 35 人参加单打比赛，第一阶段分 8 组进行单循环赛，第二阶段各组的第 1 名进行单淘汰赛，排出前 8 名的名次，采用一次抽签定位法，第一阶段各组人数应如何安排？

首先，算出第一阶段有几个组人数少 1 人。因为分 8 组，所以用大于 35 的 8 的倍数 40−35=5（组）。这就是说第一阶段有 5 个组少 1 人，即有 3 个组 5 人，5 个组 4 人。

5 即为第二阶段淘汰赛的轮空总数。

其次，确定各组的区域，第 1~4 组属于上半区，第 5~8 组属于下半区。

最后，把 5 个轮空数按单淘汰赛轮空分布法分布到不同的 1/8 区。即第 1、2、3、6、8 组 4 人，第 4、5、7 组 5 人。

若采取两次抽签定位法，那就不用这样的方法来分配各组的人数了。两次抽签定位法以前较为少用，因为它对编制秩序册带来较大的困难。如今，电脑和高速一体复印技术已在组织编排中广泛使用，因此两次抽签定位法应大力推广。这样既可以减弱抽签难度，又可以遏制因选择对手而打假球的不良赛风。

单淘汰赛的轮空位置，也可以用抽签的方法来确定。它与“不设种子”有同样的功用，可以增加单淘汰赛的机遇性，增加比赛的魅力。

十一、场数

场数可分为比赛总场数、每轮比赛场数和每人比赛场数等。它们是编排工作的基本依据之一。

单循环赛：

总场数=每轮场数×轮数

$$每轮场数=\frac{每组人数-1}{2}$$

注意：当人（对、队）数是双数时不用减 1。

单淘汰赛：

总场数=人（对、队）数-1+附加赛场数

各轮次场数= 2^{n-x}-轮空数+附加赛场数

n 为总轮数，x 为轮次。

注意：单淘汰赛中只有第一轮有可能轮空，第二轮以后都为 2 的乘方数，所以不会有轮空。

例如，某项单淘汰赛总共要赛 6 轮，第一轮轮空数是 3，没有附加赛，则各轮的场数为：

$$第一轮场数=2^{n-1}-3+0=2^{6-1}-3$$
$$=2^5-3=32-3=29（场）$$
$$第二轮场数=2^{n-2}-0+0$$
$$=2^{6-2}=2^4=16（场）$$
$$第六轮场数=2^{n-6}-0+0=2^{6-6}-0+0$$
$$=2^0-0+0=1（场）$$

双败淘汰赛：

比赛场数=（参赛者数-1）×2-1

例如，10 人（对、队）参加双败淘汰赛，取冠、亚军，比赛场数为：

$$(10-1)\times2-1=9\times2-1$$
$$=18-1=17（场）$$

多败淘汰赛：

$$比赛场数=几败\times（参赛者数-1）-\frac{几败\times(几败-1)}{2}$$

例如，28 人（对、队）参加 5 败淘汰赛，则比赛场数为：

$$5败\times(28-1)-\frac{5败\times(5败-1)}{2}$$
$$=5\times27-\frac{5\times4}{2}=135-10=125（场）$$

每人比赛的场数，等于自己所赛的轮数减去轮空那一场球。例如，某甲到现在为止已经进入第四轮，若没有遇到轮空，那么他已赛了 3 场球；若遇到轮空，那么他就只赛了 2 场球。要问他还要赛几场球，那就要用他比赛的总轮数减去已赛的轮数。如他参加单淘汰赛，得到冠军要赛 6 轮，那么某甲最多要赛 6 场球，现在已进入第四轮，就可能还有 3 场球要赛。

十二、竞赛负担量

竞赛负担量，指的是每个运动员或每个代表队，在一节或一天中的比赛次数。它是保证比赛质量和控制运动员比赛运动量的主要依据，这在羽毛球竞赛规则中有明确的规定。

竞赛负担量可以用轮数来控制。如要控制某运动员一天内的比赛负担量不超过 3 场，只要在安排该运动员比赛时，使他一天内各项比赛的轮数之和不超出 3 轮即可。

十三、场地容量和调度

场地容量，指的是每块场地在一节或一天中最多能安排多少场比赛的量度概念。

根据当今羽毛球技术的发展情况，在一天只安排两节比赛的前提下，一块场地一节安排全国青少年比赛半决赛前的比赛 5~7 场，成年比赛 1/4 决赛前的比赛 4~5 场较为合理。如果采用单淘汰赛，一般前两轮可安排 5~6 场，后几轮安排 3~5场，不然就会影响裁判人员、工作人员的正常休息。

为了解决场地数和场地容量的矛盾，国际比赛常采用“一贯制”的方法，不分节从上午开始一直打到晚上，或从下午开始打到晚上，直至比赛结束。每场比赛只安排开赛的时间，而不安排具体的场地，由编排组临时调度、确定、宣布。

十四、节数

节数是比赛时间的一种单位，一般把一天分成上午、下午、晚上三个时间段，一个时间段为一节，羽毛球比赛一天两节较为合理。

十五、比赛的计算单位

次：团体赛获胜的一方，为胜一次。

场：团体赛多由若干场单项（单打或双打）比赛组成，胜一个单项即为胜 1

场（单项赛同）。

局：比赛采取的分制不同，每局分数就不同。现在流行的有一局 21 分、15 分、11 分、7 分等不同的计分方法。先达到一局规定最高分的为胜 1 局。

每局的分数不同，往往每场比赛的局数也不同。通常在只进行一局的比赛，以及三局两胜制的第三局和五局三胜制的第五局比赛中，当一方分数达到局分的一半（非整数按四舍五入计）时，双方交换场区。

得分：胜一个回合，就得 1 分并继续发球。

回合：从一次发球开始，经双方来回对击至死球为止，为一个回合。

十六、附加赛

单淘汰赛的比赛方法只能产生第 1、2 名。一般负于第 1、2 名的运动员（对、队）并列为第 3 名。负于前 4 名的 4 名运动员（对、队）并列为第五名。如果比赛需要具体排出第 1、2 名以后的若干名次，则需要另外再增加几场比赛。增加的这几场比赛，就叫附加赛。常用的各轮次附加赛场数如表 5-2 所示。

表 5-2　各轮次附加赛场数

场数 / 轮数 / 要求	复 赛	半决赛	决 赛	合 计
排出前 3 或前 4 名	0	0	1	1
排出前 5 或前 6 名	0	2	2	4
排出前 7 或前 8 名	0	2	3	5

十七、预选赛

预选赛又称资格赛，一般有两种情况。

第一，不同时间或地点的两个阶段比赛。如我国全运会、青运会的羽毛球比赛和汤姆斯杯、尤伯杯的比赛，都是先进行预赛，然后隔一段时间再进行决赛阶段的比赛。

第二，同一时间或地点的预赛和正赛。为了保持原定比赛的规模，当报名参赛的人（对）数超过原计划数时，采用先进行预赛，后正式比赛的方法，如羽毛球世界巡回赛等。哪些运动员可以直接进入正赛，哪些运动员须先打预赛，应由竞赛的主办者或组委会决定。羽毛球世界巡回赛是根据运动员积分排名顺序来决定是否直接进入正赛的资格的。

正赛中的位置和数量，《羽毛球竞赛规则》或规程均有规定。

十八、运动员的替补

若原计划参加比赛的运动员因伤、病或其他意外的原因不能参加比赛，可进行运动员替补。替补有两种情况，一种是由本单位运动员替补，另一种是按事先排出的替补运动员的顺序依次替补。羽毛球竞赛规则对运动员替补有严格的规定。有的比赛的竞赛规程，对运动员的替补也会作特殊的规定，应予注意，以免发生错误。

十九、报名顺序

各参赛单位应根据积分排名和技术水平排列运动员的报名顺序，以便抽签编排和核对团体赛的出场名单。必要时，竞委会有权调整报名顺序。

二十、平衡

根据羽毛球竞赛规则关于抽签的规定，种子和同单位的选手必须合理分开，抽入不同的区或组。抽签时，能达到种子和同单位选手合理分开，以及各区或组人数符合要求的目的，即为平衡。

要特别注意，中国羽协审定的《羽毛球竞赛规则》有关抽签平衡的规定，与世界羽联的规定是不一样的。

中国羽协审定的《羽毛球竞赛规则》规定，同单位参赛者必须进入不同的区，且1、2号必须进入不同的1/2区，3、4号也必须进入不同的1/2区。这种使用平衡方法组织的比赛，排出的名次与参赛者的实际技术水平比较贴近，符合“国内练兵，一致对外”的原则，最适合在选拔选手或评定运动员技术水平时使用。

世界羽联的规定是，第三类赛事（国际挑战赛、国际系列赛、未来系列赛）的淘汰赛同一会员协会的第1、2号选手，分别进入不同的1/2区；如条件允许，同一会员协会的选手不得在第一轮相遇。在小组循环赛中，同组内同一会员协会选手间的比赛必须先进行，不考虑他们在组内的顺序。第二类赛事（世界巡回赛1至6级赛事）则不考虑同一会员协会选手分开的原则。世界羽联淘汰赛的平衡方法，有利于羽毛球运动的普及与提高，比赛也会更加精彩。至于循环赛比赛顺序调整的有关规定，则是整肃赛风的一种措施。

二十一、平衡控制

为了使抽签既能达到机遇均等的目的，又能实现平衡的要求，就要采取一些人为的办法，这种办法就叫作平衡控制。若用完全任意随机的“机遇”办法，是不能达到平衡的目的的。因此，平衡控制这个方法，是抽签中必然也是必须采用的方法。但控制要公平、合理，不得滥用。

常用的平衡控制方法有以下五种。

（一）“运动员分区控制表”平衡控制法

也就是通常所说的“拉平找齐，齐头并进法”。这种方法有控制面大、控制机会不均等、控制对象不合理等问题，应弃之不用。

（二）“机动数分区控制表”平衡控制法

即选手分类型平衡控制法。这种方法运用预见性和区别性两个原则，通过精确的预见，对选手进区进位的自由度进行限制，把控制降到最低的限度，来解决抽签工作中“机遇”和“控制”这一对基本矛盾，较完善地克服了淘汰赛机遇性强而不符合客观技术实际的缺陷，是大型比赛中常用的平衡控制法。但这种平衡控制法技术性强，难以把握，往往借助表格工具和计算方法使操作简易化、直观化。

（三）“自我掌握分区控制”平衡控制法

这种方法是前中国羽协裁判规则委员会主任徐其星先生依据平衡控制先进区后进位的基本原理，于20世纪50年代末创造的。“自我掌握分区控制”平衡控制法，控制合理、方法简易、人员配备少，是一种公平合理、易于掌握的平衡控制方法。它最大的缺点是速度慢、用时长。

（四）“空置数控制”平衡控制法

利用成熟的“运动员分区控制表”“机动数分区控制表”“自我掌握分区控制”等平衡控制方法，实施世界羽联平衡要求的抽签平衡控制，也是可以达到平衡要求的。但是这些平衡控制方法对于世界羽联平衡要求的抽签，却存有控制面太大而不合理的问题，不应使用。

“空置数控制”平衡控制法是解决以上难题的最佳选择。所谓“空置数”就是第二轮的空置位数，总数为 $Y=2^{(n-1)}$ 或大于参赛人（对、队）数且最接近2的乘方数除以2的商，n为1、2、3、4、5等自然数。每个空置位一般都有两个比赛位置，即两个号位。有两个比赛位置的，称为大空置位。如果只剩一个位置，即为小空置位。只要对空置数Y进行合理的控制，就能达到世界羽联的平衡要求。对于世界羽联的平衡要求，空置数控制是最便捷、合理的一种平衡控制法。

（五）“电脑软件控制”平衡控制法

随着电脑的普及，这种方法已被广泛地运用。世界羽联就是采用这种方法进行抽签的。这种方法的最大优点是速度快、省人力。但也常遭非议，究其原因，主要是透明度差、难以监督、审核合理性的难度大。因此，这种平衡控制软件，必须通过严格的审核，由主办单位严密保管并通过一定的启封程序方可使用。

“平衡控制方法”不在体育法规具体管辖范围内，充其量只受到体育道德的约束，因此争议频出。为了确保抽签工作的公平、公正、尺度一致，在实施抽签前，竞赛主办者对“平衡控制方法”的评估、审核，是一项不可或缺的工作。在抽签前，抽签实施者没报批“平衡控制方法”，应视为违规行为。

二十二、机动数

某单位在抽签时，可以任意进入某区而不影响同单位选手合理分开要求的运动员，为某区机动选手。某区机动选手的总数为某区的机动数。

注意：可进入某区的机动数和某区可容纳的机动数是两种不同的概念，不可混淆。

中国羽协审定的《羽毛球竞赛规则》中有关现国内专业队比赛抽签平衡规定的各区机动数情况如下：

A队有1名选手参赛，该队在任何一区的机动数都为1。

B队有2名选手参赛，该队在1/2区的机动数为0，在其他各区的机动数都为2。

C队有3名选手参赛，该队在1/2区的机动数为1；当某个1/2区的机动选手分入某个1/2区后，有一个1/2区有两名选手，牵制了另一名原是1/4区的机动选手，使其损失了机动的性质，因此，实质上3名选手的队在1/4区的机动数应为1，在1/8区的机动数为3。

D队有4名选手参赛，该队在1/2区、1/4区的机动数为0，在1/8区的机动数为 4。

E 队有 5 名选手参赛，该队在 1/2 区、1/4 区均有 1 个机动数；在 1/8 区，由于 1/2 区、1/4 区的机动选手分入某 1/4 区后，就等于牵制了其中一个 1/8 区的选手，因此就只有 3 个机动选手了。

F 队有 6 名选手参赛，该队在 1/2 区的机动数为 0，在 1/4 区、1/8 区均有 2 个机动选手。

G 队有 7 名选手参赛，该队在 1/2 区、1/4 区、1/8 区都只有 1 个机动数。

H 队有 8 名选手参赛，该队在 1/2 区、1/4 区、1/8 区的机动数均为 0。

当一个队有 9 名选手时，它的机动数情况与有 1 名选手的队一样。从上面所举的 9 个队的机动数情况来看，可以得出这样一个结论：机动数和各队的选手数、种子情况有密切关系，有一定的规律。

凡是队的选手数为双数时，在 1/2 区的机动数均为 0。

凡是队的选手数为单数时，在 1/2 区、1/4 区的机动数都为 1。

凡是队的选手数等于 4n（n=0、1、2……）的，在 1/4 区的机动数均为 0。

凡是队的选手数等于 4n+2 的，在 1/4 区的机动数均为 2。

凡是队的选手数等于 8n（n=0、1、2……）的，在 1/8 区的机动数均为 0。

凡是队的选手数等于 8n±1 的，在 1/8 区有 1 个机动数。

凡是队的选手数等于 8n±2 的，在 1/8 区有 2 个机动数。

凡是队的选手数等于 8n±3 的，在 1/8 区有 3 个机动数。

凡是队的选手数等于 8n±4 的，在 1/8 区有 4 个机动数。

例如，E 队有 5 名选手，L 队有 12 名选手，则它们在 1/2 区、1/4 区、1/8 区的机动数如下：

E 队 5 名选手是单数，在 1/2 区的机动数为 1，在 1/4 区的机动数也为 1。

$$5=8\times1-3$$

所以，在 1/8 区的机动数为 3。

L 队 12 名选手是双数，在 1/2 区的机动数为 0，在 1/4 区的机动数也为 0。

$$12=8\times1+4$$

所以，在 1/8 区的机动数为 4。

有种子时，只要减去原来应是机动数的那个种子选手即可。

例如，E 队第 5 名选手为 1 号种子，那他必定进第一个 1/4 区，这就改变了原机动性质，成为固定数了。因此，E 队在 1/8 区、1/4 区、1/2 区的机动数 1−1=0。

又如，D 队 4 名选手，其中有一名选手是 3 号种子，因为原来这 4 名选手都是 1/4 区的固定数，所以 1/2 区、1/4 区机动数还是 0；在 1/8 区原有 4 个机动数，由于其中一名为 3 号种子，那他必定进第三或第六个 1/8 区，这样就改变了原机动数性质，成为固定数了，在 1/8 区的机动数为 4-1=3。

如果按世界羽联的平衡要求抽签，除参赛人（对、队）数为 2 外，各单位可进入某区的机动数基本为参赛人（对、队）数减 2。参赛人（对、队）数为 2 的单位，在 1/2 区的机动数为 0，其他均为 2。

二十三、固定数

固定数是与机动数相反的概念，即只能固定进入某区才不影响平衡要求的某单位选手数。如一个队有 4 名选手，则在上半区和下半区的固定数都为 2，在各个 1/4 区的固定数均为 1，在 1/8 区的固定数为 0。

又如，有 5 名选手的队，在两个 1/2 区的固定数都为 2，在各个 1/4 区的固定数均为 1。

二十四、可容机动数

各区的位置数是一个常量，一定的参赛人数，就有一定的位置数。位置数与固定数的差，就是各区的可容机动数。如 35 人参加单打单淘汰赛，上半区的位置数是 17 个，如果各队在上半区的固定数相加起来是 13，那么上半区的可容机动数是 17-13=4（个）。

二十五、自由人和外卡

抽签时，参赛者要按代表单位，遵守“平衡”的原则抽签进位，这样每位参赛者都会受到本单位其他参赛者的制约。如果抽签时，取消有关“平衡”的限制，不受任何人的牵制，就成了自由人，这样就会降低抽签的难度而增加抽签的透明度。每个自由人可以自由摸签定位，增加竞赛的趣味性，也是群众比赛常采用的一种抽签方法。

外卡，是竞赛组织者为了达到竞赛的特殊目的，而为一些特殊人物预留的参赛位置。如第 9 届全运会羽毛球竞赛规程规定，获得某些比赛前几名的运动员，可以直接进入决赛阶段的比赛。这就是给这些运动员在决赛阶段预留了外卡的位置。

在商业性羽毛球赛和群众性比赛中，外卡的运用有更广阔的天地。如在某商业性羽毛球赛中，为当地群众或赞助商预留位置，可以使竞赛增加参与性，更贴近当地群众，吸引更多的观众或投资者，以提高竞赛的经济效益。

外卡是一种很灵活、很有实用价值的设计。自由人和外卡应在商业性比赛和群众性比赛中大力推广。

第二节　羽毛球竞赛方法

羽毛球竞赛方法多种多样，主要有淘汰制、循环制、混合制等。随着群众性羽毛球比赛的发展，其他体育运动项目的竞赛方法，被广泛地引进到羽毛球竞赛中来，羽毛球的竞赛方法越来越丰富多彩。但是，不管世界流行的体育竞赛方法有多精彩，其比赛方式也只有两种，一是对抗方式，如球类、拳击、击剑、摔跤、柔道等，是一个人对一个人或一个队对一个队，一对一的对垒，胜在当下，败在当下，胜负立现。二是比较方式，如田径、游泳、武术、射击、速度滑冰、滑雪、举重、体操、马术等，是通过各自所得的成绩间的比较来定胜负名次的。万法归宗，它们的功用非常单一，就是实现赛会的宗旨和目标。

竞赛方法仅仅是实现竞赛宗旨或目标的手段。它可单独使用，也可以联合使用。主办者可根据竞赛目的进行选择、创新。现将最基本的几种体育竞赛方法，介绍如下。

一、淘汰制

淘汰赛是以 2 的乘方数（2^n），即 $2^1=2$、$2^2=4$、$2^3=8$、$2^4=16$ 等为基数，两两相遇进行的比赛方法。当参赛人（对、队）数不是 2 的乘方数时，就会产生“轮空”。不同的比赛项目，轮空的安排方式不同。有的轮空有位置号，有的没有；有的选择轮空集中两头的安排方式，把所有的轮空平均分布在淘汰表上半区的顶部和下半区的底部（图 5-5、图 5-6），有的则采用轮空分布在不同区的方式（图 5-7）；甚至有的竞赛项目是采用抽签的方法来确定轮空位置的。确定轮空位置的顺序，也是各有差异的。乒乓球是采用蛇形跟进法，羽毛球则是按区对轮法。

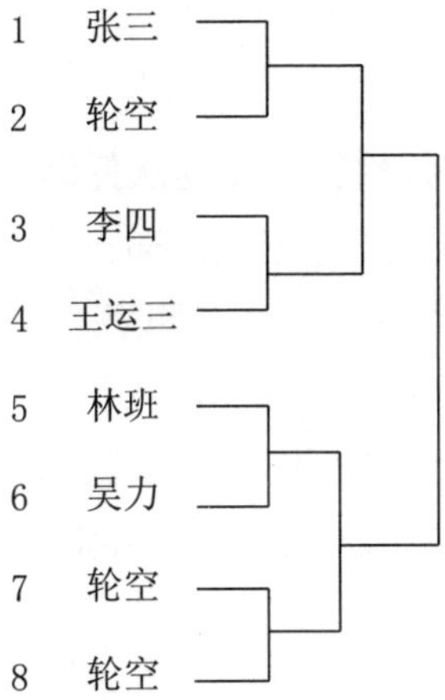

图 5-5　轮空集中两头分布且有位置号

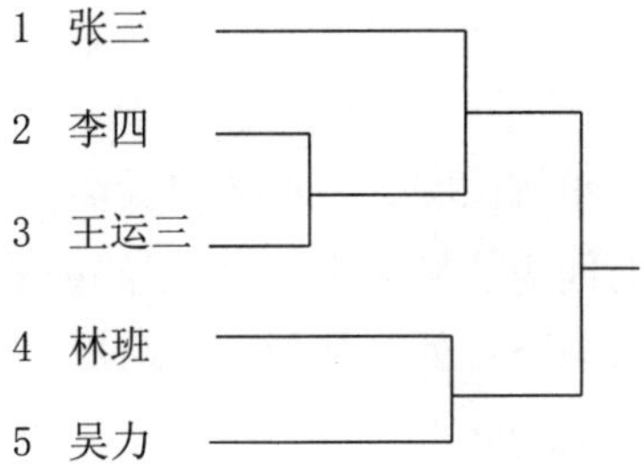

图 5-6　轮空集中两头分布且无位置号

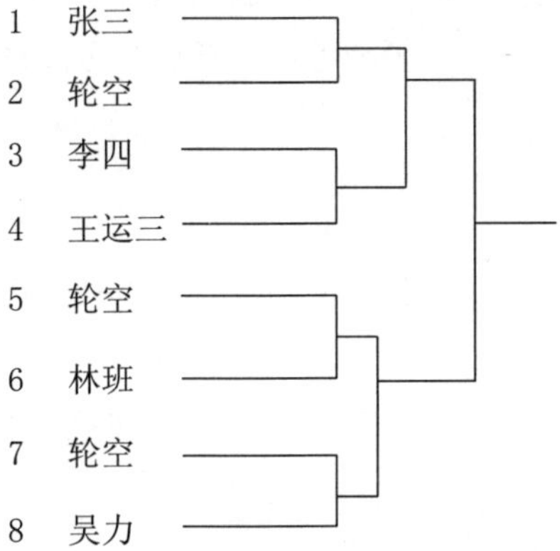

图 5-7　轮空分布在不同区且有位置号

尽管轮空的表达方式不一样，但比赛秩序是一样的，也就是说外形变了而本质是不变的。

淘汰赛分类五花八门，有冠军淘汰制、冠亚军淘汰制、任取淘汰制、抽签淘汰制等。若按淘汰赛的本质来分，只能分为单败淘汰制、双败淘汰制、多败淘汰制、复活赛制和佩奇制。

淘汰制本质都是两两捉对比赛，败者淘汰。败一场淘汰为单淘汰，败两场淘汰为双淘汰，被淘汰者再组织进行淘汰赛即复活赛，实质上双淘汰也是复活的一种，可以败一次复活，也可以败两次、数次复活，这都是淘汰方法与时序分割的结合产生的方法。其目的是克服淘汰制比赛场次少、偶然性大、名次不尽合理等缺陷。

（一）单淘汰

单淘汰赛又叫单败淘汰赛，其特点是对抗性强，比赛从低潮逐步走向高潮，在时间短、场地少的情况下可安排较多的参赛者。但比赛机遇不均等，偶然性大，除冠军外，其他名次均带有一定的偶然性，且第3名和第4名、第5~8名都是并列的。上列三个对阵表（图5-5至图5-7），都是单淘汰赛对阵表。

单淘汰赛方法，是一切淘汰赛制的基础。它所展示的规律，是任何一种淘汰赛制不可回避且必需遵循的规律。单淘汰赛方法是羽毛球比赛常用的方法。

（二）双淘汰

双淘汰赛，又叫双败淘汰赛，是参赛者败两次方被淘汰的一种赛制。参赛者至少可以有两场比赛的机会。这种比赛方法既增加了参赛者的比赛机会，又增加了比赛结果的合理性。第一次全国羽毛球比赛就是采用的这种比赛方法。其对阵表有以下两种画法。

1. 分部画法

分部画法就是把正部和负部分开的画法（图5-8、图5-9）。

图5-8 双淘汰赛正部画法

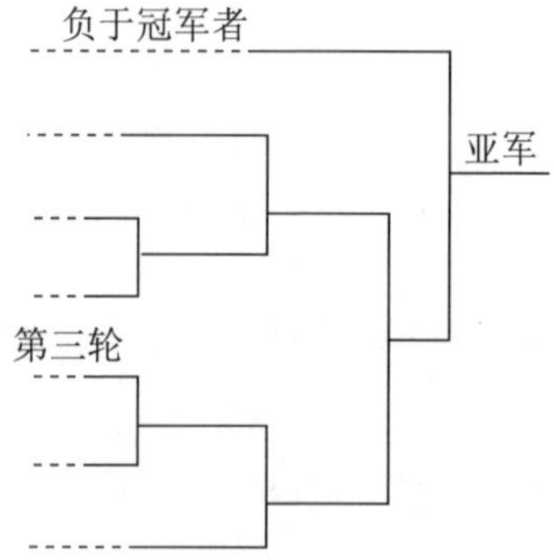

图5-9 双淘汰赛负部画法

2. 合并画法

所谓合并画法，就是把正部比赛和负部比赛的比赛秩序合并成一个对阵表的画法（图5-10）。

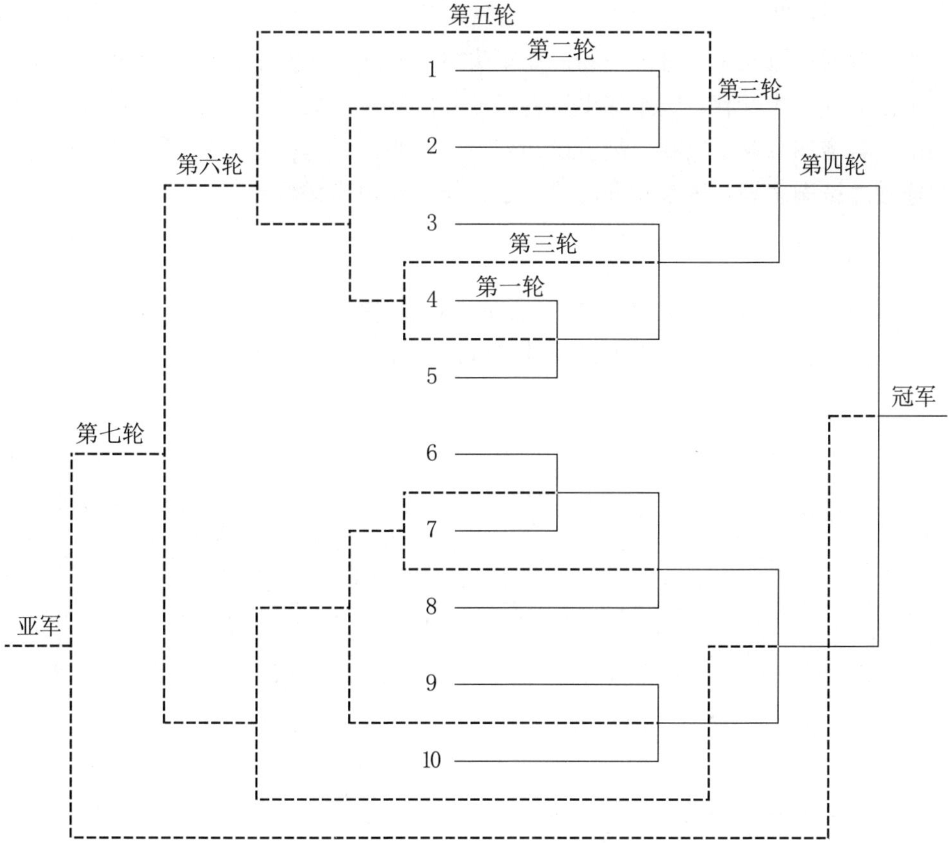

图 5-10　双淘汰赛合并画法

图中每一个对阵者的连接线，都可以画得和第一轮一样长（如虚线所示）。这里是为了让大家更直观地看清各对比赛者所在的轮次，而轮次不同，线段也画得长短不一。在实际应用中，大家可以灵活取用。

一般情况下，双淘汰赛负部的比赛都是从第二轮开始的，因为负部是从正部的第一轮败者对阵开始的。而 10 名比赛者的双淘汰赛比较特殊，它的比赛是从第三轮开始的（见图 5-10）。按常规，正部第 2、3 个 1/4 区第一轮负者是对各自所在 1/4 区第一轮的负者。但是 10 名比赛者的双淘汰赛，按 2^n 的基本规律，在同一个 1/4 区的另一个 1/8 区，没有第一轮比赛，所以也没有第一轮的负者，它的第二轮是轮空，而后直接进入第三轮比赛。因此，10 名比赛者的双淘汰赛是从第三轮开始的。这一点在制表时要特别注意，一定要按 2^n 的规律，分区对阵，不可错区、错轮。

负部，从第三轮往下接，还有 4 轮，共 7 轮。决冠军的比赛是第四轮。决亚军的那一场比赛，就是第七轮。先出金牌，后出银牌。当然，双淘汰赛也有很多变种，有的在冠亚军中再加一场冠亚军决赛，实际上这并不合理。因为这场决赛如果是负部出线者胜，则正部出线者只败一次即被淘汰，破坏了双败淘汰的定义准则。若增加冠亚军决赛，则应设并列冠军或并列亚军，方为合理。甚至有的要双连败才被淘汰等。这视比赛需要而定，但基本规律必需遵守。

3. 错误画法

现在有的教科书错把10名参赛者的双淘汰赛画成下列表式（图5-11）。从分部画法就很容易看出，正部没错并且画法一样，错在负部（图5-12）。

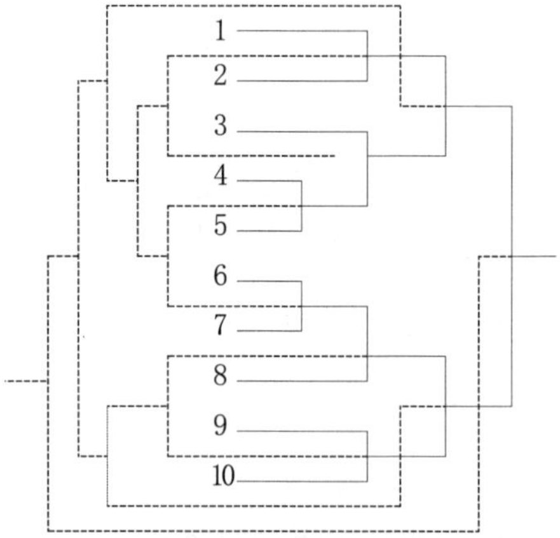

图5-11　双淘汰赛的错误合并画法示意

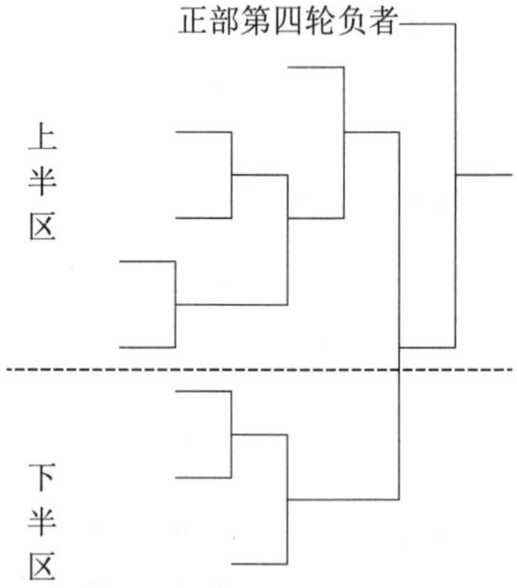

图5-12　双淘汰赛的错误负部画法示意

根据2^n的规律和淘汰赛分区原则，位置号1~5的比赛属上半区，6~10的比赛属下半区；1~2的比赛属第1个1/4区，3~5的比赛属第2个1/4区，6~8的比赛属第3个1/4区，9~10的比赛属第4个1/4区。这些分区的比赛，都包括负部的比赛在内。因此，4对5比赛的负者应属上半区，6对7比赛的负者应属下半区，如果他们在负部的比赛保持不败，则将在第六轮相遇（见图5-10）。而在图5-11中，硬把这两个败者拽出配对，移入上半区的第二轮比赛，违背了2^n的规律，破坏了淘汰赛的分区原则，人为地造成了负部比赛的错区错轮，致使上下半区比赛人（对、队）数不等，上半区5人，下半区仅3人；上下半区比赛轮数有差异，上半区赛5轮，下半区只赛3轮。这样，就破坏了“机遇均等”这个体育竞赛的核心原则。

（三）多败淘汰

在比赛时间和场地都有限，又想让参赛者多比赛的情况下，多败淘汰赛是一个不错的选择。竞赛组织者可以预先确定一个参赛者最低比赛场数或录取名次的目标。如参赛者在本比赛中至少能有5场比赛或录取前5名，就可以采取5败淘汰赛的方法。5败淘汰赛，就是参赛者要败5次才被淘汰。若是3败淘汰赛，就是参赛者要败3次才被淘汰。注意，这里的3败或5败，不是3连败或5连败，连败和非连败还是有区别的。

多败淘汰赛又叫分段淘汰赛，下图为4人参加的3败淘汰赛对阵表的合并画法（图5-13）。图中，实线部分为正部，细虚线部分为负部1败，粗虚线部分为负部2败。

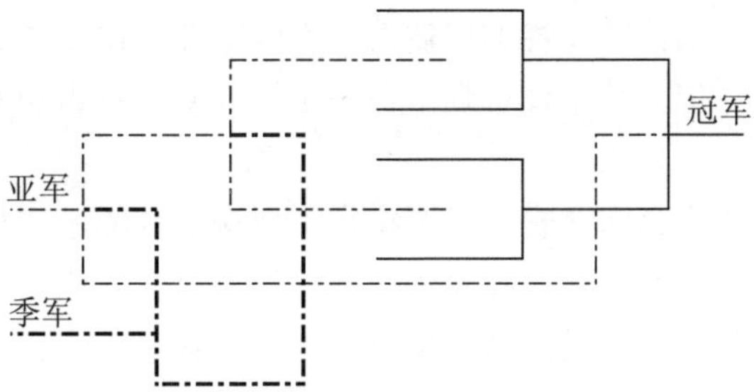

图5-13　4人参加3败淘汰赛对阵表

4人参加的3败淘汰赛分部画法比较容易，正部与图5-13相同，然后把正部的三名负者按（一）、（二）、（三）编号，再按轮次一一对阵，画成负1部对阵表（图5-14）。

接着，把负1部的负者按①、②编号，也按轮次一一对阵，画成负2部对阵表（图5-15）。

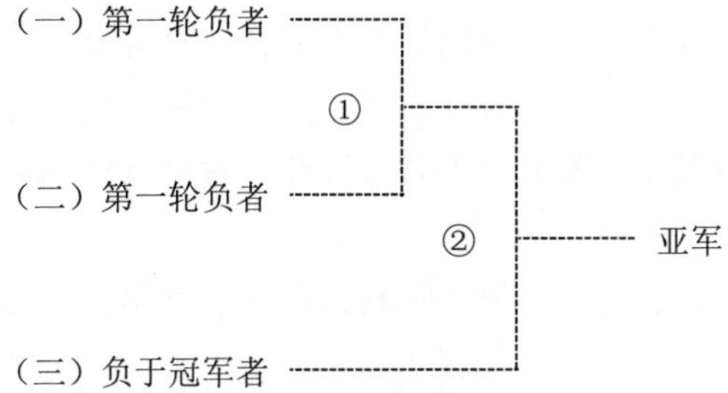

图5-14　4人参加3败淘汰赛负1部对阵表

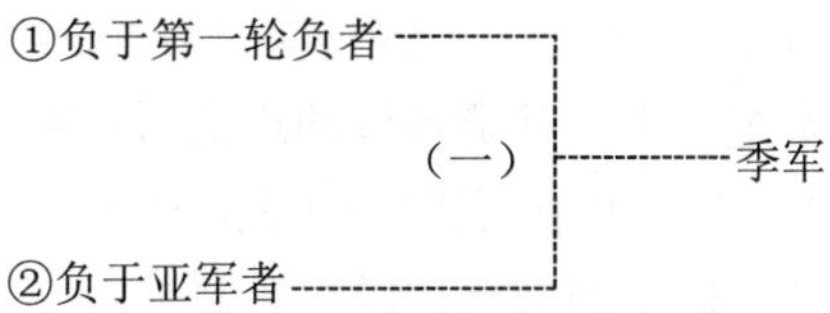

图5-15　4人参加3败淘汰赛负2部对阵表

而后，再把该轮的负者编号，再对阵，依此类推，直至与多败淘汰的败数相匹配为止。负者编号的两种字体“（一）”和“①”可以交替使用，只要能使上下部不混淆就可以，不必一部用一字体。

（四）复活赛

单淘汰赛，败一次，就被淘汰了。双淘汰赛，败一次，可以复活再赛。多败淘汰赛，在规定的败次内，还可以复活再赛。

复活赛本质上，就是多败淘汰赛的一种，只是组织上更加灵活而已。它可以预先自设复活的条件。如负于第 1 名者可以复活再赛，或负于各队技术排名第 1 名者可复活再赛。也可以把参赛者按已往成绩积分分组、分级进行升降级复活比赛。当然还可以把参赛者按实力平均分组再按比赛结果进行复活再赛等。

所以，复活赛是预设复活条件的淘汰赛，是可根据竞赛宗旨自由设计的一种竞赛方法，弥补了单淘汰赛比赛的偶然性、不确定性，比赛场次少等缺陷。其灵活机动，适应性强。但其技术性也强，往往难倒许多竞赛组织者，使复活赛制不尽普及。

实质上，复活赛也是淘汰赛，只要牢牢掌握淘汰赛的基本规律，设计复活赛的形式并不困难。复活赛的比赛场数和轮数的计算方法和淘汰赛的算法一样，只要注意分组时分开算后合并为总数就可以了。复活赛对阵表，采取在介绍多败淘汰赛时所述的“负者编号分部画法”来制表。

（五）佩奇制

使用佩奇制时，通常把比赛设计为两个阶段进行。第一阶段为小组循环赛，第二阶段采用佩奇制。例如，在第一阶段分两个小组进行单循环赛且各组前两名出线的情况下，第二阶段佩奇制比赛的第一轮是小组的第 1 名对第 1 名，第 2 名对第 2 名。第 1 名的胜者直接进入决赛（这意味着在小组赛阶段即便是前两名出线也必须争小组第一），负者与两个第 2 名对阵的胜者争夺决赛权（这意味着小组第一出线后即便第一场负仍有进入决赛的机会；即便是小组第二也有机会争取冠军）。实质上，佩奇制是分组分级复活赛的一种（图 5-16）。如上例，是由竞赛组织者把参赛者分两组进行比赛，预先设定各组第 1 名对抗赛负者可复活与第 2 名对抗赛胜者再赛的复活赛法。

佩奇制鼓励运动员每场比赛都要全力以赴，去争夺胜利，是有效抵制打假球的竞赛方法。

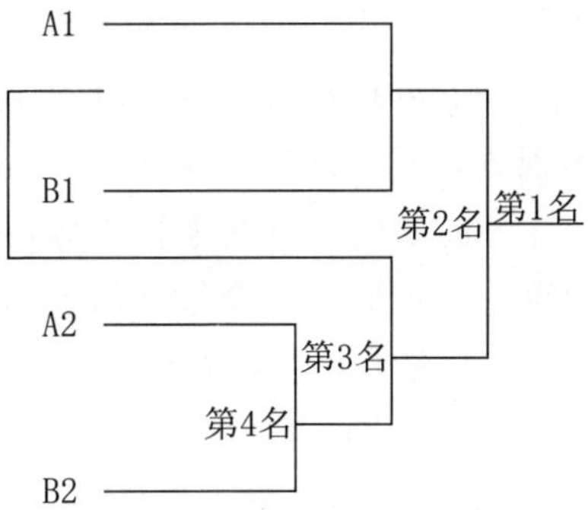

图 5-16　佩奇制淘汰赛对阵表

佩奇制淘汰赛的分部画法如图 5-17、图 5-18 所示。一至四为正部负者编号，①~③为胜者编号。

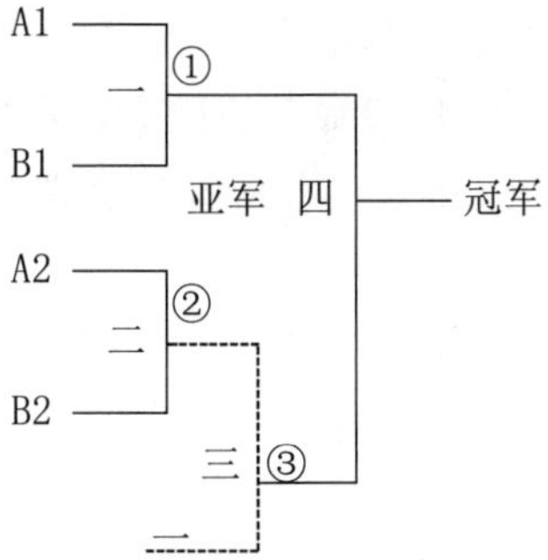

图 5-17　佩奇制淘汰赛正部画法

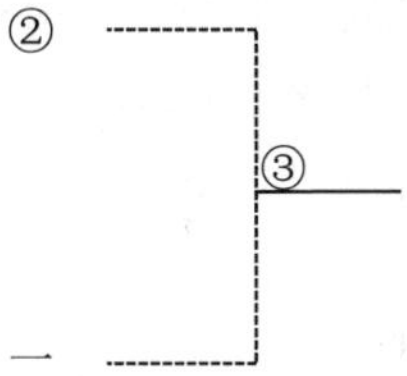

图 5-18　佩奇制淘汰赛负部画法

二、循环制

循环赛制可分为单循环赛、双循环赛、多循环赛等。

循环赛制，即参加比赛的选手或队伍与除了自身外的每个对手轮流捉对比赛，每位参赛者都参加相同的比赛场数，依结果判定比赛名次的比赛方法。参赛者互相比赛一次为单循环赛，比赛两次为双循环赛，比赛多次为多循环赛。

循环赛的特点是比赛结果的偶然性小，能反映出各个选手或队伍之间的真实水平。但一次比赛所需的场地多、时间长，比赛高潮难以把握，而且名次的计算方法也较复杂。最主要的问题是会出现弃权、让球等不良现象。

循环赛的名次计算方法相对复杂，项目不同计算方法也略有差异，但基本是按次、场（团体赛时）、局、分的级次顺序计算。次就是胜次，胜次多者名次列前。有的项目为了避免“打假球”现象发生，不按胜次而按积分计名次，胜一次得 2 分，输一次得 1 分，弃权得 0 分，而后把所有的得分相加，积分高的名次列前。如果胜次或胜次的积分相同，则计算局数分，再相同则算比分，以此类推，得分高者名次列前。算分的时候，有的项目是算得分的，有的是算净胜分的。算净胜分也有不同的算法，有的要算全循环组的净胜分，有的只算相互间的。有的项目是以取消弃权者所有比赛成绩的严厉手段，来杜绝“打假球”的。循环赛的名次计算方法不一而足，一定要以规程、规则为据。

采取分组循环赛时，尽量使各组的参赛者数量相同，这样才能做到各组的机遇相等，实现竞赛公平、公正的目标。

（一）单循环赛

当参赛者少、比赛时间比较充分时，采用单循环赛制是一种比较合理的选择。参赛者多时，也可以采用分组、分阶段的办法来组织比赛。分组时，要注意各组参赛者数的平衡，只有参赛者数平衡了，每位参赛者的比赛量才会一样，才能体现竞赛的核心价值——机会均等、公平、公正。如 8 位参赛者参加单循环赛，分两组每组 4 个比较合理，若一组分 5 个另一组分 3 个就失衡了。又如，9 位参赛者分 3 组每组 3 个，两组就比分一组 5 个一组 4 个公平合理。

循环赛是使用按轮次轮转的方法来确定比赛顺序的。轮转方法也因比赛目的不同而异。

1. 逆时针轮转法

羽毛球比赛以往常用的是“1”不动逆时针轮转法。“1”不动逆时针轮转法操作程序如下。

首先，给参赛者编号，依序，逆时针分两列，一一对应列阵。如有 8（7）位参赛者，其第一轮比赛对阵如图 5-19 所示。

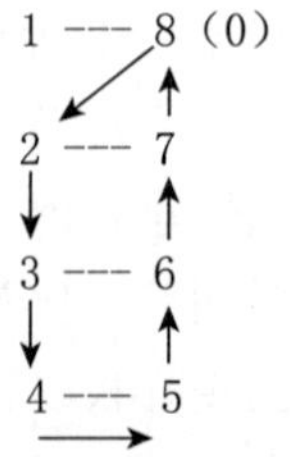

图 5-19　8（7）人参赛“1”不动逆时针轮转法示意图

在第一轮比赛中，1 号参赛者对 8 号、2 号参赛者对 7 号、3 号参赛者对 6 号、4 号参赛者对 5 号进行比赛。如果参赛者是单数，尾数则用 0 补成双数，0 所对应的比赛者第一轮为轮空。

从第二轮开始，左上角的“1”固定不动，其他各编号的选手依次按箭头所指的逆时针方向转动，一轮轮替一个号位，直至转完应有轮次为止。

例如，7 和 8 位参赛者参加单循赛比赛，皆须比赛 7 轮，按“1”不动逆时针轮转法，其比赛顺序如图 5-20 所示。

第一轮	第二轮	第三轮	第四轮
1---8(0)	1---7	1---6	1---5
2---7	(0)8---6	7---5	6---4
3---6	2---5	(0)8---4	7---3
4---5	3---4	2---3	(0)8---2

第五轮	第六轮	第七轮
1---4	1---3	1---2
5---3	4---2	3---8(0)
6---2	5---8(0)	4---7
7---8(0)	6---7	5---6

图 5-20　8（7）人参赛“1”不动逆时针轮转法各轮次示意图

这种轮转方法，简单易行。如果选手进位时是按选手实力顺序进入对阵表的各比赛位置号，则能确保 1 号种子的比赛是从弱打到强，最后一轮是 1 对 2 的最高对决，使比赛逐步进入高潮。

但是，这种轮转确定的比赛顺序有一个较大的缺陷，就是当比赛参加者是单数时，从某一轮开始，有一位参赛者总是与轮空后的参赛者进行比赛，显得比赛很不公平。例如，第四轮 6 号选手对 4 号，4 号第三轮轮空；第五轮 6 号选手对 2 号，2 号第四轮轮空；第六轮、第七轮依然如此，6 号选手总是以劳待逸，成了机会不均等的比赛牺牲品。

如采取“0”不动的逆时针轮转法，就可以克服以上缺点。其方法如下。

首先，与“1”不动逆时针轮转法相同，列出第一轮比赛对阵表（图 5-21）。

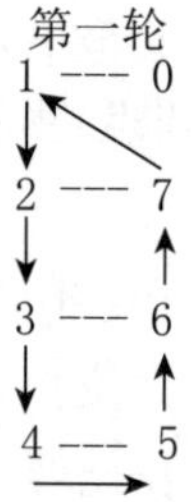

图 5-21　7 人参赛“0”不动逆时针轮转法第一轮示意图

从第二轮开始，右上角的“0”固定不动，其他各编号的选手依次按箭头所指的逆时针方向转动，一轮轮替一个号位，直至转完应有轮次为止。

7 位参赛者的“0”不动逆时针轮转法其他各轮的比赛对阵表如图 5-22 所示。

第二轮	第三轮	第四轮	第五轮	第六轮	第七轮
7---0	6---0	5---0	4---0	3---0	2---0
1---6	7---5	6---4	5---3	4---2	3---1
2---5	1---4	7---3	6---2	5---1	4---7
3---4	2---3	1---2	7---1	6---7	5---6

图 5-22　7 人参赛“0”不动逆时针轮转法第二至第七轮示意图

2. 顺时针轮转法

一般的“1”不动顺时针轮转法，基本与逆时针轮转法一样，只是转动方向相反而已。图 5-23 为 6 位参赛者的“1”不动顺时针轮转法对阵表。

第一轮	第二轮	第三轮	第四轮	第五轮
1---6	1---2	1---3	1---4	1---5
2---5	3---6	4---2	5---3	6---4
3---4	4---5	5---6	6---2	2---3

图 5-23　6 人参赛“1”不动顺时针轮转法示意图

这种轮转法，除 1 号选手是从强打到弱外，其他各编号选手都比较随机，故不经常采用。

有一种经改造的“1”不动顺时针轮转法，特点比较突出。按这种轮转法组织比赛，末轮的比赛恰好是实力相当的选手对阵，理论上后期能达到比赛的高潮，比较理想。这种轮转被命名为“1”不动末轮倒排顺时针轮转法，其具体操作如下。

首先，估算比赛轮数，然后按 1 号对 2 号、3 号对 4 号等一一配对，列出最末轮的对阵图。图 5-24 为 6 位参赛者的“1”不动末轮倒排顺时针轮转法末轮对阵图。

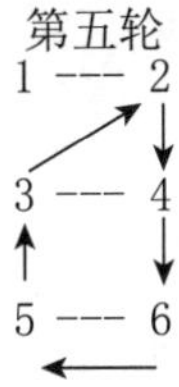

图 5-24　6 人参赛“1”不动末轮倒排顺时针轮转法末轮示意图

“1”固定不动，其他各编号的选手按箭头所指方向顺时针轮转，轮转一个号位为倒数第二轮，再转一位为倒数第三轮，以此类推，直至转完应有轮次为止，比赛仍是从第一轮开始。6 位参赛者的“1”不动末轮倒排顺时针轮转法其他各轮对阵如图 5-25 所示。

第四轮	第三轮	第二轮	第一轮
1---3	1 ---5	1 ---6	1 ---4
5---2	6 ---3	4 ---5	2 ---6
6---4	4 ---2	2 ---3	3 ---5

图 5-25　6 人参赛“1”不动末轮倒排顺时针轮转法第四至第一轮示意图

3. 贝格尔轮转法

贝格尔轮转法的轮转操作程序如下。

首先，给参赛者编号，依序，逆时针分两列，一一对应列阵。如有 5（6）位参赛者，其第一轮比赛对阵如图 5-26 所示。

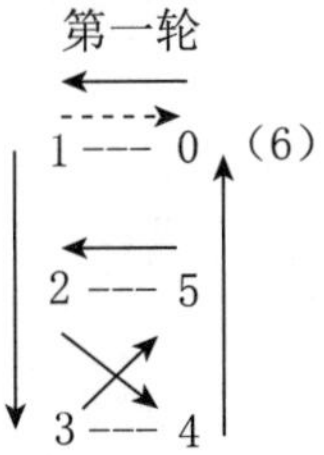

图 5-26　5（6）人参赛贝格尔轮转法第一轮示意图

在比赛中，各号位按箭头所指方向轮转。即尾数左右摆，一轮摆一次，如尾数是0（6），第二轮往左摆，第三轮往右又摆回；接着把上一轮右下角的编号提到第一行与尾数对阵，如第一轮的右下角是4，则把4提上来对0（6）成为第二轮的对阵，第二轮的右下角是2，则把2提上来对0（6）成为第三轮的对阵；最后，其他各编号跟上来，按顺序一一配对，形成各轮的比赛对阵图（图5-27）。

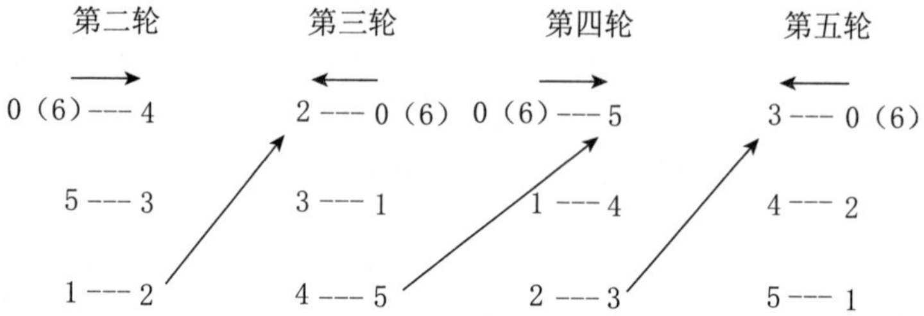

图5-27　5（6）人参赛贝格尔轮转法第二至第五轮示意图

这种轮转法，最大编号或0总是像钟摆一样左右摆动，故有人称之为钟摆轮转法。其特点是，前期的几轮中都有一两场实力相近的、较精彩的比赛。如第一轮的3号对4号，第二轮的1号对2号。但同时也使后期比赛相对平淡，整个赛程从高潮走向低潮，大幅降低了竞赛的精彩程度。有的竞赛组织者会采用调轮的办法来解决这个问题。如把第五轮调为第一轮，第一轮调为第二轮，第二轮调为最后一轮等。

4. "1"优先升降轮转法

这是世界羽联循环赛使用的轮转法。其以确保1号位选手从弱打到强、决赛前一轮轮空或对手为次弱、末轮为"1 -- 2""3 -- 4""5 -- 6"等最精彩对阵为要务。"1"优先升降轮转的操作程序如下。

首先，给参赛者编号，按顺序分两列，画出初始对阵表（图5-28）。

在第一轮比赛中，把最弱者6号升上来，其他参赛者按箭头所指方向依次降下。如果有轮空，则第一轮1号对次弱的5号（图5-29）。

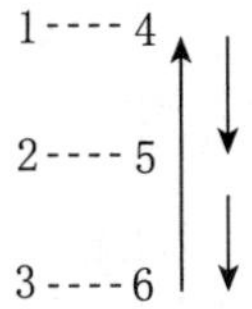

图 5-28　6 人参赛“1”优先升降轮转法示意图

图 5-29　6（5）人参赛“1”优先升降轮转法第一轮示意图

在随后的比赛中，“1”固定不动，将“1”的对手按从弱到强的顺序依箭头所示的升降法轮转，安排各轮的对阵（图 5-30）。

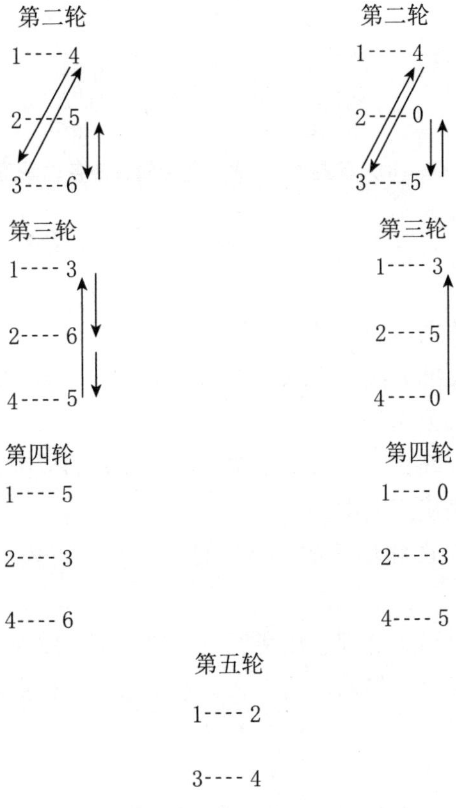

图 5-30　6（5）人参赛“1”优先升降轮转法第二至第五轮示意图

这种轮转法的优点比较突出，既能保证种子（1 号选手）的利益又能克服循环赛决赛轮不确定的弊病，使比赛逐步走向高潮，是一种比较符合竞赛规律的竞赛组织手段。7和8位参赛者的“1”优先升降轮转法各轮对阵如图5-31和图5-32所示。

第一轮	第二轮	第三轮	第四轮	第五轮	第六轮	第七轮
1---7	1---6	1---5	1---4	1---3	1---0	1---2
2---5	2---0	2---7	2---6	2---4	2---3	3---4
3---6	3---5	3---0	3---7	6---0	6---7	5---6
4---0	4---7	4---6	5---0	5---7	5---4	7---0

图5-31　7人参赛“1”优先升降轮转法各轮示意图

第一轮	第二轮	第三轮	第四轮	第五轮	第六轮	第七轮
1---8	1---6	1---5	1---4	1---3	1---7	1---2
2---5	2---7	2---8	2---6	2---4	2---3	3---4
3---6	3---5	3---7	3---8	6---7	6---8	5---6
4---7	4---8	4---6	5---7	5---8	5---4	7---8

图5-32　8人参赛“1”优先升降轮转法各轮示意图

（二）双循环赛

同样的参赛者，打两次单循环赛，即为双循环赛。双循环赛第一循环，参赛者一般都采取抽签进位的方法，进入各自的比赛号位。第二循环，参赛者多采用按第一循环成绩跟进的方法进位。

双循环赛的比赛成绩，可以按第二循环各参赛者的成绩计名次，也可以按两次循环所得的积分和来确定名次。

双循环赛的比赛轮次和场数的计算方法，与单循环赛相同，只要重复叠加即可。

双循环赛的优点是名次合理、比赛气氛热烈、媒介效应突出，是主客场赛首选的竞赛办法。中国羽毛球俱乐部超级联赛就是采用这种赛制来组织比赛的。

（三）多循环赛

是指循环次数多于一次的循环赛制。双循环赛就是最简单且经常采用的一种多循环赛。

多循环赛的比赛成绩，可以按最后一次循环各参赛者的成绩计名次，也可以按数次循环所得的积分和来确定名次。

多循环赛的比赛轮次和场数的计算方法，可按双循环赛类推，重复叠加即可。

多循环赛的特点是与同一对手比赛场次多，名次偶然性小，适用于人数少的比赛，是集训、选拔赛常采用的一种比赛方法。组织者可根据比赛宗旨来选择采用。

三、积分制

以积分的相同或相近为主要原则而进行编排的比赛，为积分编排制比赛。其轮次可以由竞赛组织者设定，还可以根据情况适当增减，是介于淘汰制和循环制之间的一种比赛方法，实际上也是一种复活赛，是集训选拔常用的一种赛制。

积分赛，一般是按总得分来确定名次的，总得分高者名次列前。

采用积分赛制的竞赛组织者，首先应根据参赛人数、赛期长短、录取名次的多少，来确定并在赛前宣布比赛进行的轮数和各轮、各段胜负得失分的分值。轮数大致为单淘汰赛所需轮数的一倍，当然也可适当地增减，一般不少于七轮，以减少比赛的偶然性。

每轮比赛须为全体运动员（对、队）编排一次。除第一轮用抽签确定每个运动员（对、队）比赛序号外，其余各轮均按各自积分编排对阵。

每轮由最高分按积分段逐段向下编排。即首先同分者对阵，次之近分者对阵，尽可能避免跨越积分段编对，直至全部排通为止。

如参赛运动员（对、队）逢单数，各轮次轮空者均以胜局计算，轮空一般应放在最低分的组段。

已相遇过的对手不再编对。

如遇规定编排时间已到，而比赛尚未结束的情况，为不影响下一轮比赛，可暂时先按平局计分进行编排，事后无论该局结果如何，本轮编排结果均为有效。

四、混合制

羽毛球分阶段比赛时，各阶段经常采用不同的竞赛制度，如第一阶段采用循环赛，第二阶段采用单淘汰赛或佩奇制，这就是所谓的混合制。它集不同赛制之长处，使比赛结果既能比较客观地反映运动员的真实水平，又能在短时间内完成比赛任务。竞赛组织者可以充分发挥自己的聪明才智自由选择、创新。但由于各阶段采用的竞赛办法不同，会给抽签等竞赛组织工作带来一些麻烦，要特别注意通盘考虑，前后兼顾。

第三节 编排组的准备工作

编排组的首要任务是学习竞赛规程，悉心领会大会总则、宗旨，了解掌握竞赛的目的、要求、比赛项目、比赛办法、参赛人数、报名截止和报到日期、采用的规则、录取名次和计分方法，以及其他有关的特殊规定，初步估算场地数、裁判员的人数等事项，以便拟定工作计划和工作日程。

一、制订工作日程

编排组的主要工作有设计秩序册、成绩册和其他竞赛表格，接受报名，安排赛前练习场地，准备抽签和实施抽签，安排竞赛日程，编印秩序册，记录和公布成绩，印发成绩册，竞赛资料归档等。

编排组成立后，可以根据时间的长短，把这些工作内容制成编排组工作日程表，并将全组工作人员适当分工，使每项工作都有专人负责。

二、事务性准备工作

在明确了竞赛规程的目的、要求和确定编排组工作计划以后，就应着手做一些事务性准备工作。如向有关部门领取办公用品；根据竞赛规程和筹委会要求，对秩序册、成绩册的开本和封面进行设计；查看竞赛和练习场地的实际情况；合理设计信息台和信息公告栏；补充印制竞赛轮次与场数明细表、各项竞赛日程安排方案表、空白签卡、平衡表、场地汇总表、团体赛出场名单、成绩记录表、空白方格表等各竞赛用表等。

三、接受报名、审查运动员资格

接受报名是一项重要而细致的工作，要由专人组织专门的团队集中精力搞好这项工作。有关报名的所有电子或纸质的材料，均应由专人统一管理。接受报名的首要工作是“资格审查”，资格审查的依据是竞赛规程，审查的内容包括以下四点。

（一）报名时间

根据规程规定的报名截止时间，核对运动员的报名时间、赛会收到报名申报的时间和邮戳时间或电邮发送时间，发现问题应立即与报名单位联系核实，并向领导汇报，作出妥善处理。为了避免有关单位延误报名，催促报名工作应及早进行。

（二）报名人数

根据规程规定的报名人数，核对男、女运动员报名人数，领队、教练、医生报名人数，各单项报名人数、总人数，以及有关不占名额的特殊规定等。

（三）特殊规定

有些竞赛规程对代表权、年龄、兼项等做了特殊规定，都应认真审核。

（四）选手排列顺序

各个比赛项目中，各单位选手应按技术水平排列。凡两个单位混合配对组成双打的，应将双打选手按其中一个单位的顺序排列。

经审查后的标准报名单应是完整、清楚、准确的，不清楚的地方应填写清楚，有错的地方应更正，选手资格有疑问或有问题的应查清或纠正。

四、汇总报名

在报名审核的基础上，进行报名汇总和运动员兼项情况的统计工作。首先是统计各项的参赛队数、人数和对数；其次是进行分项汇总，分项名单应能清楚地看出每个单位参加各项比赛的具体人名和技术顺序，报名统计汇总表应印发给有关部门，以利筹备工作的全面展开；最后是进行运动员兼项情况统计，把兼项运动员的单位、姓名和兼项情况进行登记，作为确定编排方案时的参考。

五、安排赛前练习场地

编排组应有专人负责，在各运动队报到前，安排好赛前练习场地，交至报到处、场地组等有关部门，使他们能事先做好准备。运动队一报到，就能知道自己赛前练习的安排情况，做好思想准备，及时进行练习。

安排赛前练习场地，要注意以下四种情况。

第一，根据报名人数和各代表队运动员到达时间，或事先发放赛前训练需求表收集各队需求，统筹安排练习场地和练习时间。

第二，提供给各队赛前练习的场地与时间，应根据条件灵活掌握，一般要保证每个队每天有2~4小时的练习时间。为加大练习密度，应尽量提供较多的场地，最好每4名队员使用一个场地。每天可分上午、下午、晚上三节，分别安排各队练习。由于条件限制也可以分六节进行安排，即上午、下午、晚上再各分成两节。

第三，为使各队都能适应各种比赛场地环境，应尽量安排各队在各节不同的时间里和不同的场地上均有练习的机会。

第四，无法确定安排的场地，应留作机动场地，这样比较主动。在安排练习场地时，一定要把裁判员实习用的场地列入计划，保证裁判员的赛前实习，保证赛会的竞赛质量。

赛前练习场地分配计划，一般可制成综合表格的形式（表5-3），也可采用分别通知的形式（图5-33）。

表5-3　赛前训练场地安排表

日期	时间	地点	场号						
			1	2	3	4	5	6	7
5日	8:00—11:30	区体育馆	福建	湖北	上海	河北	辽宁	裁判	机动
	15:30—17:30	市体育馆	北京	浙江	四川	裁判	贵州	江苏	机动
	19:00—21:00	省体育馆	广东	广西	裁判	天津	机动	机动	机动
6日	8:00—11:30	区体育馆	裁判	裁判	裁判	广东	广西	河北	天津
	8:00—11:30	市体育馆	上海	机动	辽宁	机动	福建	湖北	机动
	8:00—11:30	省体育馆	四川	贵州	江苏	浙江	北京	裁判	裁判
7日	8:00—11:30	区体育馆	江苏	四川	北京	浙江	贵州	机动	机动
	8:00—11:30	市体育馆	机动	广西	广东	河北	天津	裁判	裁判
	8:00—11:30	省体育馆	裁判	裁判	福建	湖北	辽宁	上海	河北

说明：1. 各代表队应提前做好乘车准备，按时到达场地练习。

2. 省、市体育馆为比赛馆。

3. 以上划分的场地也可与其他队共同练习。

4. 5日15:30—17:30训练不对媒体开放。

××代表队：
现将贵队赛前练习时间、场地通知如下：
5 日 8:00—11:30 区体育馆 1 号场
6 日 14:30—17:30 市体育馆 5 号场
7 日 19:00—21:00 省体育馆 2 号场

图 5-33 赛前训练场地安排通知单

在比较难预计参赛人数和报到时间的比赛中，赛前练习可采用自我填报法进行安排。具体做法是：把没有填写单位的“安排表”，附上几条有关场地数量、使用时间限制等的规定，公布于竞赛信息栏上，由各参赛者自行填报，有序地进行赛前练习。这种方法在群众性羽毛球比赛中尤为适用。

六、安排赛中热身和训练场地

根据秩序表和各队需求，安排参赛运动员的热身场地和没有比赛的运动队的训练场地。其原则、方法与安排赛前练习场地相同。

第四节 抽签工作

抽签工作，是羽毛球竞赛组织工作中的一个重要环节，公正、合理、规范是其基本要求。因此，抽签工作必须由竞赛主办者组织并进行严格地监督。抽签工作强度大、技术性强，准确性要求极高，不允许有差错，不允许有丝毫可质疑的操作。根据赛会的规格和要求，可以采用不同的抽签方法。抽签方法一般可分为内部抽签和公开抽签两大类。

内部抽签，就是由主办单位组织抽签工作人员并在其监督下，实施的一种抽签方法。世界系列大奖赛、全国单项赛等比赛，大多采用这种方法进行抽签。

公开抽签，就是由主办单位组织抽签工作人员，在参赛单位代表、媒体等观众的监督下，实施的一种抽签方法。其形式多样，有自主、自助、透明、半透明、单机遇、双机遇、多机遇等方式。自主式，就是由参赛代表或参赛者本人摸取区签、号签，抽定自己的参赛位置的一种抽签方式。抽签工作人员在自主式抽签中，只做提供信息、签卡、记录和公告等服务性工作，进区、进位均由参赛者自主操作。如果平衡进区等技术性强的工作由抽签工作人员操作，进位等工作由参赛者协助完成，那么这种抽签方式被称为自助式抽签。一切抽签工作均由抽签工作人员代劳的抽签方式，只能称为被抽签。

公开抽签，一般只能称为半透明抽签。只有做到平衡过程直观视觉公布，进区进位过程直观视觉公布，才可叫作透明抽签。我国的全运会采取的是自主全透明的抽签方法。而奥运会的抽签方法，只可称为自主半透明抽签。

单机遇、双机遇、多机遇，是评估抽签手法安全性的一种说法。单机遇，是指通过一次抽取来确定一个抽签结果的抽签手法。如要抽某甲进上、下半区，某甲自主在上半区和下半区两个签中抽取一个，这就是单机遇的抽签手法。现在的电脑抽签，基本是属于单机遇的抽签手法。如果有两种签，一种是写上甲的名签和一个空签置于名签盘中，另一种是写着上、下半区的区签置于区签盘中，由抽签人员先从一个盘中抽取一个名签，然后再从另一个盘中抽取一个区签，配对确定甲所进的区，这种通过两次抽取而定位，就是双机遇抽签手法。如果通过三次抽取才确定一个抽签结果，则称为三机遇抽签。以次类推至多机遇。抽签时签卡或签球被辨认，使随机抽取变成认定选取的情况时有发生，尤其在同时抽取的签数少时更易发生。因为一次抽取，是很明晰的一种主动选择，如果是多次，随着次数的增多，签的辨识就会模糊起来，主动性就会减弱，那机遇性就会增强，手法就会更安全。当然，机遇越多耗时越多，因此双机遇是一种较为恰当的选择。注意，此处所讲的“机遇”与数学的“概率”是两个风马牛不相及的概念。此处的“机遇数”讲的是抽签手法的安全系数，也就是手法的可靠性，不是概率。

实施抽签工作，必须有适合的场所、配备若干工作人员、使用相应的工具、采取一定的步骤，才能顺利地完成。下面将就这些问题，做简要的介绍。

一、抽签人员

（一）抽签主持人

1 人，负责抽签工作的组织工作。主持抽签仪式，介绍抽签人员、出席抽签仪式的嘉宾、代表和新闻单位，解答出席仪式的嘉宾、代表和记者提出的有关问题，宣布抽签仪式的开始和结束。抽签主持人由竞赛主管部门委派。

（二）抽签监督

1 至 2 人，负责抽签全过程的监督，核对抽签全过程是否与批准的抽签方案相符，尤其是“平衡方法”尺度是否统一、抽签手法是否合理安全。如有必要，经与主持人相榷，可撤换有关抽签工作人员。抽签监督，由竞赛主管部门相关领导担任。

（三）主抽人

负责实施抽签，管理控制名签，向与会者说明抽签操作的每一个步骤。如采取自主式抽签，主抽人则转换角色，成为抽签信息公告和名签提供员，及时邀请轮值的代表进入抽签操作席，宣告平衡控制的信息和抽签的进程及结果。裁判长是主抽人的合适人选。

（四）号签员

是主抽人的主要搭档，掌握区签、组签和号签，配合主抽人实施抽签。如采取自主式抽签，号签员则成为签卡（球）的提供员，与主抽人配合准确地备好充分且符合要求的签卡（球），供代表自主抽取。

（五）平衡员

掌握抽签平衡表，根据抽签进程，记录种子选手和非种子选手进区、进位情况，向主抽人提示需控制选手的平衡信息。如采取全透明式的抽签，则须在电脑上操作平衡表并把抽签平衡控制的操作全过程及结果，通过屏幕投影到每位代表席、记者席的视屏上，直观形象地公布出来，接受与会者的监督。

（六）记录员和录入员

负责记录各项抽签结果。如采取全透明式的抽签方法，则用电脑录入抽签结果，用投影仪投射在大屏幕和每位代表席、记者席的视屏上，直观形象地公布出来，接受与会者的监督。

（七）公告员

负责宣告抽签结果。

（八）复核员

负责复核平衡员的平衡控制是否正确，复核记录员或录入员的记录和录入是否正确，复核公告员的公布是否正确。

（九）翻译人员

负责翻译主持人、抽签人的全部讲话和说明，听取并翻译代表、记者和所有来宾的提问。

（十）联络员和礼仪小姐

负责礼仪、接待和联络等工作。

（十一）文印人员

负责抽签结果的复印、装订、分发等工作。

抽签人员的配备，可以根据仪式的规模和实际情况有所增减。

二、抽签会场

抽签会场可根据实际情况，选择相适应的会议场所进行布置。

会场主要有抽签操作区、文印区 、茶歇区（设在相邻场所内）、代表座席区、来宾座席区和媒体工作区。抽签操作区如图 5-34 所示。

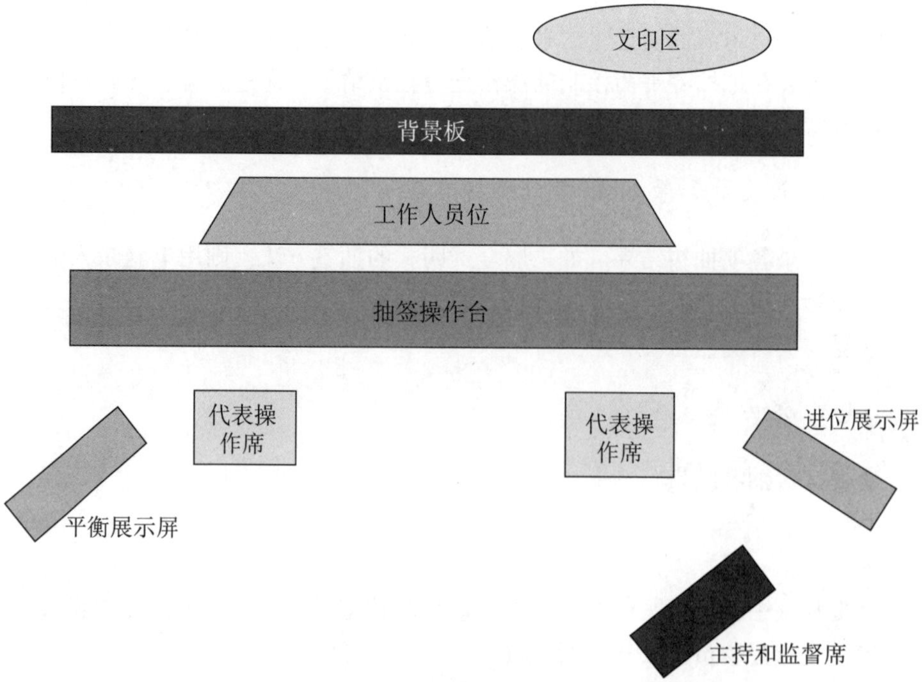

图 5-34　抽签操作区示意图

三、抽签用具

（一）名签

包括团体赛的队名签、单项赛的运动员名签。运动员名签应标上所在单位和技术顺序。

（二）区签和组签

标有区号或组号的签条。

（三）号签

标有位置号的签条。

（四）签盒球

封装名签、区签和号签的球形盒子，如乒乓球大小。一般是名签盒一种颜色，区、号签盒另一种颜色，以便区分。当然，用硬签卡直接抽取操作抽签全过程，也是可以的。但是，硬签卡是平面的，视觉上不如球形盒立体直观，便于观众监督。所以大型抽签仪式，还是使用球形盒比较好。

（五）平衡表

用表格形式，直观记录各单位运动员进区、进位的总体情况，反映他们之间的抽签关系，帮助主抽人统揽全局，避免错误。为了增加抽签过程的透明度，有条件的抽签仪式，应在电脑上操作平衡表，在屏幕上即时公示出来接受监督，将其动画化则效果更佳（表 5-4）。

表 5-4　羽毛球单淘汰赛抽签平衡表

<table>
<tr><th rowspan="3">1/2区</th><th rowspan="3">可容机动数</th><th rowspan="3">固定数</th><th rowspan="3">位置数</th><th rowspan="3">1/4区</th><th rowspan="3">可容机动数</th><th rowspan="3">固定数</th><th rowspan="3">位置数</th><th>序号</th><th>1</th><th>2</th><th>3</th><th>4</th><th>5</th><th>6</th><th>7</th><th>8</th><th>9</th><th>10</th></tr>
<tr><th>队名</th><td></td><td></td><td></td><td></td><td></td><td></td><td></td><td></td><td></td><td></td></tr>
<tr><th>人数</th><td></td><td></td><td></td><td></td><td></td><td></td><td></td><td></td><td></td><td></td></tr>
<tr><td rowspan="2">上半区</td><td></td><td></td><td></td><td>1</td><td></td><td></td><td></td><td>位置号</td><td></td><td></td><td></td><td></td><td></td><td></td><td></td><td></td><td></td><td></td></tr>
<tr><td></td><td></td><td></td><td>2</td><td></td><td></td><td></td><td>位置号</td><td></td><td></td><td></td><td></td><td></td><td></td><td></td><td></td><td></td><td></td></tr>
<tr><td rowspan="2">下半区</td><td></td><td></td><td></td><td>3</td><td></td><td></td><td></td><td>位置号</td><td></td><td></td><td></td><td></td><td></td><td></td><td></td><td></td><td></td><td></td></tr>
<tr><td></td><td></td><td></td><td>4</td><td></td><td></td><td></td><td>位置号</td><td></td><td></td><td></td><td></td><td></td><td></td><td></td><td></td><td></td><td></td></tr>
</table>

（六）记录表

按规程要求，预先画好，用以记录抽签结果的记录员专用表格。有条件的，也应在电脑上操作并连线大屏幕，公示于众。

（七）区牌和签盘

根据实际情况，准备 4 或 8 个放置签卡的盘子，每个盘前都直立一面标明“区”或“组”的标牌。如用签盒球抽签，则有两个透明的大玻璃缸即可。

（八）公告栏和投影仪

用以公示抽签过程和公布抽签结果。

（九）电脑、显示屏

用以公示抽签过程、公布抽签结果。

（十）文印设备和文具

复印机、装订机、纸笔文具和空白签卡等都是抽签时必备的用具。

（十一）扩音设备

如果会场大，还须有扩音设备，使与会者都能听清有关抽签的说明。

（十二）文件和抽签资料

规则、规程和原始报名表、种子名单、分项名单等有关抽签的文件和资料，也是抽签时必不可少的用品。

四、抽签步骤

（一）主持人

①宣布抽签仪式开始，介绍抽签监督、出席抽签仪式的嘉宾和代表；
②宣布抽签原则等有关事项；
③请代表审议相关事项；
④宣布进行某个项目抽签，介绍主要抽签工作人员；
⑤一个项目的抽签结束后，主持人宣布进行其他项目抽签，如此直至宣布抽签仪式结束。

（二）主抽人

介绍抽签项目相关情况和抽签顺序，实施某项抽签。

（三）进行某个项目的抽签

分批进行种子抽签。先进行1、2号种子的定位，定位平衡员和记录员做相应的记录。再进行3、4号种子抽签定位，当主抽人宣布进行3、4号种子抽签进位时，平衡员要根据1、2号种子和3、4号种子的单位情况向主抽人作必要的平衡提示，号签员要拿出相应的号签，配合主抽人进行3、4号种子的抽签定位。接着进行5~8号种子、9~16种子的抽签定位，具体过程与3、4号种子一样。

分批进行各单位非种子选手的抽签。分批方法与种子抽签分批方法相同。当主抽人宣布进行某单位某批选手抽签时，平衡员的配合与种子抽签一样，号签员要拿出相应的签卡（球）配合主抽人进行该批选手抽签。记录员、复核员和公告员互相配合做好记录、复核和公布工作。

五、平衡表的应用

按项目的报名情况，整理分项名单，统计各单位的参赛人数。

把各单位的参赛人数，填入平衡表各单位名下的人数栏中。

根据各单位参赛人数在各区的机动数情况，把他们的固定数、机动数在平衡表的相应区内画上○。

根据各区的位置数，统计各区的固定数和可容机动数，并把数字填入平衡表相应的栏中。

平衡表在抽签过程中的操作。例如，A 队 8 人、B 队 7 人、C 队 6 人、D 队 5 人、E 队 4 人、F 队 3 人、G 队 2 人，共有 7 队 35 人参加单打比赛，抽签时平衡表操作方法如下。

种子抽签。按顺序 8 名种子分别是：A1、B1、A2、C1、D1、E1、F1 和 B2。

先进行 1、2 号种子 A1 和 B1 的抽签定位。1 号种子进 1 号位，平衡员在平衡表 A 队名下第一个 1/4 区与位置号 1 相应的○内填上 1，在其上画一向上的箭头并在箭头处再写一个 1，表示 A 队 1 号选手已进入 1 号位。2 号种子进最后一个号位——35 号位，平衡员在 B 队名下最底下一个○内填 1，在其下画一向下的箭头并在箭头处再写一个 35，表示 B 队 1 号选手已进入 35 号位（表 5-5）。

接着进行 3、4 号种子 A2 和 C1 的抽签定位。此时平衡员应提示：A1 已进上半区 1 号位，A2 只能进下半区的 26 号位。当主抽人完成相应的操作并宣布后，平衡员在 A 队名下第三个 1/4 区的第二个○内填上 2，在其下画一向下的箭头并在箭头处再写一个 26，表示 A 队 2 号选手已进入 26 号位。在 C 队名下第二个 1/4区的第二个○内填上 1，在其上画一向上的箭头并在箭头处再写一个 9，表示 C 队 1 号选手已进入 9 号位（表 5-5）。

再进行 5~8 号种子 D1、E1、F1 和 B2 的抽签定位。此时平衡员应提示：B1 已进下半区的 35 号位，8 号种子 B2 应先抽签进入上半区的 5 或 13 号位。当主抽人完成操作，宣布 B2 进 13 号位后，平衡员要作如 1~4 号种子定位后一样的记录。其他 3 名种子一起抽签进入 5、22 和 31 号位，平衡员除作如上一样的记录外，要注意 F 队的 3 名选手都是机动数，因此当 F1 进入第四个 1/4 区的 31 号位时，应在 F 队名下的下半区 1/4 区线上的○内填上 1，在其下画一向下的箭头进入第四个 1/4 区，并在箭头处写一个 31，表示 F 队 1 号选手已进入 31 号位，并把第四个 1/4 区可容机动数栏下的 3 划去，以表示本区可容机动数减少 1 个，只剩 2 个（表 5-5）。

非种子抽签。非种子是以队为单位，按各队运动员的技术顺序分批抽签，先进区后进位。抽签时的提示与种子抽签一样。当进某一区后就将该运动员的技术序号填入所进区的○中，凡是处于机动位置的○有运动员进入某区后，就必须将所进区（上、下半区或1/4区）的可容机动数划去一个。某个区的可容机动数全部被划去后，平衡员应提示某区已满员，号签员应将该区签收起，表示不能再有机动数运动员抽入该区（表5-5）。

表5-5 羽毛球单淘汰赛抽签平衡表

1/2区	可容机动数	固定数	位置数	1/4区	可容机动数	固定数	位置数	序号	1	2	3	4	5	6	7	8	9	10
								队名	A	B	C	D	E	F	G			
								人数	8	7	6	5	4	3	2			
上半区	~~1~~	16	17	1	~~2~~ ~~1~~	6	8	位置号 1~4 5~8	↑ ① ⑧	1 ④	③	① ↓ 5	②	↑ ②	↑ ①			
				2	~~3~~ ~~2~~ ~~1~~	6	9	位置号 9~12 13~17	③ ⑤	⑤ ↓ 13 ↑ ②	⑤ ↓ 9 ↑ ①	④ ↑ ⑤	③					
下半区	~~2~~ ~~1~~	16	18	3	~~3~~ ~~2~~ ~~1~~	6	9	位置号 18~22 23~26	⑥ ② ↓ 26	⑦ ↓ ③ ↓	④ ↑ ⑥	②	22 ↑ ①	③ ↓				
				4	~~3~~ ~~2~~ ~~1~~	6	9	位置号 27~31 32~35	④ ⑦	⑥ ↓ ① ↓ 35	②	③	④	① ↓ 31	② ↓			

六、“（4n + 3）≤和”公式的应用

机动数（4n+3）型队数≤上半区最小可容机动数 + 下半区最小可容机动数和的公式，是检查1/2区机动数分进上半区或下半区后，1/4区可容机动数变化情况，保证抽签成功的重要工具，是平衡员必须掌握的重要技能。

当“（4n + 3）≤和”成立时，抽签都能成功。但必须对某些队型的机动选手进行适当的控制。只有当“和”比“4n+3”型队数大2的时候，不用进行任何控制。

当“和-（4n+3）= 1”，即上半区最小可容机动数与下半区最小可容机动

数的和，比“4n+3”型队数大 1 的时候，必须控制“4n+2”型队其中的一个机动选手。如 A 队有 3 名选手，B 队有 2 名选手，C 队有 1 名选手，D 队有 8 名选手，E 队有 3 名选手，F 队有 4 名选手，按字母顺序抽签，A1 已进第一个 1/4 区，A2 已进第四个 1/4 区，A3 已进第三个 1/4 区。在抽 B 队前，平衡员应计算上半区最小可容机动数与下半区最小可容机动数的和，与“4n+3”型队数进行比较并作提示。因为 B 队之后只余 E 队 1 个队为“4n+3”型队，上半区最小可容机动数是 1/2 区的 1，下半区最小可容机动数是 1/4 区的 1，它们的和是 2，比“队数”多 1，所以平衡员应提示：注意 B 队其中的一名 1/4 区机动选手，不能造成两名 1/4 区机动选手分别抽入第一、第四 1/4 区。如果不控制，造成两名 1/4 区机动选手分别抽入第一、第四 1 /4 区，那么上半区最小可容机动数是第一个 1/4 区的 0，下半区最小可容机动数是第四个 1/4 区的 0，“和”为 0，“4n+3”型的 E 队还在，这就意味着（4n+3）> 和，原公式被破坏，抽 E 队时将被卡，抽签将失败（表 5-6）。

当“（4n+3） = 和”时，应注意“4n + 1”和“4n + 2”型队中的 1 名机动选手不要进入，否则会破坏后面公式成立的某个 1/4 区的抽签。如 A 队有 3 名选手，B 队有 1 名选手，C 队有 2 名选手，D 队有 8 名选手，E 队有 3 名选手，F 队有 4 名选手，按字母顺序抽签，A1 已进第一个 1/4 区，A2 已进第四个 1/4 区，A3 已进第二个 1/4 区。在抽 B 队前，平衡员应计算上半区最小可容机动数与下半区最小可容机动数的和，与“4n + 3”型队数进行比较并作提示。因为 B 队之后只余 E 队 1 个队为“4n+3”型队，上半区最小可容机动数是 1/2 区的 0，下半区最小可容机动数是第四个 1/4 区的 1，它们的和是 1，即（4n + 3） = 和，所以平衡员应提示：注意 B 队的 1/2 区机动选手，不能抽入第四个 1/4 区。如果不控制，造成机动选手抽入第四个 1/4 区，那么下半区最小可容机动数是第四个 1/4 区的 0，“和”为 0，“4n+3”型的 E 队还在，这就意味着（4n+3）>和，原公式被破坏，抽 E 队时将被卡，抽签将失败。如果 C 队第二抽，因为是“4n + 2”型的队，所以也要控制下半区的 1/4 区机动选手，不要进入第四个 1/4 区，否则也会造成抽签失败（表 5-7）。

表 5-6　和比（4*n*+3）大 1 时进区示意

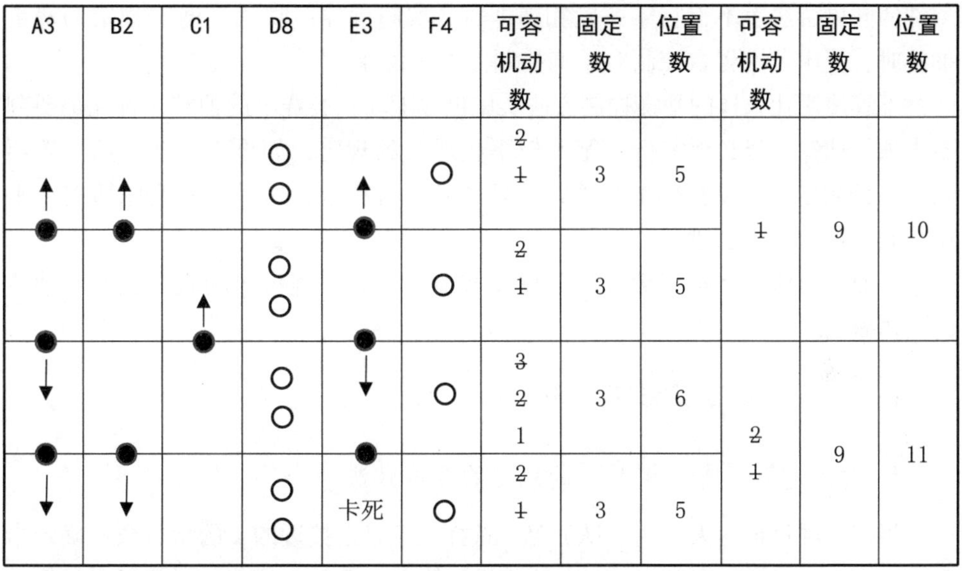

表 5-7　和 =（4*n*+3）时进区示意

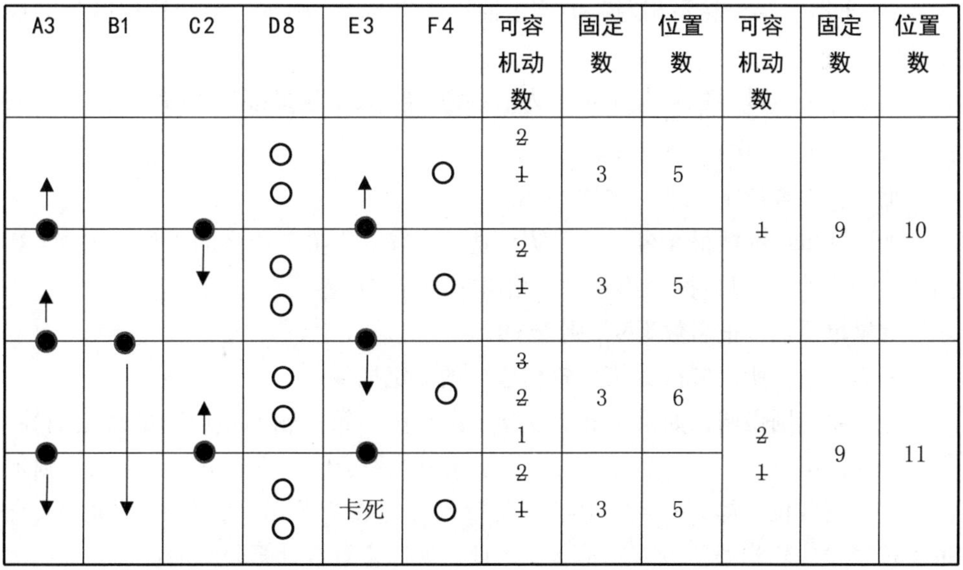

七、世界羽联的抽签方法

世界羽联三类赛事种子选手抽签方法，与上述的一般抽签的种子选手抽签方法一样。非种子选手抽签只要求同单位1、2号选手必须进入不同的1/2区，有条件的同单位选手不得在第一轮相遇即可。实施世界羽联“平衡”规定的赛事抽签时，使用“空置数控制”平衡控制方法比较好。

不管使用什么样的平衡控制方法实施世界羽联三类赛事的抽签，首先都要判断本项目抽签是否必须实行“第一轮不相遇”的规定，如果不实施“第一轮不相遇”的规定，则须精确地计算第一轮共有几对相遇，这样才能确保抽签“平衡控制”的公正、合理。

下面介绍使用“空置数控制”平衡控制方法，实施世界羽联三类赛事抽签的具体做法。

（一）判断是否实施“相遇”的规定

1. 判断是否实施“相遇”的规定的具体做法

根据本项目报名人（对、队）数，选择大于且最接近的2的乘方数，确定指数n是多少。再按空置数$Y=2^{(n-1)}$的公式，算出空置数。接着，寻找报名最多单位的报名数X。最后比较Y与X的大小，来确定是否实施“相遇”的规定。若$Y \geqslant X$，则采取“第一轮不相遇”的规定抽签。若$Y<X$，则按“第一轮相遇”的规定抽签。

例如，某项目参赛总人（对、队）数为14，大于且最接近14的2的乘方数的指数是4（$2^4=16$），即$n=4$。

那么，空置数$Y=2^{(n-1)}=2^{(4-1)}=8$。

如果某单位本项报8名（对、队）选手参赛，为报名最多的单位，则$X=8$。因为$Y=X=8$，所以应按“第一轮不相遇”的规定抽签。

如果单位最多报名数为9，则$X=9$。

因为$Y<X$，所以应按“第一轮相遇”的规定抽签。

这里要特别强调，如果Y和X为8，本应按“第一轮不相遇”的规定抽签，但由于其他单位的某选手为种子且占据了轮空的种子位，造成空置位失效，则须减去这个空置位，即$Y-1=8-1=7$。而最大报名数X没变，仍为8。此时$Y<X$，也须按“第一轮相遇”的规定抽签。因此，实际空置数计算公式为：

$Y=2^{(n-1)}-S$（S为空置失效数）

2. 确定第一轮相遇数M

如果确定采取“第一轮相遇”的规定抽签，就必须精确地计算第一轮相遇的数量，确定产生相遇的单位。凡是报名数超过空置数的单位，都是产生相遇的单位，超出几个就有几个相遇。计算第一轮相遇数量的公式为：

$M=\sum_{n=1}^{\infty}Mn$ （M 为相遇总数，Mn 为各单位的相遇数）

$Mn=Xn-Y$（n 为 1、2、3 等自然数，是各单位的编号）

例如，报名某项目空置数 Y=8，超过空置数报名参赛的有：A 队 9 名选手、F 队 11 名选手，其他都小于空置数。那么：

$M_1=X_1-Y=9-8=1$（M_1为 A 队相遇数，X_1为 A 队选手数）

$M_2=X_2-Y=11-8=3$（M_2为 F 队相遇数，X_2为 F 队选手数）

$M=1+3=4$

因此，第一轮共有 4 个同队相遇，A 队 1 个，F 队 3 个。

如果抽签结果第一轮相遇数超过 4 或者相遇数分配不符合 A 队 1 个、F 队 3 个，均为抽签不平衡失误。

（二）填写平衡表

世界羽联单淘汰赛抽签平衡表，与一般抽签平衡表不一样。根据空置数 Y 必须大于等于最大报名数 X、最小 1/2 区的空置数 1/2Y 必须大于等于 1 的抽签平衡条件，“空置数控制”抽签平衡表必须包括第一轮相遇选择、空置数 Y、1/2 区 Y、最大报名数 X、空置位、空置位号、位置号、轮空号、抽签顺序、队名、各队报名数、种子信息和抽签记录等要素。

填写平衡表的依据是报名信息。

例如，某比赛男子单打 A 队 3 人、B 队 4 人、C 队 7 人，A1 为 1 号种子、C1 为 2 号种子、B1、B2 分别为 3、4 号种子。

从中可知，参赛总人数为 14 人，须采用 $2^4=16$ 位的淘汰表，2 个轮空分别为 2 号位和 15 号位，种子位为 1、16、5 和 12 号位。1 号种子 A1 为非最多报名人数队，占据 1 个小空置位使之失效，故 S=1，空置数 Y=8-1=7。报名人数最多队是 C 队，X=7。因 Y=X，故抽签必须执行“第一轮不相遇”的规定。现在，把这些信息填入表 5-8 中。

（三）抽签

通过抽签，确定各队的抽签顺序。现确定 A 队先抽，B 队第二，最后抽 C 队。

1. 种子选手抽签

1号种子A1，进入1号位。在平衡表中划去1号位，空置位1满员封闭，空置数划去8，上半区Y划去4。此时Y=7=X，之后抽非种子选手时必须控制其进入大空置位。

2号种子C1，进入16号位。在平衡表中划去16号位，空置位8满员封闭，空置数划去7，下半区Y划去4，最大报名数X划去7。此时Y=6=X，之后抽非种子选手时仍须控制其进入大空置位。

3、4号种子B1、B2同时抽签，分别进入12号位和5号位。在平衡表中划去5号位和12号位。种子抽签完毕。

2. 非种子选手抽签

非种子选手一般分两批进行抽签，先抽1、2号选手，后抽其他机动选手。

首先，抽A队的1、2号选手，因为A1是1号种子已进入1号位，A2只能进入下半区5号和7号大空置位的9、10、13和14号位。A2抽签进入13号位，在平衡表中划去13号位。A3可以抽入2、3、4和5号大空置位的3~10号中的任何一个号位。A3抽签进入10号位，在平衡表中划去10号位。

其次，B3、B4同时抽签，他们先分别抽签进入4、2号大空置位。接着，B3抽签进入7号位，B4抽签进入4号位，在平衡表中划去4、7号位。

最后，进行C队非种子选手的抽签。由于C1是2号种子已进入下半区的16号位，C2只能抽进上半区的任一没有选手抽进的位置3、6、8号位。C2抽签进入6号位，在平衡表中划去6号位，3号大空置位满员，3号大空置位封闭，X划去6。余下的C队选手同时抽签进入3、8、9、11和14号位。本项目抽签完毕。

如果2号种子不是报名人数最多的C队的选手，而是A队或B队的选手，那就将有2个空置位被占据，即S=2，空置数$Y=2^{(4-1)}-S=8-2=6$，就会出现Y<X（6<7）的局面，这样就会有第一轮一个同队选手相遇的抽签结果，且相遇将出现在C队中。

表 5-8　世界羽联单淘汰赛抽签平衡表

比赛名称：＿＿＿＿＿＿　项目：男子单打

第一轮选择：不相遇　相遇数：＿＿＿　相遇队：＿＿＿

主抽人：＿＿＿＿＿＿　平衡员：＿＿＿＿＿　复核员：＿＿＿＿

日　期：＿＿＿＿＿＿＿＿＿＿　地　点：＿＿＿＿＿＿

<table>
<tr><td rowspan="4">空置数Y</td><td rowspan="4">最大报名数X</td><td rowspan="4">1/2区Y</td><td colspan="2" rowspan="3">空置位</td><td>序号</td><td>1</td><td>2</td><td>3</td></tr>
<tr><td>队名</td><td>A</td><td>B</td><td>C</td></tr>
<tr><td>人数</td><td>3</td><td>4</td><td>7</td></tr>
<tr><td>序号</td><td>位置号</td><td>种子</td><td>A1
1号</td><td>B1、B2
3、4号</td><td>C1
2号</td></tr>
<tr><td rowspan="8"><s>8</s>
<s>7</s>
6
5
4
3
2
1</td><td rowspan="8"><s>7</s>
<s>6</s>
5
4
3
2
1</td><td rowspan="4">上半区
<s>4</s>
<s>3</s>
2
1
0</td><td><s>1</s></td><td><s>1</s>
<s>2</s></td><td>位置号</td><td>A1-1
-----</td><td></td><td></td></tr>
<tr><td><s>2</s></td><td><s>3</s>
<s>4</s></td><td>位置号</td><td></td><td>B4-4</td><td>C3-3</td></tr>
<tr><td><s>3</s></td><td><s>5</s>
<s>6</s></td><td>位置号</td><td></td><td>B2-5</td><td>C2-6</td></tr>
<tr><td>4</td><td><s>7</s>
<s>8</s></td><td>位置号</td><td></td><td>B3-7</td><td>C4-8</td></tr>
<tr><td rowspan="4">下半区
<s>4</s>
3
2
1
0</td><td><s>5</s></td><td>9
<s>10</s></td><td>位置号</td><td>A3-10</td><td></td><td>C5-9</td></tr>
<tr><td><s>6</s></td><td><s>11</s>
<s>12</s></td><td>位置号</td><td></td><td>B1-12</td><td>C6-11</td></tr>
<tr><td><s>7</s></td><td><s>13</s>
<s>14</s></td><td>位置号</td><td>A2-13</td><td></td><td>C7-14</td></tr>
<tr><td><s>8</s></td><td><s>15</s>
<s>16</s></td><td>位置号</td><td></td><td></td><td>-----
C1-16</td></tr>
</table>

抽签是一项高难度的技术性工作，但按报名参赛选手多的队先抽的抽签顺序进行抽签，平衡控制、抽签操作的难度都会大大降低，也不容易出现抽签失误，这也是初涉者的一种不错的选择。

八、抽签水平评定

同样条件的抽签，其水平高低也会有巨大的差异。掌握评价抽签工作水平的标准，将有助于自我监督，不断提高自己的抽签工作水平。以下几条，可作为衡量抽签水平的标准。

第一，符合规则有关选手合理分开的要求。

第二，人为的“控制”降到最低限度，做到合理控制，控制面最小，各单位控制条件相同。

第三，抽签手法简易，无多余动作，抽签过程中的任何一个步骤、任何一个动作、任何一句解说词都经得起推敲和质疑。抽签手法的安全性更为重要，应当大力提倡“双机遇”的抽签手法。

第四，抽签的自主程度是评定抽签水平的重要指标。全自主、半自主还是全由抽签工作人员代办，体现着赛会的抽签水平。大型赛会，采用自主式抽签是最佳选择。

第五，抽签过程透明度，也是公开抽签的重要指标。平衡控制过程直观透明、进区进位过程公开透明、签卡抽取清晰透明，便于公众监督，是保证抽签公平、公正的先决条件。

第六，抽签人员通晓抽签理论，配合默契，操作熟练，信息供应准确迅速，能在短时间内高效率地完成抽签任务，这也是一条评定抽签水平的重要指标。

九、影响抽签难度的因素

第一，种子序号与单位技术序号相反。如 A 队 5 名选手 A1～A4 都不是种子，A5 是种子。这就增加了平衡时的难度，可以通过调整单位技术序号的办法来降低抽签的难度。

第二，各单位 1 号选手都是种子，抽签难度也会增大。因为种子是直接进位，没有先进区这一环节，无周旋的余地，容易造成错误。

第三，不按各队参赛人数安排抽签顺序，也会增加平衡的难度。

第四，“4n+3”型的队多，虚假机动数多，容易造成错误。

第五，参赛人数多的世界羽联三类赛事的抽签，平衡控制跨度大，抽签的难度也会随之增大。

第五节　编排工作

羽毛球竞赛编排是一项十分重要的工作。编排方案的优劣，会影响到运动队、裁判员、大会各方面的工作人员和观众，影响到场馆、交通、食宿和其他各项工作。竞赛主管部门应高度重视编排的组织管理工作。

羽毛球竞赛编排的任务，是将各个项目所要进行的全部比赛，在一定的时间内，科学合理地安排在一定数量的球场上，并按一定的秩序进行比赛，也就是确定全部比赛的日期、时间、场号和顺序。

编排工作是在一定的前提下，由竞赛编排人员根据各方面情况和条件，用主观设想的方法，进行策划、编制和安排的。

一、编排工作的制约因素

（一）竞赛规程

羽毛球竞赛日程编排必须依据竞赛规程规定的竞赛项目、竞赛办法、竞赛时间和其他特殊规定进行。世界羽联的竞赛规程，一般都会对竞赛日程作出具体的规定。

（二）竞赛规则

羽毛球竞赛日程编排应符合羽毛球竞赛规则规定的有关运动员比赛负担量的要求。即在单项比赛中，每名运动员一天不应安排超过 6 场比赛，而且同一项目的比赛不应超过 3 场；在一节时间里，不应安排超过 3 场比赛，同一项目的比赛不应超过 2 场。团体赛，每个队一天内不应安排超过 2 场五场制的团体赛；一节时间里不应安排超过一次五场制的团体赛。预赛或群众性比赛，由于条件所限，不能按负担量要求安排比赛日程，可在竞赛规程中加以说明。

随着羽毛球运动的发展和竞技技术水平的提高，比赛对体能的要求大幅提高。不同层次的比赛对体能的要求也有着显著的差异。因此，有关竞赛负担量的规定不能一刀切，应逐步细化。例如，目前世界羽联高水平赛事自 1/8 决赛起，每个单项每天只安排一轮比赛。而大规模青少年赛事和群体赛事，由于参赛人数多，比赛时间和场地有限，往往要靠降低每场比赛的时间和强度，增加选手的比赛场数来进行平衡。

（三）可供使用的场地数量

场地数量并不是越多越好，有时多了反而容易引起“连场”或“重场”。

（四）各项目参赛人数和兼项情况

项目多、参赛人数多，都会给编排带来困难。兼项的人数多，更麻烦，因为容易造成“连场”和“重场”。

（五）运动员的技术水平

运动员技术水平越高，每一场比赛所需的时间越长，每一块场地的容量越小，所以每一次竞赛编排都要估算每一场比赛的时间，准确地选择场地的容量。

（六）特殊要求

如电视转播的要求等，都会影响竞赛的编排工作。

二、编排工作的操作步骤

羽毛球竞赛编排工作内容有：计算并绘制轮次表、场数表，设计编排方案，设置球场，编制竞赛活动日程表等，其具体操作步骤如下。

（一）计算并绘制轮次表、场数表

比赛的人数、轮数、场数的具体情况，是设计编排方案的依据。所以羽毛球竞赛编排的第一步，就是运用有关公式计算出各项比赛的人数、轮数和场数，并把它们汇总成比赛轮次、场数明细表（表5-9）。

表5-9　各项比赛轮次、场数明细表

项目	阶段	组别	场数	一轮	二轮	三轮	四轮	五轮	附加赛	总场数
合　计										

（二）设计编排方案

编排方案是实施编排工作的依据，深刻影响着竞赛编排的成败与质量。同一个比赛，可以制订出好几个不同的竞赛编排方案。每一个方案都会反映出一系列的矛盾，往往是在一方面有利，在另一方面却有弊。所以在设计编排方案时，要特别注意处理好各方面矛盾，抓住主要矛盾，综合考虑，首先要确定场地数和场地容量，然后要考虑每个场地的项目搭配，避免“连场”“重场”，克服“清一色”，力求达到编排的基本要求。

编排方案一般都采用直观明了的表格形式（表 5-10）。

表 5-10 各项竞赛编排方案表

日期（星期）	场数/轮次 项目 时间	男子团体	女子团体	男子单打	男子双打	女子单打	女子双打	混合双打	场地容量	场地数	场数	男	女
13 日（二）	上午	2 场/1	2 场/1						1	4	4	2	2
	晚上	2 场/2	2 场/2						1	4	4	2	2
14 日（三）	上午	1 场/3	1 场/3						1	2	2	1	1
	晚上	1 场/3	1 场/3						1	2	2	1	1
15 日（四）	休息												
16 日（五）	上午			7 场/1		6 场/1			7 6	1 1	13	7	6
	晚上			4 场/2		4 场/2	4 场/1		6	2	12	6	6
17 日（六）	上午				4 场/1	2 场/3			6	1	6	4	2
	晚上			2 场/3	2 场/2		2 场/2		6	1	6	4	2
18 日（日）	上午			附加 1	附加 1	附加 1	附加 1		4	1	4	2	2
	晚上			1 场/4	1 场/3	1 场/4	1 场/3		4	1	4	2	2
合计		6 场 3 轮	6 场 3 轮	14 + 1 场 4 轮	7 + 1 场 3 轮	13 + 1 场 4 轮	7 + 1 场 3 轮				57		

（三）编制竞赛活动日程表

根据竞赛编排方案和大会其他活动安排，编制竞赛活动日程表（表 5-11）。

表 5-11　竞赛活动日程表

日期（星期）	上午 8:00—11:00	下午 2:30—5:00	晚上 7:00—10:00
11 日（日）	各队报到、训练	各队报到、训练	各队报到、训练、裁判员实习
12 日（一）	组委会	教练员、裁判长联席会	晚 会
13 日（二）	男、女团第一轮		男、女团第二轮
14 日（三）	男、女团第三轮		男、女团决赛
15 日（四）	休息		
16 日（五）	男、女单第一轮		男、女单第二轮 女双第一轮
17 日（六）	女单第三轮 男双第一轮		男单第三轮 男、女双第二轮
18 日（日）	男、女单、双附加赛	组委会	男、女单决赛 男、女双决赛

（四）设置球场

在一个比赛馆里，球场的设置除了要美观、整齐，方便运动员比赛、裁判员工作和观众观看外，还要计划好决赛用哪一块场地，电视转播用哪一块场地，以及内场流线。球场设置用场地示意图的形式比较直观。画好场地设置示意图后，应复印后交给场地组，以便准备，必要时可印入秩序册。

（五）编排比赛秩序

比赛秩序编排，就是根据各项竞赛编排方案，安排每场比赛的具体时间、比赛场地和比赛场序。一般有两种做法，一种是固定法，另一种是调度法。固定法，就是把每一场比赛的场地和场序都预先安排好（表 5-12、图 5-35）。这样，运动队、裁判员和记者等其他人员，都能事先知道什么比赛在哪个场地进行，可以预先有个准备，颇受公众的欢迎。但因为各场比赛用时长短不一，往往会造成各场地的比赛进度不一，而有“连场”或结束时间悬殊等弊病，最终还要通过临时调场来弥补。

表 5-12 循环赛秩序表

男子团体	青联队	技校队	海关队	建材队	胜次	名次
青联队	※	7 日晚一①	6 日晚二①	5 日晚一①		
技校队		※	5 日晚一②	6 日晚二②		
海关队			※	7 日晚一②		
建材队				※		

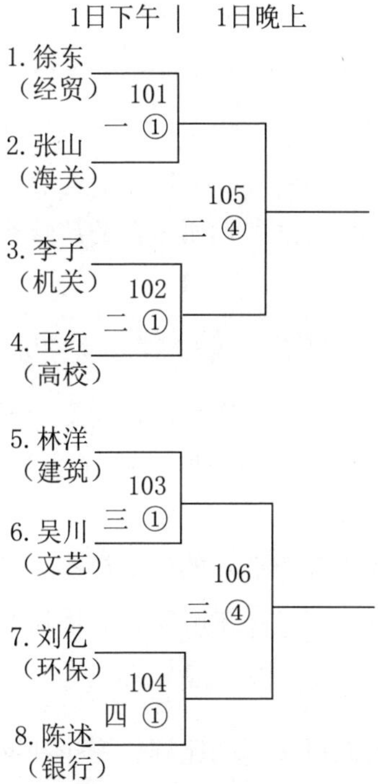

注："103" 为比赛编号，"三①" 的 "三" 为场号，"①" 为场序。

图 5-35 单淘汰赛秩序表

还有一种是调度法。调度法是比较有弹性的一种编排方法。它先把各场比赛编上代号，然后在具体安排时，只定场序，不定场号，再把一节或整个比赛汇成一个总表（表 5-13）。其最大的优点是，可以克服由于各场比赛时间长短不一而造成的麻烦。但是，这种形式的秩序表，除了调度人员外，其他人员使用起来都比较麻烦，尤其是运动队，要经过核对两张表才能知道某个比赛在哪一天、什么时间举行。至于在哪一个场地、准确的开赛时间，都一无所知，且无可观察的明确标示物，运动员候场时间较长，没有经验的教练员、运动员往往会造成"漏场"。

表 5-13 调度法竞赛秩序表

日期	时间	比赛编号			
10月3日下午	2:00	201	202	203	204
	2:30	205	206	207	208
	3:00	101	102	103	104
	3:30	105	106	107	108
	4:00	401	402	403	404
	4:30	301	302	303	304

编排要特别注意防止“重场”“连场”。“连场”就是某运动员，在一节里没有间隔地连续进行两场或更多的比赛。“重场”是指某运动员，有两场或更多的比赛被安排在同一个时间进行。这些均属编排的严重错误。避免出现这些错误的方法有以下三点。

1. 认真研究运动员兼项情况，缜密制订编排方案

尽量避免在同一节里，一个项目安排两轮比赛，或安排清一色只有一个单项的比赛。设计好每个场地的比赛项目搭配，最好是男、女单项，间隔两场进行，即男—女—女、男—男—女或女—男—男、女—女—男，且每个场地的搭配要尽量一样。有混双的比赛，要挑没兼混双的运动员作为过渡。比赛一开始，集中在一两节时间里，多安排混双比赛，尽量减少在后面比赛里的混双场数。

2. 归场编排

即同一名运动员的两场或更多场的比赛，安排在同一块场地里进行。这样只要隔一场安排，就不会造成“连场”或“重场”，操作起来也比较容易。

3. 半决赛、决赛场地、场序待定

由于单淘汰赛进入半决赛或决赛后，运动员兼项情况很难预料，如果事先排定，容易造成“连场”或“重场”。因此，半决赛和决赛场地、场序待定，是一种避免“连场”或“重场”的有效办法。

（六）汇编比赛秩序册

秩序册是竞赛工作的重要档案资料，是竞赛组织工作者和参赛者的工作和参赛依据，也是新闻工作者和广大观众工作和观赛的指南。

1. 秩序册的内容

（1）封面

秩序册的封面，不管被美工师包装得何等之艳丽花俏，都必须有比赛的全称、比赛的起止日期、比赛地点和场馆、主办单位和承办单位等。

（2）主要竞赛法规文件

秩序册必须全文印有本次比赛的竞赛规程和竞赛补充规定等，以及常用竞赛法规文件，以便随时查阅。

（3）竞赛人员名单

包括组织委员会名单、大会办事机构及人员名单、仲裁委员会和裁判员名单，以及参赛运动队的领队、教练员、医生和运动员名单。

（4）竞赛活动日程表

从裁判员、运动队报到起至比赛结束止，每天的会议、比赛项目的轮次和其他活动的安排，均应列入日程表，并注明地点和时间。

（5）比赛秩序表

根据编排方案，把每场比赛的具体场地、时间或场序，分别填入循环赛的分组表或淘汰赛的淘汰表，汇编成比赛秩序表。比赛秩序表也可单独印发，不汇入秩序册。

（6）其他

根据需要，秩序册中还可编载领导或赞助单位的贺词、历届的比赛成绩和商业广告插页等。

三、编排水平的评定

同一个比赛，会有多种多样的编排结果，其水平高低也有巨大的差异。编排水平的高低，可从以下几个方面给予评定。

第一，是否符合规程、规则的要求，没有“连场”“重场”等错误。

第二，是否符合机会均等的原则。机会均等是体育竞赛的核心原则。在编排中，必须平等对待每一个队、每一名运动员，尽量使他们得到相等的竞赛条件、竞赛强度，避免出现明显的机会不均等情况。不要使某一个队或某一名运动员，总在一个场地、一个时间进行比赛，应有适当的轮换，尽量做到各队（人）比赛的场地与时间、比赛的间歇、比赛的强度错落有致，机会均等。

第三，是否为缩短候场时间、充分发挥运动员的竞技水平作了努力。运动员在比赛馆里很难得到较好的休息，在比赛馆里的时间过长，会使运动员“拖”得很疲劳，影响竞技水平的发挥。如在单项比赛中，某一运动员在一节比赛中被安排了两场比赛，第一场比赛安排在第一场次，第二场比赛安排在最后一个场次。如此，这名运动员在经历了一场激烈的比赛后，还要在场馆内等待2~3个小时，再进行另一场的比赛，其技术水平的发挥一定会受到影响。但是两场比赛，如果排得太紧，则不能达到连场休息时间的要求。最佳的方案，是使该运动员的两场比赛间间隔一场比赛，安排在同一块场地里进行。这就能缩短候场的时间，保证运动员的休息，使运动员在比赛中有充沛的体力去发挥他的竞技水平。因此，编排时要力求降低运动员在比赛场馆的非比赛时间，为运动员竞技水平的充分发挥服务。

第四，是否为提高竞赛观赏价值作了努力。提高竞赛观赏价值，努力适应和满足广大观众的兴趣要求，是编排工作的基本要求，更是体育竞赛市场化的重要条件之一。在一节的比赛中，清一色的女子项目或清一色的单打项目，都会降低观众的观赏兴趣。除了混合双打，由于“连场”问题不好解决，可在观众少的时间单独安排比赛外，要尽量避免“清一色”。最好每一节比赛都安排1~2个看点，每一块场地都组织1~2个比赛高潮。特别是晚上、节假日观众多的时候，应多安排一些重要和精彩的场次。这对提高羽毛球竞赛观赏价值，开拓羽毛球竞赛市场，推广羽毛球运动，都是极有意义的。

编排还要防止把精彩的场次集中安排在场馆的一头，或是把比赛进度快、结束早的场次集中安排在一头，造成一头比赛早就结束了、一头还在鏖战沙场的“一头沉”现象。这样不仅场面不好看，而且容易引起观众秩序混乱。这都是编排工作人员为提高羽毛球竞赛观赏价值，应当认真考虑的问题。

第五，使用比赛场馆是否科学、合理。一个场馆通常都要设置若干块球场，场地使用量在编排时，不宜经常变动，特别要防止突然变动，必须考虑给场馆工作人员留出调整球场的时间。随着比赛的进展，球场的用量会减少，编排人员要掌握球场变化的规律，科学地安排球场减少的次数和时期，做到既便于场馆人员的工作，又有利于裁判员的调配。

在采用两个场馆进行比赛时，要特别注意尽量避免“跑片”。把有两场比赛任务的运动员配对，安排在同一个馆内比赛是一种明智的选择。

第六节 调度方法

用调度方法来组织羽毛球竞赛具有较大的弹性，适合大型羽毛球比赛和报名限定比较宽松的群众性羽毛球比赛。

一、调度人员

采用调度方法组织羽毛球竞赛时，由总调度、场次调度员、裁判调度员和宣告员等工作人员组成调度台，实施竞赛调度工作。根据比赛规模，调度台人员可有所增减。

（一）总调度

是调度台的负责人，负责竞赛调度工作的协调、审核、指挥工作，综合各方意见，下达调度指令。

（二）场次调度员

负责监视、收集各个场地比赛进度和有两场以上比赛任务运动员的比赛间歇时间，分析他们“连场”“ 重场”的情况，及时向总调度提出调度的建议。

（三）裁判调度员

负责收集裁判员及司线员轮值、间歇的情况，根据上场运动员的水平、代表单位和裁判长的意见，及时向总调度提出裁判员、司线员配备的意见。

（四）宣告员

根据总调度指令，宣布某场比赛的比赛编号、比赛项目、比赛运动员、比赛场号、当值裁判员、发球裁判员和司线组等。

二、调度步骤

实行调度制组织羽毛球竞赛，在编排比赛秩序时，就应按调度办法进行编排，并在开赛前绘制好调度表、运动员连场间歇时间登记表和裁判人员调度及工作、间歇统计表（表5-14、表5-15）。每节（天）要做好运动员兼项、“连场”

情况的分析，做到胸有成竹。调度的速度可快可慢，节奏如何掌握，要根据场上的比赛情况灵活掌握。例如，某运动员连场间歇时间未到，就可慢一点；大部分场地的比赛都快结束了，有的场地还剩一场，那就要快一点；午饭或晚饭的时间，可以慢一点，让工作人员有个吃饭的时间等。总之，调度是一项艺术魅力十足的工作，要根据实际情况，充分利用调度的弹性和灵活性，掌握比赛进度，扩大场地的容量，化解编排的缺陷，避免“连场”“重场”等错误。调度的具体步骤如下。

第一，当某场比赛将结束时，两调度员应根据情况，填写调度报告，上报总调度；

第二，总调度审定后，交由宣告员，在该场比赛一结束马上公布；

第三，当一场比赛结束时，两调度员分别记录、统计运动员和执行裁判人员下场及间歇的时间，并做好下一场次调度的准备工作。

表 5-14 运动员、裁判人员临场调度表

（三）阶段 4 月 5 日　　时间：上午　调度：×××

场序（时间）	项目组别比赛编号	比赛者	报到情况	场号	宣告	裁判员	发球裁判	司线	备注
1	男单 101	A—B	√	1	√	庄× ×	郑×	8 组	3:12 结束
1	男单 102	C—D	√	2	√	黄× ×	陈×	7 组	
1	男单 103	E—F	√	3	√	应× ×	李×	5 组	
1	男单 104	G—H	√	4	√	沈× ×	杨×	4 组	
1	男单 105	I—J	√	5	√	张× ×	卢×	3 组	
1	男单 106	K—L	√	6	√	俞× ×	聿×	2 组	
2	女单 201	王—李	√	1	√	任× ×	胡×	6 组	
2	女单 202	周—林	√	3	√	刘× ×	谢×	1 组	
2	女单 203	胡—陈	√			许× ×	单×	8 组	
2	女单 204	金—夏	√			柳× ×	羌×	7 组	
2	女单 205	邓—徐							

表 5-15　裁判人员工作情况统计表

情况统计 时间 姓名	4月5日上午						合计	备注
	裁判员	发球裁判	司线	裁判员	发球裁判	司线		
林光								
罗成艺								
洪雅江								
司马工								
付俊								
钟祥								
于田								
尤恒威								
武平坡								

第七节　成绩公布

羽毛球竞赛成绩信息的收集、核对和公布，由竞赛成绩信息组负责。每场比赛一结束，记录台应准确地将成绩记录在档，并迅速公布，让运动队、新闻工作者和广大观众，都能及时地了解到最新的比赛成绩信息。

一、记录台

每个比赛现场，都应设一记录台，由成绩核对员、公报编写员、成绩公告员和成绩信息网络技术等竞赛成绩信息组的人员组成。与其他人员配备一样，可以根据比赛的规模有所增减。

（一）成绩核对员

负责收集、核对、整理裁判员交来的比赛记分表，向成绩公告员、公报编写员提供准确的成绩信息，并负责成绩公报的核对和记分表的封存归档工作。

（二）公报编写员

负责按一定的格式要求编写成绩公报，交成绩信息网络技术人员录入发送。如果没有信息网络设备，则交文印室录入、复印、分发。

（三）成绩公告员

根据成绩核对员提供的准确成绩，及时在成绩公告栏上登录、公布。

二、成绩记录

一场比赛结束后，裁判员应立即将经裁判长审核、签字的记分表交给记录台的成绩核对员核对，登录在事先准备的成绩记录表上。如有错误，成绩核对员应报告裁判长要求该裁判员纠正。

三、成绩公告

运动员、新闻工作者都需要及时了解比赛的成绩，特别是淘汰赛，更需要知道下一轮的对手，因此及时公布比赛成绩是很重要的。

成绩公告是传布成绩信息最便捷的方法。一般的比赛都在运动员和技术官员住宿地、赛会官方酒店、比赛馆观众入口处和检录厅设有竞赛信息公告栏，把成绩记录表放大编成成绩公告，在公告栏上公布。

四、成绩公报

大型的羽毛球比赛都需印发成绩公报。成绩公报要有详细的比赛成绩信息，应每节（天）印发一次。成绩公报应直接发到各个代表队的信箱和新闻中心。综合性运动会和高级羽毛球赛的比赛成绩信息一般都直接在网络上发布，需要成绩资料的人可以随时在网络终端上查询、打印。

五、成绩册

羽毛球比赛都必须印制竞赛成绩册。成绩册和秩序册一样，都是羽毛球竞赛的重要资料。成绩册包括录取名次表、总名次表和所有比赛成绩。团体赛要列出各场单项比赛的成绩，这是不可省略的。根据有关竞赛法规，在评定运动员等级和计算运动员积分排名时，不但要依据其所在队伍团体赛的名次，还要依据该运动员在这项团体赛中的出场次数、获胜场数和对手的实际情况。如果团体赛没有列出各场单项比赛的对阵名单和成绩，这样的成绩册是违反竞赛法规的。有的比赛，成绩册直接用成绩公报装订而成。

（一）名次表

各项名次表，一般都放在成绩册的前几页，可以是表格形式，也可以采用列清单的方式。

（二）团体赛成绩

循环赛（表5-16、表5-17）：

表5-16 混合团体赛成绩表

编号	队名	化工队	矿产队	石油队	机械队	胜次	名次
1	化工队	※	3:2	4:1	5:0	3	1
2	矿产队	2:3	※	3:2	3:2	2	2
3	石油队	1:4	2:3	※	3:2	1	3
4	机械队	0:5	2:3	2:3	※	0	4

表5-17 混合团体赛各次比赛成绩表

项目：混合团体　　比赛队：1对2　　比赛代号：XT5

24日上午一号场地	化工 VS 矿产	比 分			场分		局分		得失分		比赛用时（分）
		第一局	第二局	第三局							
混合双打	徐延 胡文 — 晓黎 田卿	15:9	15:2	—	1	0	2	0	30	11	27
女子单打	成淑—吴希	11:1	6:11	9:11	0	1	1	2	26	23	45
男子单打	邱博—宋练	11:15	15:6	15:7	1	0	2	1	41	28	50
女子双打	鲁小莺 田卿 — 刘鸣 陈小妮	9:15	15:7	9:15	0	1	1	2	33	37	75

续表

24日上午一号场地	化工 VS 矿产	比分			场分		局分		得失分		比赛用时（分）
		第一局	第二局	第三局							
男子双打	徐 延 曹中晨 — 陶 明 廖 思	15:3	15:10	—	1	0	2	0	30	13	30
比赛结果	3:2	合计			3	2	8	5	160	112	227

项目：混合团体　　比赛队：3 对 4　　比赛代号：XT6

24日上午二号场地	石油 VS 机械	比分			场分		局分		得失分		比赛用时（分）
		第一局	第二局	第三局							
混合双打	陆文健 赵小东 — 鄂文妍 马小晋	15:11	15:9	—	1	0	2	0	30	20	38
女子单打	汪 呈—马之晋	5:11	2:11	—	0	1	0	2	7	22	26
男子单打	顾之健—亚 奇	17:15	15:7	—	1	0	2	0	32	22	45
女子双打	魏 雅 何 阳 — 刘 洁 王 懿	12:15	15:10	8:15	0	1	1	2	35	40	63
男子双打	顾小健 赵小东 — 陆之健 亚 奇	15:9	15:2	—	1	0	2	0	30	11	29
比赛结果	3:2	合 计			3	2	7	4	134	115	201

以上只列了最后一轮两次比赛的成绩，还有两轮四次的比赛成绩也必须一一列出。

淘汰赛（图 5-36）：

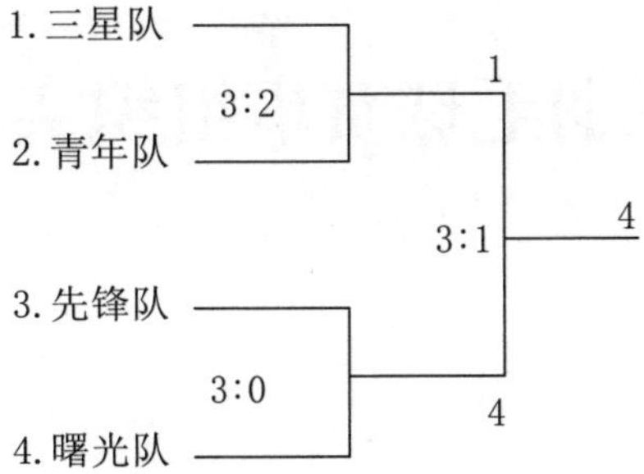

图 5-36　女子团体赛成绩表

采取淘汰赛的团体项目，也必须在以上总成绩表后，列出每一次团体赛中各场比赛的对阵选手和各局比分。各场比赛的对阵选手和各局比分，除了用上文混合团体所示的表格方式表示外，也可用如下的方式来体现：

三星队3:2青年队

×××2 {21:13　21:16} 0×××

×××2 {21:17　21:5 } 0×××

×××/×××0 { 2:21　15:21} 2×××/×××

×××/×××2 {21:13　21:16} 0×××/×××

×××0 { 2:21　9:21} 2×××

或：

先锋队VS曙光队 3:0

×××—××× 2:0（21:7　21:12　）

×××—××× 2:0（21:17　21:18　）

×××/×××—×××/××× 2:1（21:19　14:21　21:13）

CHAPTER 06

第六章 国际羽毛球赛事组织实务

在本章节将给出举办羽毛球项目世界大赛的基本思路、组织工作实施框架和业务点。这些内容，都是通过在我国境内举办的多次高级别国际羽毛球赛事，特别是2008年北京奥运会，以及考察境外国际大赛的组织工作所总结、归纳出来的，具有较强的操作性。实际上，对于不同级别的羽毛球赛事的组织工作，只要明确了办赛规模和标准，都可以在此得到启发和借鉴。

第一节　赛事组织工作的定义、依据和原则

一、赛事组织工作的定义

赛事组织工作，就是组委会领导下的场馆团队秉承办赛宗旨和目的，在赛事运行的整体框架内，在确定的时间、地点为赛事客户群提供满足他们基本需求的服务，以及为实现这些服务所调动的人力、物资、信息资源。

二、明确办赛依据

举办任何一项赛事，首先要明确的就是办赛依据。除了赛事举办地的法律、法规之外，举办奥运会，要遵循奥林匹克宪章、主办城市合同和各单项国际组织的规程、规则。举办亚运会，要遵守亚奥理事会章程、主办城市合同和各单项国际组织的规程、规则。举办全运会，要遵守国家体育总局颁布的全运会规程总则及各单项运动管理中心或协会颁发的赛事规程。举办全国锦标赛，要遵守有关单项运动管理中心或协会颁发的该赛事规程及相关规定。以此类推，各省（自治区、直辖市）、市、县乃至一所学校、一家企业和一个单位举办的赛事，都要有主办单位下发的赛事规程和相关要求作为办赛依据。

一般说来，在我国境内举办羽毛球国际大赛所要遵循的办赛依据优先顺序如下。

（一）国家、省（自治区、直辖市）、举办城市有关法律、法规

（二）世界羽联有关章程、规程和规则

（三）国家体育总局、乒羽中心和中国羽协的有关规定

（四）有关合同（特别是国际单项体育组织、中国羽协和主办城市三方合同）

（五）国际惯例

（六）以往办赛经验

三、国际大型羽毛球赛事的办赛原则

（一）在中国羽协的领导和指导下工作

（二）严格遵守有关法律、章程、规则

（三）充分发挥政府的主导作用

（四）尽可能加大市场开发力度

（五）尽可能依托社会服务体系

（六）尽可能考虑电视转播需求（以不影响竞赛为前提）

（七）按合同维护赞助商权益

（八）强调分工协作

（九）办赛政治责任高于技术责任

第二节 国际赛事运行体系

既然赛事组织工作是围绕客户群的需求而展开的，那么我们就需要明确这样三点：

- 哪些客户群是我们赛事的特定客户群？
- 他们各自的需求是什么？
- 针对客户群，我们需要提供什么标准的服务？

一、国际羽毛球赛事的五大客户群

国际羽毛球赛事的客户群分为五大类：

- 运动员和随队官员

- 技术官员
- 媒体（含文字媒体、摄影媒体、转播媒体和新媒体）
- 嘉宾（含有关领导、国际组织官员、赞助商、组委会邀请的客人等）
- 观众

（一）客户群的重要性

这五个客户群都很重要。其中，运动员和随队官员是核心客户群。为什么这样说呢？因为这是一项体育赛事，技术官员是为运动员的比赛执裁而来，媒体是为报道运动员的比赛而来，嘉宾是为运动员比赛结果颁奖而来，观众是为观看运动员比赛而来，而没有运动员就没有比赛。

再进一步说，一次会议的组织工作，其核心客户群是会议代表；一个展览的组织工作，其核心客户群是参展商。而体育赛事区别于其他大型社会活动的一个标志，就是其核心客户群是运动员和随队官员。

技术官员是重要客户群。同时，他们又都是主办单位选调的竞赛管理力量。没有他们就没有比赛的平稳进行，就没有竞赛信息的高效传递。而任何技术系统的停摆，都会导致赛事运行的瘫痪。

媒体（文字、摄影、转播、新媒体）是敏感客户群。同时，他们又是赛事宣传工作的主要力量。没有他们就没有赛事影响力的辐射，甚至在某种程度上，赛事的成功与否，在他们的笔下。能否掌握赛事宣传的舆论导向，体现的是组委会的组织能力和水平。

嘉宾（领导、国际组织官员、赞助商等）是关键客户群。没有他们就没有赛事立项和办赛经费。没有领导支持，赛事运营不可能成功。

观众是基础客户群。没有他们就没有票房价值，就没有赛事关注度和影响力。

（二）客户群的基本需求

那么，这些客户群参加赛会，各自的目的和需求是什么呢？

运动员和随队官员是为比赛而来。他们需要规范、公平的竞赛环境和条件，需要较为封闭的环境集中精力专心准备比赛，反感在热身和比赛时被打扰。

技术官员是为执裁而来。执裁工作必须严格根据竞赛日程确定的时间进行。因此，为技术官员提供的各项服务，首先是要保证他们工作的时效性。

媒体到会是为观赛、采访和发稿。媒体除了现场观赛，还需要采访便利和信息灵通的安静空间拟稿发稿，写出强烈个性化的报道是他们的任务和追求。

嘉宾到会是为观赛、会见并出席礼仪活动。因此，贵宾区的设计，最基本的是要体现一种庄重的氛围和规格感。

观众到会是为观赛、追星并与球员互动。要为他们预先提供全面的赛事信息，以及提升他们对赛事的参与度。

这些不同客户群的需求往往互相排斥，反感相互之间的干扰。如果把他们混在同一个区域为他们提供服务，就会产生不同人员、资源和服务的叠加，引发混乱。因此，国际赛事需要分别为五大客户群及为他们提供服务的场馆团队设计功能区和流线，即场馆运行设计。合理的场馆运行设计是保证不同客户群的基本需求在合理的空间和时段得到满足，从而使赛事有序运行的基础。

二、场馆运行设计

场馆运行设计主要包含以下四个部分的内容：

- 功能分区（功能区域与用房，座席分区）
- 流线管理（人员、物资、信息、入口、出口、路径与标识系统）
- 通行权限与制证
- 每日场馆活动日程

（一）功能分区

功能分区即根据不同客户在竞赛期间不同的基本需求，将场馆合理划分成对应的功能区域，为他们提供服务。

功能分区的主要原则有三个：

①尽可能方便客户。

②每个客户群所需的功能用房和区域尽可能集中安排。

③每个功能区尽可能相对封闭，与其他客户群功能区互不干扰。

通常，国际羽毛球赛事的比赛场馆划分为8~9个功能区：

1. 比赛场区
2. 运动员准备区
3. 技术官员区
4. 竞赛管理区
5. 媒体区
6. 电视转播区

7. 贵宾区

8. 观众区

9. 场馆运行区

有时根据场馆大小和赛事规模，技术官员区和竞赛管理区可合并。

（二）流线管理

体育赛事活动可分解为三种基本形态，即人员活动、物资移动和信息传递。这些活动、移动和传递发生在场馆功能区及不同功能区之间时，就形成了流线。基于国际赛事活动的三种基本形态，派生出三种流线类型：

• 人员流线（含5个客户群、场馆团队、供应商人员等）

• 物资流线（含比赛器材、颁奖器材、后勤物资等）

• 信息流线（含比赛日程、训练日程、成绩公告、会议通知、交通、抵离、活动等信息）

为保证体育赛事有序、平稳运行，与赛事有关的人员活动、物资移动和信息传递必须按照指定的流线有序进行。流线管理，即是对这三类流线进行整合、排序；以时间为坐标，按节点落实到场馆功能区平面上并实施管理。

在三类基本流线中，由于物资流线和信息流线都伴生着人员流线，所以我们主要对人员流线管理进行分析。流线管理的基本内容有流线设计、与流线相匹配的标识系统和流线控制三方面。

1. 流线设计

流线设计的基本原则是：

①确定不同客户群的优先级别。

②流动便捷、便利，符合时间要求。

③不同流线各行其道，互不干扰。

④流线衔接时，要交接有序。

⑤流线交叉时，按优先级放行。

2. 标识系统

标识即场馆功能区和流线沿线的指示信息，类似于马路上的路牌和交通引导标志。一个好的标识系统，能使任何到馆人员，无论是否熟悉场馆空间，都能根据标识系统所提供的信息，按照自己的通行权限在馆内流动。

标识系统设计的基本原则是：

①文字准确，清晰（包括中文和外文）。
②位置醒目，文字平面尽量与人员行进方向垂直。
③在流线转弯处、交叉处要有转向、分行标识。
④与赛事的视觉景观融为一体。
⑤场馆标识系统要与城市运行的标识系统无缝衔接。

3. 流线控制

流线控制，就是在功能区出、入口处、功能区交界处和功能用房门口等处，由经过培训的工作人员和志愿者实行对有关人员证件的查验，并根据其通行权限决定是否放行。

注册分区志愿者的管理，通常由观众服务业务口统一管理。也可根据赛事规模和比赛场馆大小进行拆分，如前院（公共区域）由观众服务口管理，后院（场馆运行区）由竞赛运行部门管理。但比赛场区的验证和出入管理一定是由竞赛运行口负责。

（三）通行权限与制证

此部分内容见第四节中“报名、注册与制证服务”部分。

（四）每日场馆活动日程

此部分内容见第三节中“竞赛日程”部分。

三、场馆运行

（一）国际赛事组织工作方针

场馆运行即在场馆运行设计基础上为各个客户群提供服务的实际操作。一个国际赛事组织工作为客户群提供的所有服务分为三个层面，即：

- 竞赛层面的服务
- 场馆层面的服务
- 属地层面的服务

根据这三个层面的相互关系，形成“以竞赛为核心，以场馆为基础，以属地（政府）为保障”的国际赛事组织工作方针。并在此方针指导下建立组委会客户群服务体系。

（二）竞赛层面组织工作的重要性

我们必须强调竞赛层面组织工作的重要性。其在整个赛会组织工作中的地位如下。

竞赛层面的组织工作是核心业务。赛会为客户群所提供的各项服务都是围绕着竞赛需求展开的。

竞赛层面组织工作要发挥先导作用。只有明确并掌握了竞赛客户群的需求和服务标准，方可相应地制定其他相关职能部门所提供的服务标准。

竞赛层面组织工作要发挥主动协调作用。在更多的情况下，竞赛组织工作团队要主动对接其他业务部门，讲清竞赛需求，明确工作界限，完善工作衔接，保证赛事各项工作不缺失、不重叠、光滑连接、有序运行。

（三）组建复合型的竞赛运行团队

一个赛事的竞赛组织能否成功，组建一支优秀的复合型的竞赛运行团队是关键。竞赛运行团队包括竞赛主任、比赛协调、裁判协调、比赛场区主管、热身场地主管、检录长、技术运行经理、器材主管、训练主管、内务主管、计时记分主管、体育展示经理、导演、播音、音频师、视频控制、灯光师、电视导播、兴奋剂检查员等各类人员。他们在竞赛主任的领导下，各负其责，根据竞赛日程和每日竞赛活动日程表，开展竞赛运行工作。竞赛运行团队还要根据竞赛岗位计划，明确竞赛志愿者人数，负责对竞赛志愿者进行岗位技能培训。

这个团队由竞赛主任或竞赛主任指定联络人，专门负责与世界羽联竞赛负责人联络和沟通，并与世界羽联裁判长协调竞赛运行。

竞赛运行团队要严格按照竞赛日程的时间点，以竞赛为核心运行赛事。

竞赛运行团队要明确比赛延迟预案的启动和执行程序。

在有即时回放系统的赛事中，竞赛运行团队要落实该系统管理席的设计和配套设施。

（四）场馆层面的组织架构和协调机制

场馆层面有十几个乃至几十个业务口参与赛事组织工作。除了这些业务口各负其责之外，整个场馆运行的整合与协调工作是重中之重。只有整合与协调工作做到位了，整个赛事运行的机器才能平稳运行，才能给竞赛运行提供最可靠的支撑。因此，我们首先强调场馆层面要有一个综合协调部门。综合协调部门是组委会的中枢部门。除了日常综合协调事务外，还要负责整体规划、统筹协调、监督推进等组委会综合性工作。通常，综合协调部门的职能有以下几点。

1. 组织架构和协调机制

需要对赛事筹备和运行期的赛事组委会组织架构及其职责做好顶层设计。

赛事组委会各部门分工和职责要落实到文字上，形成有约束力的文件。

从赛事组委会成立之初，就要形成以组委会办公会为主的组委会协调机制。鼓励各部门与相关部门主动进行双边、多边业务沟通和工作环节对接，调低组委会运行重心，降低运行风险。

2. 规划计划和监督推进

根据有关合同给出的时间节点，统筹各部门工作计划，倒排工期、留有余地，整合出组委会整体规划和总体计划。排出组委会重大活动日程表，列出重要时间节点。

根据总体计划，监控整个筹办工作进程。

根据各部门细化后的工作方案，跟踪各部门工作进度，及时掌握情况并反馈。

3. 人事管理

根据工作需要为各部门定员定编。包括确定人员类别、待遇政策等，并将各部门情况汇总成人事整体计划，合理把控人力资源。

确定工作人员招聘和志愿者招募政策并实施，保证组委会人力资源配置。

确定人事政策和待遇标准。如薪酬政策和标准、服装政策和标准、餐食政策和标准、住宿政策和标准，甚至人员通行权限等。

4. 培训

牵头做好组委会人员的培训。包括通用赛事知识培训、各部门业务培训和志愿者培训等。

5. 合同和协议

负责保管组委会所有相关合同和协议。特别是要有专人研读有关合同，对合同条款做到准确理解、熟悉把握、逐条落实，避免违约。

6. 财务

负责预算、决算、保险、理赔、接受审计等各项工作。

组委会的财务预算，主要是防止漏项和预算不足。特别是对直接涉及竞赛场地、比赛照明、非比赛光线遮挡、气流控制、视觉形象景观、体育展示、颁奖仪式、客户群服务等方面，要给予保障。

根据近年办赛经验，组委会预算要留有充分余地。

收支管控。要有专人分别负责对财和物的审批、采购、物流把关。

7. 注册和证件

根据场馆运行的需求制定人员注册政策，界定哪些类别的人员是注册人员。

根据场馆功能分区确定通行权限的申请和审批流程。

明确对证件和通行权限申请的审批责任人。

8. 城市运行

作为组委会与城市运行体系的唯一联络口，综合协调部门应配合有关部门对接属地层面的服务提供者，例如，道路改造市政工程，室外 LED 大屏、城市景观等户外宣传投放，水电等市政管网保障，交通管控配合，城市志愿者布点，迎赛事的市民活动等。

9. 内宾接待

组委会的对外联络部门负责外宾接待，综合协调部门负责内宾接待。在贵宾区运行、颁奖仪式、开赛仪式和其他大型活动等方面需要与有关部门密切合作。

10. 服装管理

高水平国际赛事，比赛场区工作人员必须统一着装。

厘清有关服装政策。如技术官员服装、比赛场区工作人员服装、志愿者服装、安保人员服装等。

明确各类服装赞助或采购渠道。

统计服装尺码（此项工作的启动要早，以便为服装赞助商预留足够的制作和运输工期）。

做好服装验收管理工作，适时有序发放服装。

严格执行相关合同中有关排它性的条款。在尊重有关国际组织器材合作伙伴的基础上，可争取在商定赞助数额之外，尽量多提供服装；也可以购买一批符合排它性条款的服装，如无竞品品牌标识的服装，加印赛事标识。

在春、夏、秋三季举办的赛事，技术官员服装包括至少两件速干 T 恤、一套夏长服、网球帽（带帽檐）、运动鞋。技术官员服装均应为深色、亚光面料。在冬季举办的赛事应配备御寒服装。

在春、夏、秋三季举办的赛事，工作人员服装包括两件速干T恤、一套夏长服、运动鞋。工作人员服装应以深色为主，亚光面料。在冬季举办的赛事应配备御寒服装。

在春、夏、秋三季举办的赛事，志愿者服装包括两件速干T恤（户外岗位志愿者应有三件速干T恤和雨衣）、一套夏长服、遮阳帽、运动鞋、腰包、汗巾、水壶。在冬季举办的赛事应配备御寒服装。

要按人员类别和工作区域划分服装颜色。特别要注意的是，岗位在比赛场区及其周边的人员服装都要以深色为主，亚光面料。

11. 开幕式和欢迎晚宴

负责或指定专门团队负责开幕式和欢迎晚宴的策划和组织，并牵头这些活动与政府部门的对接与协调工作。

12. 文件与档案

做好赛事档案管理工作非常重要。要把筹办工作和经验以文字形式存档。

从组委会成立之初就要有文件和档案收集、汇总制度。要有专人负责收集和管理档案。

各个部门定期整理自己的档案，定期交给综合协调部门。一定不要等到比赛结束才做此项工作。

13. 赛事出版物

有专人负责牵头各类赛事出版物工作（如赛事纪念册、竞赛指南、媒体指南、志愿者手册、海报等）。在留有充分提前量的前提下，向相关职能部门催稿，督促排版、成册、付印、校对、分发等过程和工作环节。印刷数量要相对准确，既满足需求，又不造成浪费。

14. 党务、纪检和监察

负责组委会的党务、纪检和监察工作。严防赛事组织工作中出现违反法律、法规等违规违纪的现象。

第三节　国际赛事十七项竞赛要素

从本节开始的三节内容，均属于场馆运行的内容。为讲述方便，故分成单独章节叙述。

一个国际羽毛球赛事的组织工作中，竞赛层面的组织工作是核心业务。在这个层面上，要紧紧抓住下列十七项有关竞赛的核心要素。

一、竞赛规程和邀请函

竞赛规程是整个赛事的核心技术文件，它确定竞赛的时间、地点、参赛人员、执行规则、比赛办法、运动员名次、裁判人员和奖励、处罚等一系列竞赛条例，是竞赛运行的根本依据。

邀请函是东道主向有关单位和人员发出的参赛邀请，关系到报名、签证申请、赛会日程、食宿交通安排、经费说明等重要内容，相当于国内赛事的补充规程。

竞赛组织者要做到熟悉竞赛规程，掌握邀请函相关内容。

二、报名

根据规程规定的比赛项目和报名人数，收集、整理报名单是一项繁杂且需要非常细心的工作。报名整理工作不仅是竞赛运行的基础，也是组委会提供各项赛事服务的基础性工作。

要及时接纳报名，统计整理分项报名，关注兼项情况，在报名截止期前及时与世界羽联进行报名资格确认，并把相关情况通报筹委会有关部门。

要按时接收种子名单。

三、抽签

抽签是一项重要的竞赛活动，也是除了比赛之外关注度最高的竞赛活动。抽签决定参赛运动员（队）的赛程和夺冠之路，并制造悬念。特别是抽签所决定的强强对抗场次，往往会被媒体提前炒作、预热。

抽签仪式组织工作要点如下。

（一）抽签仪式的时间和地点

与主办单位商定抽签仪式的时间和地点。

（二）抽签仪式的总要求

抽签仪式要庄重，抽签过程要严谨，要给人以很强的仪式感和极高的可信度。

可把抽签仪式作为赛事筹办工作的一个节点，以抽签仪式为平台，通过媒体宣传筹办进度，为赛事预热。

重要的是，通过参与抽签活动，组委会赛事运行团队可以得到一次磨合和历练。

（三）抽签仪式的几个环节

羽毛球国际赛事抽签仪式一般分为四个环节，内容如下。

1. 展示环节

在展示环节通常可穿插一些组委会的赛事预热活动，如征文、征歌、征会标、征吉祥物等的颁奖活动，或志愿者服装走秀，或倒计时活动，或市场推广活动等。这样可以使抽签仪式内容丰富、气氛活跃，不显单调、单薄，同时为赛事宣传造势。

2. 仪式环节

仪式环节通常是邀请国际单项组织、中国羽协、东道主城市三方领导致辞，致辞顺序需预先商定。在一些赛事的抽签仪式上，有时会安排冠名赞助商致辞，但是否安排，以及致辞顺序也需预先商定。

为了使仪式紧凑，无论使用中文还是英文致辞，都应在大型电子屏幕上显示对应的中文、英文致辞内容，以节省翻译的时间。

3. 抽签操作环节

抽签操作是由赛事主办单位竞赛官员或其指定人员主持进行的专业性很强的工作。组委会竞赛部门需要组织编排技术人员（如名签员、号签员、公告员、礼仪人员等）配合主抽人的工作。

4. 媒体互动环节

请国际单项体育组织、中国羽协、组委会、国家队等方面代表上台与媒体互动。这一环节，需设一名互动主持人和一名熟悉羽毛球项目的中英文口译人员。

整个抽签仪式的所有内容要以时间为坐标，落实到书面，形成抽签仪式流程脚本，并经组委会、中国羽协和有关国际单项组织审批后，据此脚本进行操作。

（四）抽签仪式的出席人员

国际单项体育组织官员、中国羽协官员、组委会领导。

通过国际单项组织向各会员协会发布通知，邀请他们派代表或委托人（如驻华使节等）出席仪式，现场监督抽签过程。

邀请名人（如著名运动员等）出席并参与抽签活动，提高赛事关注度。

邀请尽可能多的媒体，特别是主流媒体。

有关方面的代表等。

可与主办单位商议，邀请名人、赞助商代表、市民代表、媒体代表、吉祥物、会徽设计者等参与抽签，活跃气氛。但要注意东道主避嫌。

组委会相关业务团队，如竞赛（计时记分与竞赛编排）、体育展示、综合协调、形象景观、新闻宣传与媒体服务、安保、抵离服务、交通服务、住宿服务、餐饮服务、外联礼宾、语言服务等团队相互配合参与工作。特别要注意的是，抽签仪式应有高水平的中、英文司仪和专门撰写的主持词，以及经过培训的合格的礼仪人员。

（五）抽签仪式现场的功能分区和布置

抽签仪式的场所需要进行功能分区和人员流线设计，形成平面图，并经组委会、中国羽协和有关国际单项体育组织审批后，据此进行操作。

1. 签到区

签到区需要配备礼仪人员；媒体服务部门需准备各类有关赛事、东道主城市、抽签的中英文纸质材料，分发给签到媒体。如参赛队名单、种子队名单、确定种子队的依据、羽毛球运动简史、赛事简史、东道主城市宣传资料、会徽简介、吉祥物简介、地方文化特色的抽签用具简介等。这些资料中，有关参赛队和种子的资料应由竞赛团队提供。

2. 礼宾候场区

该区域是出席抽签仪式的嘉宾到场后，在仪式开始前寒暄、休息的地方。应相对独立，有便捷的流线与会场入口相连。也需配备礼仪人员及坐席等。

3. 仪式舞台（致辞席）暨抽签操作台

抽签环节，舞台需设主持席台、队名签台、组位签台、流动奖杯展示台，配备固定麦克风和手持麦克风，布置绿植景观等。

其他环节，舞台需要不同的布置。例如，在仪式进入最后一个与媒体互动的环节之前，舞台需要调整为台桌式或论坛式的布置。

4. 抽签进程展示区

抽签进程需要公开、透明，所有抽签用具都应在公众的视野之内，摆放在专有的台面上。现场要辅以背景显示大屏、投影仪、公告栏，实时展现抽签全过程。

5. 坐席区

嘉宾席应布置在靠前区域，与舞台保持合理的距离。嘉宾席设沙发、茶几，并配备礼仪人员。

嘉宾席之后为媒体席。媒体席为带桌软椅、铺设桌布，均需摆台签。

6. 摄像媒体工作台

抽签现场要搭建摄像、摄影机位平台，为摄像、摄影媒体提供无遮挡视野。搭建的平台要安全可靠，注意降噪，阶梯应设在平台侧面或后面。摄像媒体工作台应设在媒体坐席区后面。

7. 体育展示控制区

此区域为抽签仪式现场设备（音频、视频、灯光等）的控制区，也是抽签仪式各类现场展示和表演活动的导演团队指挥区域。

8. 茶歇区

应在抽签场所的后部或外厅设茶歇区。茶歇时段一般安排在抽签仪式和媒体互动环节之间，以便工作人员利用这个时间进行舞台布置的调整。

仪式舞台及抽签操作台、抽签进程展示区和嘉宾席需用软隔离设施封闭，无关人员不得入内，摄影、摄像媒体只能在此封闭区域外拍摄。

（六）抽签仪式景观

抽签仪式的景观布置包括现场物料、背景画面、抽签工具等，且要与赛事视觉形象和景观设计系统相协调。景观方案应经过组委会、中国羽协和国际单项体育组织审批。实际上，抽签仪式也是赛事整体视觉形象的一次展示或亮相。

所有的抽签用具功能和数量需求由竞赛团队提出，由视觉形象和景观团队设计并制作。

（七）抽签仪式现场展示

抽签仪式的现场音效和视频播放应由组委会体育展示团队和计时记分团队承担。应尽量选用有经验的体育展示和计时记分团队。

抽签仪式现场供电保障要落实到位，绝不能出现断电跳闸现象。

（八）安保

确定出席抽签仪式的来宾及工作人员的入场依据（证件或请柬），明确验证点和验证人员。

根据形势评估、确定安保等级（如爆炸物排查）。明确安检点位和安检人员。

（九）抽签彩排

抽签不容失误。组织抽签仪式彩排，是及早发现和解决问题的有效办法。

抽签彩排后请有关领导、专家提出指导意见。

（十）抽签仪式筹备计划

确定了举行抽签仪式的时间、地点后，预先策划抽签仪式，制订抽签仪式筹备计划，确定抽签仪式准备会、协调会、方案定稿、物料搭建、演练彩排等重要时间节点。

注意吸取以往重要赛事抽签仪式的成功经验，在现场布置、现场制作、媒体组织、抽签仪式演练几个方面下功夫。

在分阶段进行的赛事中，还需要做好第二阶段抽签的准备及实施。

四、竞赛日程

竞赛日程是整个赛事的核心技术文件，一切竞赛筹备工作的目标都是为了保证竞赛日程的执行。

（一）竞赛日程

竞赛日程分为每日竞赛日程、小项竞赛日程。

竞赛日程由专业人员编制，经主办单位批准执行。

竞赛日程变更的影响是“牵一发而动全身”的。因此，竞赛日程的变更，特别是有电视转播的赛事的竞赛日程变更，要由专项工作组协商启动专门的比赛延迟预案方可确定。

（二）每日竞赛活动日程表

要以竞赛日程为基础，编出比赛场馆每日竞赛活动日程表（Daily Competition Activity Schedule，DCAS），以时间为坐标，整合比赛日程和与竞赛直接相关的活动。

赛事期间场馆要按照每日竞赛活动日程表运行，根据竞赛需求，确定班车发车时间，运动员到场馆时间，体育馆开馆时间等。

每日竞赛活动日程表就是每日场馆运行计划的基础。

五、竞赛技术会议

竞赛技术会议是开赛前最重要的竞赛活动，包括技术会议（裁判长和领队联席会）、裁判员会议、司线员会议。

这些会议一般由国际单项体育组织官员或他们指派的技术官员主持。场馆团队主要是为这些会议提供会务服务，如会场、会议材料的准备与分发、签到服务、音响系统、演示设备、特殊用具、文具、瓶装饮用水等。

竞赛技术会议通常在赛前一天举行，以保证应参会者的出席率和落实有关报名的最后调整信息。会议的日期、时间和地点应在竞赛指南上列出。应提前做好会议会场的布置。

竞赛团队应了解会议程序；将交通需求提供给交通服务团队，以保证应出席者按时到会；协助签到，协助会议保障。

六、训练日程

对运动员和随队官员而言，训练是仅次于比赛的重要活动。

训练包括训练场馆的赛前训练和赛中训练，以及比赛场地的赛前适应性训练和赛中训练。其中以比赛场地的训练安排最为敏感。

训练日程由专业人员编制，经国际单项体育组织所委派的裁判长批准后实施并调控。

竞赛运行团队需要做的是：

① 按规定向世界羽联报送训练需求表。

② 收集并整理各队训练需求，按照公平公正的原则编排训练日程。训练日程的安排要留有余地。训练日程也可由裁判长安排。

③ 训练日程报组委会批准之后，报世界羽联和裁判长认可。

七、比赛场区运行

比赛场区（Field of Play，FOP）是直观反映赛事竞赛组织工作水平的窗口，也是整个赛事向外界展现的窗口。比赛场区相当于一场演出的舞台，对比赛场区的运行要求不逊于对舞台和演出的要求。要精心设计和布置比赛场区和人员流线，特别要预先考虑比赛不同阶段的场区布置与人员流线。比赛场区运行的几个要点如下。

（一）比赛场区准入

就竞赛而言，比赛场区是整个场馆的核心区域。赛时，该区域实行最严格的通行权限查验，在比赛场区没有工作或工作岗位的人员不能进入该区域。

（二）比赛场区布置

要就比赛场区的设计、施工、安装、调试、运行等环节与场馆运行部门保持联动。

在赛前布置比赛场区时，需要特别注意与计时计分系统、照明系统和转播系统的协调配合。

需要注意比赛场地上的设施设备不能遮挡观众视线。

在官方训练开始前，比赛场区设施设备、馆内景观设计和器材安装等应全部施工完毕。

就竞赛进程中因场地变化需要进行的转场工作做好预案。

（三）照明

对比赛照明进行最严格的调试，目的是既达到满足比赛和高清直播的需求，又不使比赛运动员产生眩光从而影响发挥。特别注意防止馆内出现自然光和覆盖消防栓面层等发光物的反光。

在制订照明方案时，需要考虑颁奖仪式、颁奖仪式升旗路径、体育展示、混合采访区、新闻发布会等区域和环节的特殊照明需求。

（四）气流控制

由于羽毛球项目的特性，要对比赛场区的气流进行最严格的监测和控制。所有面向比赛场区的出入口都要采用双层门（帘）。尽量减少空调对运动员比赛产生的影响。

始终保持对馆内温度、湿度的监控。

（五）比赛场区运行

比赛场区运行，是由专业人员组成的竞赛团队配合国际单项体育组织委派的技术代表和裁判长进行的。比赛场区运行团队相当于舞台监督和舞台调度，由他们进行比赛调度。

做好热身场地、检录区、运动员集结区和比赛场区的运转和运动员引导工作。

比赛场区根据事先拟定的每日竞赛活动日程运行。什么时间开比赛灯光，什么时候清场，什么时间检录进场等，每项进程都要精确到分秒。

比赛运动员的进、退场是重要的体育展示环节，需要精心设计。这一环节需要竞赛管理席（竞赛主任、比赛场区主管、比赛协调员等）、热身场区、检录区、比赛场区入口、体育展示（入场仪式）、转播团队、比赛结束运动员退场引导、裁判人员退场等各个功能岗位的紧密配合。

八、场地器材

（一）竞赛器材

羽毛球竞赛器材是指比赛用球、球网、网柱、运动木地板和塑胶场地。其中比赛用球的管理包括验收、发放、回收和存储，需重点关注。

规则规定每个赛事要准备三种球速的比赛用球。在每天比赛开始前，由裁判长确定使用哪种球速的球。竞赛运行团队需要根据赛事举办地点和气候情况，及时确定最适合的三种比赛用球的速度、型号和各自的数量，以便器材供应商或器材合作伙伴按时提供。

比赛用球运抵赛区后，器材主管需要对其进行型号和数量的验收。将球放在恒温、恒湿、防火、防潮的专用带锁库房分速度、型号存放，赛期全程由专人管理。

（二）竞赛辅助器材

羽毛球竞赛辅助器材主要有裁判椅、发球裁判员椅、间歇标志、旧球容器、量网尺、拍包筐等。

（三）器材的市场开发、采购、物流、移入、安装、验收和移出

竞赛运行团队要与赛事器材合作伙伴或供应商及时沟通，明确塑胶场地、网柱、球网、比赛用球和训练用球、主裁判椅、穿拍弦设备和服务、技术官员服装和工作人员服装等比赛器材和辅助器材的规格、型号、数量、发货渠道、到货日期、存储空间、安装调试，维护人员数量、合同人员注册和赛后撤场等一系列事务。

做好其他辅助器材如记分表、地毯、比赛场区人员座椅、竞赛管理工作台等设施、设备的计划、采购、安装、搭建工作。

根据主办单位或合同要求，为器材合作伙伴提供库房，并搭建穿拍弦服务区。

竞赛器材和竞赛辅助器材的运输、安装、调试、维护应由专门团队和人员负责，由竞赛运行团队验收。应在比赛场区竞赛管理台为场地器材维护人员预留工位。

九、比赛馆设施及运行

这里所指的比赛馆运行并非是整个赛事完整全面的场馆运行，而是其中与竞赛直接相关的部分场馆运行内容。

（一）场馆设施

比赛馆可与剧场类比，只不过舞台变成了比赛场区，演员变成了运动员。没有场馆的软硬件设施支撑，如强电、弱电、供水、音频、视频、照明、网络、电讯、空调等系统的平稳运行，赛事将难以为继。

（二）比赛场区

需在主办单位的指导下布置比赛场区，安装器材及摆放广告。必须在运动木地板上铺装经批准的比赛用塑胶面层。

比赛场区内，除比赛用塑胶面层外必须铺满地毯。铺装地毯要考虑材质、颜色、阻燃、招标、投产、运输工期。地毯的厚度、铺展方向、与塑胶面层的接缝

等，都应符合比赛要求。地毯颜色符合竞赛规则要求和景观设计要求。地毯的消防阻燃也要考虑。

官方训练开始前，比赛场区内所有设备（场地计时计分系统除外）要调试完毕，比赛场区内的景观也要布置完毕。

（三）器材

要对场馆比赛、热身和训练场地的相关器材的安装和维护，以及塑胶面层、地毯、裁判椅等辅助器材的购买、安装和维护进行周密计划。

塑胶面层铺装、比赛场区满铺地毯、网柱及球网至少应在正式训练开始前一天安装调试就绪，其他辅助器材，如裁判设施和计时计分设备、A 型广告版等应在比赛开始前一天安装调试就绪。

通过点计划，统计并提供比赛场地、热身场地、训练场地所需家具、白电。如比赛场内的折叠椅，志愿者之家、功能房内的桌椅等。大型比赛通常需要使用上千把椅子。

（四）临建设施

为赛事临时搭建的设施是避免大动作改造场馆，同时保证客户群服务水平的关键措施。

1. 场馆竞赛工作台

是赛时裁判长团队、竞赛运行团队、体育展示团队和计时记分团队的工作区域。这个重要临建由竞赛部门设计，场馆工程团队搭建。

2. 媒体观赛席

要给媒体席提供仅次于主席台的观赛视线。通常在我国举办的国际大赛需要设带桌文字媒体席 100 个，不带桌文字媒体席 80~100 个。注意媒体观赛席的这些位置不能有视线遮挡。

3. 转播机位平台

转播主机位的位置选择具有最高优先级。

转播机位平台不应搭建在活动座席区域，因为在这个区域的任何走动都会引发主机位的震动，从而影响摄像画质。转播机位平台一般搭建在固定座席区域，且机位平台周边应留有足够空间，以避免周边人员流动引发对主摄像机干扰。

4. 转播评论员席

带桌和隔音设施的转播评论员席位应安排在主机位后上方正对转播场地的位置，需要相对安静的空间，不能有视线遮挡，并视需要提供带有遮光罩的台灯。

5. 团体赛事比赛队座席

团体赛事，在比赛场区内需搭建比赛各队运动员席位区。

6. 礼宾旗和旗杆

根据视觉形象与景观的设计，悬挂、布置所有的礼宾旗。必要时，增设礼宾旗杆。

7. 如厕设施

考虑到不同的如厕习惯，客户群卫生间的坐便器应占厕位总数的 50% 以上。最好有穆斯林厕位。

8. 馆内光线、供电及照明

羽毛球体积小，通体白色，飞行速度快，因此要求比赛场区四周和上空的背景为深色，且没有任何自然光或反射光的影响，以利于运动员在对击过程中对来球及其飞行轨迹作出判断。

羽毛球赛事的比赛照明，既要满足比赛和电视转播的照度需求，又要避免产生眩光，影响运动员击球。

在我国举办的 2010 年广州亚运会、2011 年青岛苏迪曼杯赛、2012 年武汉汤尤杯赛、常州中国羽毛球公开赛、2015 年东莞苏迪曼杯赛、2018 年南京世锦赛和 2019 年南宁苏迪曼杯赛的照明系统是高水平羽毛球专用照明系统，满足了竞赛、体育展示和高清电视直播的需求，受到广泛好评。

大型国际赛事的供电及照明要求如下。

①由于是室内项目，就要保证比赛进行时，供电不能中断。启动特殊保电措施，如多路供电、应急供电车、UPS（不间断）电源车等保障场馆比赛和电视转播的用电需求。

②为赛事提供稳定的电力保障，保证比赛场地的灯光符合世界羽联羽毛球比赛及电视转播的照明要求。

③场馆灯光架设和管理，垂直照度、水平照度，每天开、关灯时间，转场时间等和竞赛部对接。

④应为混合区、新闻发布会、颁奖仪式（颁奖台和升旗路径）及体育展示等装配特殊照明。

⑤保证比赛期间除馆内提供的比赛照明外，比赛馆和训练馆内没有任何其他光线（包括自然和人工光线，如包厢或工作用房内的灯光和消防栓不锈钢面板的反光等）透入。应当用深色材料覆盖一切可能向赛场透光的门、窗、通风口等，以杜绝场上运动员、技术官员，或从电视直播或摄影位置看到这些光亮。对此应当进行如下（包括但不限于）方面的检查：

• 门窗或其他光可能穿过的空隙。

• 场馆内的长明灯、安全照明。

• 包厢、工作用房及接待区域的内部照明。

• 场馆自然采光的顶棚必须用深色材料全覆盖。

⑥场馆内的建筑表面和（或）安装的设施应是深色亚光表面，以避免反射光对比赛运动员、技术官员和电视转播产生影响。对此应当进行如下（但不限于）方面的检查：

• 建筑的钢结构或覆盖涂层。

• 采暖、通风、安全和防火系统部件。

• 在羽毛球比赛期间，应关闭任何能引起天花板亮光的向上照射的灯或特别灯具。

⑦馆内的墙壁、天花板和坐席面是深色的。比赛场区四周立面应为深色，体育馆比赛场地端线侧的背景（包括座席、座席通道及通道楼梯面向场地的立面和出风口等）一定为深色。

⑧混合区照明应保证被采访运动员的面部照度。混合采访区如设在比赛场区，则照明不能影响运动员比赛。建议采用可调角度的带遮光檐的落地灯架，并配合发光面遮光阻燃胶带的使用；或使用背景板顶沿探出灯架，满足赛后即时摄像采访所需照度，同时避免对比赛产生影响。

⑨开幕式及欢迎晚宴、抽签等大型活动的供电和网络保障。

9. 空调与气流控制

羽毛球重量轻、形状特殊，在飞行过程中对来自气流的影响极为敏感。因此，场馆空调系统的设计和气流控制极为重要。

比赛馆及训练馆内的气流应得到最大限度的控制，以避免对比赛的干扰。

应保证在比赛场区范围内 12 米高（训练场区为 10 米）的净空内没有影响运动员比赛的气流。

在决定场馆空调系统运行模式时，需要在比赛照明全部打开并稳定后测试馆内温度值，考虑观众高上座率情况下的升温值，确定空调风量。采用不超过每秒0.2米的高精度风速仪测试空调运行情况下的风速。赛时的空调运行模式，应在赛前邀请专业羽毛球运动员试打，并征求他们的意见。

为避免在馆内产生气流从而影响运动员比赛，除了对馆内气压、温度进行调控外，通常还以多点位出风、缓速出风、出风方向避免正对比赛场区、馆内室温均衡、各出入口双层门（帘）设计等措施进行气流控制。所有面向比赛场区的出入口都应有双道门（面向场地一面为深色）设计，或至少双道门帘（面向场地一面为深色）设计，两道门（帘）之间至少应相距3米。必要时关闭比赛（训练）场区上空的出风口。

夏季馆内室温不高于26摄氏度，冬季馆内室温不低于20摄氏度。

10. 场馆指挥中心

场馆指挥中心是场馆运行的最高指挥层和决策层，由场馆主任和竞赛、场馆保障、安保、赛事服务、外联、媒体、后勤等部门负责人组成，协调相关资源，在场馆层面解决各种问题，保证赛事运行。

竞赛运行是场馆运行的核心内容。场馆运行需要在每日竞赛活动日程的基础上编制每日场馆活动日程。场馆指挥中心既是竞赛运行团队的领导部门，更是竞赛运行的强力后盾。场馆指挥中心的信息要全面灵通，决策要有依据，决策落实要迅速、坚决。

竞赛运行团队需要场馆指挥中心确定一名能够调度场馆资源的联络人，以便赛时点对点即时联络，快速解决问题。

场馆指挥中心要考虑场馆运行图审批通过之后整个团队何时场馆化的问题。通常，尽早开启场馆化进程有利于团队的磨合。

场馆指挥中心还要根据每日场馆运行计划，考虑工作人员赛时梯次上岗的问题。

制定赛事合同商人员注册、管理和相关政策。各项组委会外包的工作都要分别指定一位组委会代表跟进、督办。

组织场馆层面各项应急预案的准备、推演、启动、执行。处理场馆所有强电、弱电、通讯（基站）、电视转播、屋顶载荷等技术问题和安全问题。一般情况下，赛时比赛场馆内使用体育展示现场控制的音频和视频设备，馆内公共广播在非比赛期和应急状况下使用。

11. 场馆通讯中心

如有条件，应设立场馆通讯中心，在此基础上建立快速、准确的场馆团队内部无线传呼对讲系统，以便场馆指挥中心在场馆层面快速解决问题。例如，赛时竞赛运行遇到场馆保障方面的问题时，通过该系统向场馆指挥中心汇报，并协调解决。

负责场馆团队对讲机（需能设立不同的专门频道）的分发与管理。整个场馆团队都需要对讲机，竞赛团队需求不少于 7~8 台，场馆、交通等预计不会超过 100 台。

12. 气象应激

对于室内项目而言，气象信息主要用于是否激活客户群服务预案。例如，遇暴风雨时，所有客户群乘车时上、落客前后的防雨措施，观众雨具如何存放，馆内的防渗漏、防滑措施，馆外景观物的防风加固措施等。特别是运动员和技术官员的比赛出行不能因气候延误，耽搁比赛。

13. 网络

根据合同提供国际单项体育组织和媒体需求的网速和带宽。

媒体的网络需求是最重要的。要为媒体提供专门的网络，保证网速和带宽，媒体看台、媒体工作间和转播评论员席是重点保障区域。

计时计分系统的网络不能中断。该系统应使用单独的网线和单独的电源，以避免受到干扰。

计时计分系统使用的场内局域网需要有关部门协助在比赛场区地毯下面布线。此项工作要与竞赛场地的铺设协调进行。

根据合同提供网络视频转播设备安装的技术配合。特别注意有关赛事世界羽联所提供的流媒体输出网址。如有的网址需要进行预先的线路申请（精品线路），需要落实。此外，还需要与计时记分团队和持权转播商协调信号传输。

任何部门在比赛场区的走线方式不能影响比赛。此问题需要由竞赛部门牵头召开专题技术会议，参加人员包括竞赛团队、计时记分团队、转播团队、景观团队、设施部门和场馆部门。比赛场地网线是否要预留，要提前布置好。

根据需要配备移动应急通讯车。

根据需要配备无线电监测车。

14. 计时记分和成绩信息服务

提供高质量的成绩信息服务，特别是对媒体和参赛队伍，成绩信息服务准确、便捷是基本要求。

世界羽联主办的赛事必须使用世界羽联计时计分系统，组委会根据合同为该系统及其工作人员提供软、硬件方面的支持并承担相应费用。

每块场地配一套实时计时计分系统，套内包括2台足够尺寸的显示器及其服务器（一块场地的比赛单元需配四台）、相配套的场地显示屏线缆和计分屏控制器。要保证这些系统的稳定运行，并有备份。必要时，配备应急手动计分系统。场地电子实时计时计分系统应在比赛开始前安装到位并调试就绪。

每块比赛场地计时计分显示屏和服务器的摆放位置和高度，由计时记分团队与竞赛运行团队协商确定，以不影响比赛和电视转播为前提，同时兼顾比赛场区流线顺畅。显示屏底座（如需要）和包装由景观部门设计制作。计时记分团队负责裁判员电子计分控制器的安装。

场地电子实时计时计分系统应与比赛馆内大型公共计分屏联动，及时在公共计分屏上显示所有场地的比赛进程。

要为赛事提供成绩公告系统；配置品牌电脑4台（含适量打印机）、高速复印机1台；至少配备4名电脑操作人员；制作并布置成绩公告栏（如有可能，可使用电子显示屏显示成绩）。

在运动员检录区、运动员休息室、热身场地、混合采访区、国际技术官员休息室、国内技术官员休息室、贵宾室、世界羽联办公室、媒体工作室、场馆指挥中心、竞赛办公室和编排办公室等应有能显示所有比赛场地实时比分的装置（显示屏和服务器）。

运动员检录区、运动员休息室、热身场地、混合采访区、国际技术官员休息室、国内技术官员休息室、贵宾室、世界羽联办公室、媒体工作室、场馆指挥中心、竞赛办公室和编排办公室等应有能直播所有场地比赛实况的装置（显示屏和服务器）。

整合并满足场地设备、计时记分、电视转播、信息技术及体育展示等团队的设备安装连接需求并解决相关问题。包括但不限于：

• 电视制作团队的信号线需要接到哪里？是否要接到场馆的闭路系统里？需要对接确认。

• 负责体育展示音控与场馆音响的连接，明确是用场馆公扩系统，还是使用体育展示另配的音响。

• 负责场馆各类显示屏与信号源的连接。

15. 裁判员扩音系统和即时回放系统（鹰眼）

在临场裁判员使用麦克风的比赛单元，负责裁判员扩音系统的提供、安装、调试、备份和保障。注意，这一系统与同样安装在裁判员坐椅上的电视转播音频拾音麦克风不同。

使用即时回放系统的赛事，要为该系统设备的安装、调试提供后援。

16. 功能用房

在比赛场馆的不同功能区内，为对应的客户群和场馆运行各团队提供功能用房。大型国际赛事功能用房的基本需求如下：

（1）国际单项体育组织办公室 1 间（可容纳 6~8 人办公）

（2）中国羽协办公室 1 间

（3）中国羽协竞赛办公室 1 间

（4）编排记录工作室 1 间

（5）贵宾休息室 2 间（内宾、外宾各 1 间）

（6）新闻发布厅 1 间（可同时容纳 100 人出席发布会）

（7）文字媒体工作间 1 间（至少 60 个工位）

（8）摄影媒体工作间 1 间

（9）满足主播台及持权转播商、非持权转播商的转播功能区

（10）官方网站工作间 1 间

（11）裁判长休息室 1 间

（12）国际技术官员休息室 1 间（可容纳约 30 人）

（13）国内技术官员休息室 1 间（可容纳约 80 人）

（14）运动员休息室 1 间（可容纳 80 人）

（15）运动员更衣室 2 间（配有淋浴、带锁更衣柜、中式及西式如厕设施）

（16）兴奋剂检查站（候检室、检查室、工作人员办公室各 1 间，专用卫生间 1~2 间）

（17）运动员医疗站 1 套（医务室、诊疗室、理疗室各 1 间）

（18）其他业务口功能用房若干间

（19）工作人员休息区

（20）志愿者之家

（21）备用房间若干

17. 家具白电

所有功能区域和用房都需要通过制订家具白电点计划确定需求。汇总后，由场馆方配置。

所有功能用房或区域应根据需要配备办公桌椅、沙发、茶几、咖啡壶、冷藏柜、显示设备、电脑、打印机、复印机、传真机、电话（如有需求）、互联网接口等技术、电器、家具等设备，并安装到位；贵宾室、国际单项体育组织办公室、运动员休息室、技术官员休息室和媒体休息室内应铺有地毯，并布置绿色植物或盆花。

在比赛场馆体育信息台设置信息格、成绩公告板（或屏）。在各官方酒店应有信息公告板。

运动员更衣室要提供更衣长凳、桌子、沐浴用品和带锁储存柜。志愿者负责更衣室管理，特别注意锁柜钥匙的管理。

媒体区特别是摄影媒体工作室、裁判员休息室需要带锁储存柜，以方便他们存放摄像器材和贵重物品。

18. 标识系统

与场馆各功能区负责团队对接标识系统需求，与景观团队一起负责场馆内外所有标识的设计、制作和张贴，标识全部应为中英文对照，包括场馆外各上、落客点的车辆路线标识。

在有技术设备的地方张贴故障维修电话提示。

19. 颁奖仪式升旗装置

根据国际羽毛球赛事决赛场地的摆放位置，颁奖台应在主席台右侧，与转播侧机位同侧的边线平行摆放，距离决赛场地至少 10 米。因此，为了保证颁奖仪式运动员正面合影的视线集中，颁奖仪式的升旗装置应在颁奖台正面（主席台左侧）的适当距离和高度悬挂。如现有的升旗装置不符合要求，就需要改造。

升旗装置的日常管理由比赛馆方负责。升旗装置在颁奖仪式上的运行，由场馆方专人根据颁奖团队的计划执行。

20. 媒体功能区设施

对媒体区的服务设施要给予特别关注和保障，这是媒体服务团队能够“善待媒体”的先决条件。通常在赛事进程中，媒体对媒体运行团队相当一部分的抱怨并不是针对团队人员的服务水平，而是媒体功能区及其设施设计不合理或者不能满足其工作需求。

开通媒体工作间、媒体座席区和文字记者工作台的电源和网络，配备足够的电源插座和网线接口，并提供满足需求的网速，保证高速无线网络的覆盖。媒体工作台面应采用信息港的设计。

提供符合要求的新闻发布厅灯光和音响。

在运动员入场集结区和混合采访区，提供满足媒体特殊拍摄需求的照明。

为指定的主转播电视台提供转播需要的工作条件，按主转播台意见设置符合要求的转播解说工作台和工作间。此外，提供足够的电视评论员座席，并根据合同处理设施器材收费问题。

媒体的新闻报道工作讲求时效性，因此，为媒体提供功能设施和服务要突出便捷性。例如，媒体工作区、媒体座席区和混合采访区之间的媒体通道应方便、快捷，而不能设计成绕行馆内其他通道的流线（这点对羽毛球媒体客户群非常重要）。必要时开辟专用出入口和搭建专用楼梯或台阶。

根据办赛合同要求为比赛馆新闻中心提供足够的设施（关注是否需要 IDD 电话、传真机等），配备查询电脑、足够的网速和网线接口、打印机和复印机。复印机由专人管理。

21. 电视转播功能区设施

通常，主播台会与版权方就制作与播出签订协议。电视转播功能区是由信号制作、播出、新闻采编和网络电视构成的，复合团队提供设计、施工并提出设施需求的区域。场馆方应在设施提供和设备安装上给予技术配合，协助主播台设施设备（如转播车、信号车等）的通行与就位，并根据双方商定提供有偿服务。

22. 公共网络服务

在有无线网络覆盖的地方张贴上网提示。

通过公共网络给到场观众推送观众须知、观赛提示等，使持票观众一进入场馆区域就能感受到场馆服务。与宣传部、市场开发部沟通，确定其他推送需求。

23. 兴奋剂检查

不同赛事的兴奋剂检查，依据国际单项体育组织或中国奥委会的规程和程序进行。大型国际赛事由国际单项体育组织决定检查例数和抽检方式。

组委会根据合同支付本赛事兴奋剂检查所产生的费用。

免费提供一个包括候检室、检查室、工作人员办公室和 2 个符合兴奋剂检查使用需要的卫生间的兴奋剂检查站，并配备 2 台冰箱（其中 1 台冰箱带锁，以便存放尿样)、电视、家具，提供饮料等。

负责兴奋剂检查执行单位派出人员（国家体育总局反兴奋剂中心人员）在赛会工作期间（前1后1）的食宿、差旅（机票）及劳务费用。

配备足够人数的兴奋剂检查志愿者（至少2男2女）。

场馆兴奋剂检查站自赛前两天开始，运行至决赛日的检查工作结束。

十、运动员和随队官员服务

运动员和随队官员的参赛目的是比赛，因而他们更专注于比赛。对他们而言，公平竞赛是最基本的要求。

（一）涉及运动员和随队官员的功能区域和专项服务

1. 运动员坐席区和团体赛时比赛运动队坐席区
2. 临场教练席
3. 比赛场区的运动员引导服务
4. 运动队技术摄像区及管理
5. 运动员穿拍线服务
6. 运动员休息室及餐台
7. 运动员更衣室
8. 运动员力量训练房
9. 运动员场地医疗服务
10. 运动员医疗服务
11. 运动员理疗服务
12. 运动员医疗用冰服务
13. 运动员可能需要的语言服务

（二）运动员和随队官员服务要关注的重点

运动员休息室、更衣室、运动员坐席区和运动队技术摄像区的管理工作。

完善并保证运动员各功能用房的正常运转，如休息室餐台餐饮、实时比分显示、瓶装饮用水、更衣室（含淋浴）和医疗区等。

与交通服务团队紧密配合，保证运动员和随队官员的往返交通。特别做好早班车和末班车的调度。

赛会不为运动员提供免费餐食，而是通过场馆区域的商业饮食网点提供有偿服务。要对这些网点提供的餐食多样性（中式、西式、穆斯林和素食等），以及适合赛时运动员食用的种类给出指导性意见。

十一、技术官员服务

国际赛事，一般由国际单项组织选派国际技术官员，中国羽协选派国内技术官员。争取更多的符合标准的本地技术官员担任裁判或辅助裁判任务。

大多数国际技术官员见多识广，阅历丰富，遇事多有参照，愿意发表意见和见解。需要熟悉、理解他们需求的人员作为技术官员服务主管，加强同他们的交流。

（一）涉及技术官员的功能区域和专项服务

1. 裁判长休息室
2. 比赛场地裁判长席
3. 裁判员休息室
4. 司线员休息室
5. 技术官员候场席
6. 各技术官员休息室餐台、饮用水服务
7. 技术官员工作服装

（二）技术官员服务团队要关注的重点

有专人落实技术官员的抵离服务和住宿安排。

技术官员服装的需求（款式、尺码和数量）统计和发放历来是难度很高的工作，此项工作的启动要早，以便为服装赞助商预留足够的制作和运输工期，并留有调整的余地。

由于技术官员指派日期远远迟于世界羽联器材合作伙伴的技术官员服装投产日期（由生产周期决定），国际羽毛球大赛的技术官员服装历来存在实际服装尺码与技术官员自行填报尺码不匹配的问题。建议国际技术官员的服装发放交由世界羽联或世界羽联器材合作伙伴，我方只负责国内技术官员的服装发放。

完善技术官员休息室、座席区的管理工作。

保证技术官员休息室餐台运转，以及瓶装饮用水和咖啡的供应。

赛时，做好技术官员工作餐的供应。

与交通服务团队紧密配合，保证技术官员的往返交通准点运行。

特别注意落实在技术官员会议上按合同标准以美元发放国际技术官员补贴事宜。

做好国内技术官员的补贴发放和差旅费报销事宜。

十二、体育信息

体育信息是整个赛事信息的最主要部分，也是我们前文提到的赛事信息流线承载的绝大部分内容。

体育信息的传递主要依托技术系统进行。没有稳定的技术系统支撑的准确、及时的信息传递，场馆运行的神经系统就会“短路”。

世界羽联有专门的竞赛信息系统软件，中国羽协有专业的体育信息运转合作团队。

（一）赛事即时体育信息的提供和硬件保障

1. 三条信息流线

一个赛事即时体育信息的提供有三种方式，一是馆内各类电子屏幕显示，二是各类纸质信息的发放，三是各相关网站的信息查询。

第一种体育信息提供方式是由一系列硬件设施实现的。从临场裁判员手中的比分控制器开始，场地计分器、馆内大型电子计分器、图像显示屏、比赛进程实时显示终端、成绩公告栏等，构成了一条实时、直接的电子信息流线。

第二种信息提供方式是把裁判长签字确认的比赛日程或成绩公告，通过预先确定的打印分发流程，把纸质信息送到需要的客户群手中。这一条信息流线的后半程是需要人工实现的。

第三种信息提供方式是通过查询比赛场馆的信息终端或各相关官方网站的页面获取赛事信息，有的网站上甚至有实时比分显示。

2. 实现信息提供、构建信息流线的硬件设施

每块比赛场地应配备 2 台足够尺寸的计时计分显示器，并配有相应的服务器。随着比赛场地的减少增加显示器配置。例如，在一块场地的决赛单元时，应配 4 台计时计分显示屏。

在运动员检录处、运动员休息室、热身场地、混合采访区、国际技术官员休息室、国内技术官员休息室、贵宾室、媒体工作室、国际单项体育组织办公室、中国羽协办公室和竞赛办公室应配备所有比赛场地实时比分显示装置和服务器。

在运动员检录处、运动员休息室、热身场地、国际技术官员休息室、国内技术官员休息室、贵宾室、媒体工作室、国际单项体育组织办公室、中国羽协办公室和竞赛办公室应配备所有直播场地比赛实况的视频显示装置和服务器。

体育展示、体育信息、转播团队和比赛场馆弱电团队要明确馆内公共大屏幕和视频显示装置所需要的电视转播信号。通常，场馆需要负责提供连接线缆，把转播车甩出的信号源接到场馆的闭路里。

（二）体育信息运行团队的主要任务

使用、维护、运行赛事专用信息软件，提供高质量的即时体育信息服务。

维护和运行场馆体育信息台。

明确比赛场馆有关客户群功能区（贵宾、媒体、运动队等）、官方酒店等体育信息分发点和对接人员。

建立高效的自体育信息台至指定客户或客户群功能区的打印分发流程。

在运动员区和观众区设立成绩公告栏并进行即时维护更新。

在运动员区和媒体区分别按照参赛协会和媒体单位设计信息格。信息格由场馆临建口制作。

为各官方酒店接待组提供体育信息，以便公示。

十三、体育展示

（一）赛事体育展示的重要性

体育展示是以音频（播报、音乐等）、视频（图像显示等）、光影（特效灯光展示等）、现场表演等形式对比赛过程进行包装，达到避免赛事同质化、提高赛事吸引力，进而展现赛事举办城市文化的目的。通过体育展示，丰富客户群对赛事的视听感受，提升赛事形象。

（二）赛事体育展示的设计与实施

招募、构建专业的体育展示团队，包括专业导演、导播、音频师、视频师、灯光师、表演团队等。

确定体育展示基本形式（含播报、音乐、图像、幻光灯、现场表演等）。

配备体育展示设备，包括各种软、硬件。特别是在硬件搭建时，要注意与其他业务口如竞赛、场馆、转播等的协调。

（三）体育展示与竞赛的关系

在方案确定前，体育展示要加强与竞赛、场馆、成绩系统、媒体服务、颁奖、礼宾等业务口的沟通，确定展示的主题、内容等，如地域文化的体现需要哪些代表性元素。羽毛球规则方面，请示中国羽协。

体育展示是为赛事添彩的，要将体育展示内容融入竞赛进程之中，以比赛进程为主线穿插体育展示。任何体育展示的环节都不能置竞赛于不顾，更不能干扰竞赛进程、喧宾夺主。

体育展示在比赛场区搭建的临时设施如舞台、阶梯和通道等，都不能影响正常的场馆运行和竞赛运行。

（四）体育展示脚本

体育展示的脚本要创出新意并有独到之处。

体育展示必须以竞赛日程为基础，形成统一的脚本，并由专业团队执行。

体育展示的每一个细节都要融入每日竞赛活动日程。

体育展示内容要根据比赛场地数量安排（多片和单片场地竞赛单元安排不同）。

体育展示方案要通过赛事主办方批准。世界羽联对其主办的赛事保留对灯光、播报等的控制权。

（五）体育展示运行团队的赛时工位

体育展示是配合竞赛进程的，因此在赛时，体育展示运行团队与竞赛运行团队同处比赛场区竞赛管理台并接受竞赛主任的领导。

体育展示负责比赛场区音响、视频、照明模式和现场表演的协调、管理，以及相关设备的控制和操作。因此，必须给体展导演提供一个面对比赛场区，特别是对运动员进场流线具有较好视线的工位。

（六）体育展示的形式与内容

1. 播报

播报分为场扩和公扩，这里主要涉及场扩。

①确定中英文播报员人数、性别。

②招募、培训播报员。

③编写播音员播报脚本（中英文）。

④播放内容和脚本须经赛事主办方核准。

2. 音乐

音乐在赛事进程的不同阶段使用，重要环节的音乐应有标志性旋律，如颁奖音乐。羽毛球赛事的体育展示音乐主要涉及以下几个竞赛环节。

（1）暖场音乐

以轻缓的背景音乐或观众比较熟悉的乐曲为主，辅以观赛服务和须知内容的播放。

（2）比赛间歇音乐

因为是在比赛间歇播放的音乐，通常选用节奏感比较强烈的乐曲。

（3）暖场活动音乐

暖场活动用于调动观众的观赛欲望，应辅以比较热烈或与具体活动相符的音乐。

（4）现场表演音乐

应为体现现场表演的特色音乐。

（5）颁奖音乐

应是整个赛事中最为庄重、恢宏的华彩乐段。

（6）入场音乐

应为体现民族文化、赛事品味并适于运动员、技术官员行进的音乐。

3. 视频图像

视频图像是体育展示的重要手段之一，有着更为直接、互动性强的特点。体育展示的场馆图像大屏和数字大屏的播放内容需要事先确定。羽毛球赛事的体育展示视频图像主要包括以下几方面的内容。

（1）赛事专题片头
（2）城市宣传片
（3）赛事宣传片
（4）项目介绍
（5）观赛须知和礼仪提示
（6）暖场活动随机镜头

（7）现场表演配合图像

（8）比赛直播和比赛场景

（9）比赛成绩和比赛日程预告

（10）颁奖仪式片头和颁奖仪式场景

4. 现场表演

现场表演能够直观地体现地域文化，是避免赛事同质化的一个手段。例如，昆曲和水乡乐舞出现在昆山举办的赛事中；舞狮、南拳和粤剧元素出现在东莞举办的赛事中，都是很好的实践。

现场表演是穿插在赛事进程中的辅助性内容。因此，表演时长和内容要依据以下几个要求挑选确定。

①多块场地比赛的单元只能在单元比赛开始前进行现场表演。

②一块场地比赛的单元可以在单元比赛开始前进行现场表演，以及在两场比赛的间隙穿插现场表演。

③决赛结束后，在准备颁奖仪式的时间内，为烘托颁奖仪式进行垫场表演。

④比赛没有全部结束以前，现场表演不能在比赛塑胶场地上进行。

⑤现场表演不能影响比赛进程，例如，不能影响运动员的进、退场，不能影响裁判员的宣报等。

⑥选拔现场表演节目，要尽可能多地体现中国特色、项目符号、地域风情。

5. 灯光

大型羽毛球国际赛事的灯光模式主要分为以下几种。

①比赛照明。

②体育展示照明，包括现场表演灯光、灯光秀、场地投影、追光灯等。

③决赛单元比赛运动员入场照明，如舞台灯光、追光灯等。

④颁奖照明。含颁奖台区域照明、获奖者行进及站位区照明、贵宾行进及站位区照明、礼仪人员行进及站位区照明、升旗路径照明等。

无论使用哪些照明设备，必须保证安全。特别是在照明设备吊装时，必须符合体育馆的载荷限制。

由于体育展示内容是与比赛进程交替进行的，不同灯光模式之间的切换要自如，做到即开即亮，即关即暗。

（七）赛事进程不同阶段的体育展示内容

1. 开赛前60分钟

大型羽毛球国际赛事的体育展示自比赛开始前60分钟、允许观众进场开始。主要内容有音乐、项目知识、项目历史、赛事知识、赛事历史、欢迎词、引导词、观赛须知、观赛礼仪、赛事预告、文明提示、紧急情况发生时的处置等。

2. 赛中

比赛开始后，体育展示的主要内容有开场词、第一场入场音乐、按场序介绍项目、运动员、裁判员、比分、观赛礼仪提示、比赛实况、比分回放等。一块场地比赛的单元可以在场间穿插现场表演和音乐。

3. 赛后

一个比赛单元结束时，体育展示的主要内容有引导词、比赛预告、音乐、图像。

（八）紧急情况

当出现紧急情况时，要根据场馆运行应急预案确定的领导的指令，将体育展示播报系统并入场馆应急指挥系统，启动应急播报，利用场馆公扩协助场馆指挥中心启动应急预案，如引导和组织观众疏散等。

（九）体育展示团队的保障

体育展示团队成员的注册与证件需求要按时提交。其中，要区分注册人员，也就是赛时在比赛场馆有固定岗位的人员，以及临时注册人员，如只在某天进馆一次的现场表演人员。前者应申请注册卡，后者申请临时卡。

认真做好体育展示预算。把好软、硬件设施质量关、节目质量关和节目创意质量关。

需要预先考虑体育展示功能房及候场区的设计，如需要多少功能房，在哪儿化妆，比赛场区竞赛管理台确定工位数量和位置等。

一般赛前半个月体育展示临建搭建完成。组委会联调和彩排前，体育展示设备安装调试完毕。

（十）重视体育展示与竞赛的配合演练

体育展示流程及内容需要不断演练达到熟练的状态，比赛期间不能出现问题。一般情况下，体育展示团队可在非比赛和非训练时段自行演练。在比赛开始前，至少与竞赛团队合练一次，并参加组委会大联调一次。

十四、颁奖仪式

（一）颁奖工作的重要性

颁奖仪式是整个赛事运行的“华彩”阶段，运动员在场上拼搏，争取的就是最后这份荣誉。媒体跟踪报道，观众观赛也是为了最后的结果。颁奖结束，整个赛事才能落下帷幕。

大型国际赛事的颁奖仪式应办得隆重、热烈、庄重，有强烈的仪式感和规格感。

颁奖流程类似于航天发射工程，需要计划周密、环环相扣、操作熟练。颁奖流程一旦启动，不能停滞、不能间断、不可逆，只能准确、万无一失地完成。

颁奖活动稍有不慎，可能引发政治、外交风波。

颁奖仪式要体现浓郁的地域文化。

（二）颁奖活动涉及的主要工作

1. 组建颁奖工作团队

任命颁奖经理负责颁奖工作团队的领导和颁奖仪式全过程的执行。

招募颁奖礼仪人员，包括嘉宾礼仪引导、获奖运动员引导、托盘礼仪、升旗礼兵等。

负责各类礼仪人员的培训、各类礼仪人员的服装设计和制作。

2. 策划颁奖工作方案和执行颁奖流程

颁奖团队负责策划颁奖工作方案并报组委会批准，由世界羽联和中国羽协确认。

颁奖团队设计颁奖流程，撰写统一的颁奖流程脚本等。

颁奖方案由颁奖团队牵头执行。

3. 颁奖区域

（1）设计颁奖区域与流线

主要涉及颁奖台位置、旗杆方位、颁奖嘉宾入场、站位与退场流线、受奖运动员（队）集结区位置与入场、站位与退场流线、颁奖礼仪人员入场、站位与退场流线、转播机位、摄影工作区、暖场表演区等。

（2）营造颁奖氛围

仪式开始前，使用各种手段营造颁奖氛围，如播报、灯光、音乐、图像、暖场表演、赞助商展示等。仪式本身则要求隆重、恢宏、大气。要充分体现颁奖的仪式感和规格感。

4. 颁奖奖品

各级各类赛事颁奖奖品的种类和数量不同，需要从主办方、承办方和赞助方等几方面的需求综合考虑。

世界羽联的一类赛事，由世界羽联提供奖杯和奖牌成品。例如，团体赛事三大杯赛，每个赛事设金牌 15 枚、银牌 15 枚、铜牌 30 枚。

国际单项体育组织对颁奖方案有最终决定权，并事先约定某些奖项颁发归世界羽联要员专属。除此之外，组委会需要根据我方需求确定其他颁奖环节的设置，如纪念奖杯、吉祥物、鲜花、礼品和支票模板等。但必须考虑颁奖仪式不能过于冗长。

凡是世界羽联提供的奖品需要双方明确验收和交接程序，做好保管工作。凡是组委会提供的奖品需要有计划地进行设计、制作或采购并做好保管。每类奖品需要一定备份。

奖品的入库储存手续和领取要规范，做到专人管理、专库保存。鲜花一类的物品需要一定的保鲜条件。

5. 颁奖设施和器材

精心设计与制作各类颁奖设施，特别是颁奖台、奖杯、奖牌和奖品展示台、升旗杆、地毯、背景板和摄影摄像区隔离装置等核心要件，它们在决赛日的展现将成为瞩目的焦点。

如果是团体赛事，颁奖台的长度要能容纳规定的领奖人数。世界羽联三大杯赛给每个获奖队准备 15 枚奖牌。

升旗设备可以是人工操作的，也可以是电动的。如果是电动升旗设施，需要准备应急预案，以备不时之需。

获奖协会旗帜、歌曲的准备需提前进行。由颁奖团队确定旗帜的正规生产厂家。在单项赛进入前八名、团体赛第一阶段结束，即可根据出线的情况大致圈定应准备的旗帜和歌曲。四分之一决赛结束即可确定需要的旗帜和歌曲的获奖队范围。半决赛结束后，请并列第三名队的领队确认本协会旗帜横挂或竖挂模式，请进入决赛队的领队确认本国家或地区歌曲，以及本协会旗帜横挂或竖挂模式。

颁奖仪式上升旗所用旗号的选择要统筹考虑比赛场区景观设计和其他礼宾旗号。一般情况下，场馆越大，馆内所悬挂的礼宾旗也就越大。颁奖仪式升旗环节所用的旗帜比场馆内悬挂的礼宾旗大一号为宜，这样可以较好地体现颁奖仪式的规格感，形成视觉焦点。例如，场馆内悬挂的礼宾旗旗号为 2 号，那么颁奖仪式升旗环节所用旗号应为 1 号。

6. 颁奖团队与有关部门的配合

颁奖仪式需要颁奖团队牵头，组委会相关部门密切配合联动。颁奖活动需要颁奖团队与竞赛、礼宾、体育展示和场馆运行等业务口就颁奖流程中涉及的配合环节主动对接、协调，明确工作衔接的时间、地点和责任人，确保无缝对接、万无一失。

（1）与竞赛部门

在决赛结束后的第一时间，由竞赛主任将有裁判长签名的比赛结果和获奖名单交给颁奖团队经理；由比赛场区主管带领志愿者将获奖运动员（队）集中带至颁奖运动员候场区，与颁奖团队对应主管交接。这里特别要注意的是，并列第三名的运动员（队）在决赛日是没有比赛的。因此，需要预先通知这个名次的运动员（队）在决赛日出席颁奖仪式的时间，并为他们预留足够的观赛席位。一旦决赛结束，由比赛场区主管一并将他们带到运动员候场区交接。只要颁奖仪式未开始，运动员服务主管、比赛场区主管就要始终关注并列第三名运动员（队）的人员动向，并就此与竞赛主任、相关领队乃至颁奖经理保持沟通。

决赛结束后，整个比赛场区的秩序维护仍属竞赛运行团队职责，不能有丝毫松懈。要重点防范无关人员涌入比赛场区，杜绝任何无关人员侵入颁奖仪式区域。

（2）与办公室和礼宾部门

与办公室明确境内颁奖嘉宾引导的交接时间和地点；与礼宾部门明确境外颁奖嘉宾的交接时间和地点。通常，决赛一旦分出胜负，办公室和礼宾部门相关主管就要沿着预先设计的无干扰流线，将颁奖嘉宾引导至颁奖嘉宾候场区，与颁奖团队对应主管交接。为避免颁奖嘉宾在候场区站立时间过长，需要在颁奖嘉宾候场区根据颁奖嘉宾人数，按照一定顺序（参考颁发奖项的顺序）预先摆放候场座椅。

（3）与体育展示团队

一旦拿到正式的获奖名次单，颁奖团队经理要即刻与体育展示经理核对播报、视频演示中有关名次的内容，明确颁奖仪式时音频、视频的播放内容；与升旗礼兵主管核对旗帜悬挂的顺序和方位，仔细检查升旗设施的运行状态、旗帜悬挂的状态是否正常，以及一旦电动升旗设施发生故障，人工应急方案是否准备就绪等，确保万无一失。

（4）与媒体服务团队

与转播团队制作人和摄影服务主管明确拍摄需求，做好摄像机位和摄影区域的秩序维护，使颁奖仪式和颁奖仪式的拍摄工作都无干扰地进行。

7. 颁奖演练和彩排

比赛开始后，比赛场馆几乎没有空余的时段可以用于颁奖仪式的演练。但颁奖仪式一定要经过一两次实地演练、彩排，才能做到心中有数。颁奖彩排通常安排在半决赛日或决赛日的上午，时间紧、次数少，需要预先周密策划，确保实施。

颁奖彩排需要重点关注的是颁奖嘉宾、获奖运动员和礼仪人员的集结、站位、流线和走位，旗和歌的正确使用，升旗设施的稳定运转，比赛场区和颁奖区域及其背景的整洁、干净。

8. 其他有关颁奖仪式的注意事项

注册和制证。颁奖团队人员除了经理和主管为注册人员外，其他诸如礼仪和礼兵等都是只在决赛日执行任务，故使用一日卡为好。

在场馆功能区中，要给颁奖团队人员预留合理的工作区域，如化妆间、休息区域和颁奖礼兵准备间等。

根据颁奖仪式进行时段，特别是当决赛时间拖得很长的情况下，合理为颁奖团队人员安排餐食。

十五、兴奋剂检查

（一）兴奋剂检查工作的特点

1. 专业性极强

兴奋剂检查工作只能由世界反兴奋剂组织认定的检查机构执行，并派专业人员实施。

2. 密闭程度高

兴奋剂检查流程是一个密闭的自循环流程。该流程排斥一切外部干扰，仅在施检者与受检者之间进行。兴奋剂检查站也是封闭运行的，无关人员不得进入，甚至不得靠近。

3. 随机性强

兴奋剂检查实行随机抽检，带有一定的突然性。受检者在接到检查人员的通知前对是否被检不知情。

（二）兴奋剂检查工作的一般流程

检查人员在现场观察比赛运动员表现，随机抽取受检运动员。或者预先确定抽检原则，例如，进入决赛的运动员一律接受检查等。

检查人员在运动员结束比赛后第一时间通知运动员接受检查，通常在运动员结束混合采访区的即时采访，到达混合采访区出口时当面通知；运动员当即在纸质通知书上签字确认。

受检者接到通知后一小时内必须到检查站报到受检。

受检者进入检查室后，不得外出，不得直接或间接接触任何室外人员。

受检者在施检者监督下，按照检查程序取到合格尿样后方可离开检查站。

（三）兴奋剂检查工作的需求

组委会需要按照兴奋剂检查机构、赛事合同和裁判长的要求，提供配套齐全的兴奋剂检查站，包括候检、检查功能用房、设施和用具，以及负担检查费用和检查人员的差旅、食宿补贴等。

根据赛事合同执行检查例数。随着反兴奋剂力度加大，例数也不断增加。

在竞赛管理席为兴奋剂检查工作人员预留两个观察工位。

从比赛场区运动员出口到兴奋剂检查站设置引导标识。

兴奋剂检查站内设置候检室（配沙发、饮料冰箱、电视机、瓶装饮用水、阅读材料等）、四壁安装镜子的专用厕所、便于检察人员监督排尿过程的厕位、检查室（配桌子、椅子、带锁冰箱、搁物架）。

选派四名外语志愿者（男、女各两名）在兴奋剂检查站协助检查人员工作。

为因为检查工作而错过末班班车的人员安排返回车辆。

兴奋剂检查工作人员在赛会期间，按合同享受与国内技术官员同等的待遇。

十六、赛事形象景观

（一）赛事形象与景观工作的重要性

形象景观是对整个赛事进行包装、避免同质化的有效手段。

形象景观的设计要体现中国文化、城市文化、项目文化，给赛事穿上新衣。

赛事的视觉景观水平直接影响赛事形象。

（二）赛事形象景观设计的两个重要原则

第一，赛事形象景观的设计要符合羽毛球竞赛规则的要求。如馆内尽量使用亚光材料，比赛场地端线外和上空避免使用浅色等。

第二，景观物的设计和搭建不要遮挡观赛视线。

（三）赛事形象景观工作要点

招募赛事形象景观设计与施工团队。通常，设计与施工团队不宜分开招募，避免在施工阶段因调整设计而造成大量扯皮现象。

确定赛事形象景观基本元素。组织面向社会的会徽、口号和吉祥物等赛事基本元素征集。设计赛事景观色系和字体等。

准确掌握羽毛球竞赛的特殊需求。如馆内景观施工材料必须是亚光的，避免因产生反光而影响运动员比赛；再如颜色，比赛场地上空和端线以外的背景应是深色的，这个区域内的景观物体也要符合此项要求。

注重赛事视觉形象的整体性，兼顾各景观点的独特性。例如，赛场内外、场馆内外、官方酒店、机场、城市景观和大型活动（如开幕式与欢迎晚宴、颁奖仪式、嘉年华等）的视觉形象既各具特点又有机统一。

（四）准确把握赛事形象景观的设计与施工点

1. 城市景观

主要包括：

（1）接机、接站后至酒店的行车道路和路口

（2）酒店到场馆之间的班车行驶道路和路口

（3）公共汽车车身及出租车灯箱

（4）高速收费站

（5）高炮广告牌

（6）繁华路口大屏

（7）主要道路沿线灯杆等

2. 比赛场区景观

比赛场区地毯的材质（如厚度、尺寸、织法或毛型等）由竞赛部门提出需求，颜色由景观统一设计，阻燃指标由消防把关，采购和铺装由场馆相关部门或合同单位执行。比赛场区地毯的挑选，原则上是深色、不反光、防滑、脚感柔实、厚度合适、粘接牢固，保证比赛场区地毯与塑胶比赛场地接缝牢固、平实、不起台阶，严格在一个平面上。确保转场前后，比赛场区地毯颜色不出现色差。杜绝劣质无纺地毯，否则会造成人力、财力和工时的浪费。

比赛场区四周的围挡、立面，比赛场区的上空应不产生反光，特别是端线以外的区域和比赛场区上空应为深色，以免影响运动员比赛。如发现有反光物，如馆内消防栓的不锈钢面板，需要用景观物装饰覆盖。

比赛场区内，比赛场地边线外的摄影记者工作区标识。

比赛场区入口景观、竞赛管理席景观、主裁判员椅景观、场地计分器装饰景观、通道隔断背景板兼流线屏风景观、席牌和比赛场区四周含会徽、会徽组合、赛事标识、赛事口号、吉祥物、主办单位标识、承办单位标识的立面景观等。

因不同比赛日使用场地数量的变化，比赛场区需要有多场地比赛日、半决赛和决赛日等不同版本的景观设计。

3. 热身场区和训练场区景观

热身场区和训练场区主要是用于赛前热身和赛时训练的地方，景观设计点到为止。

4. 颁奖区景观

颁奖台的设计对于整个比赛场区乃至整个场馆内的景观要起到画龙点睛的作用。

颁奖区地毯的材质由颁奖团队提出需求，颜色由景观统一设计，采购和铺装由场馆部门或合同单位执行。颁奖区地毯的挑选原则是喜庆、不反光、防滑、脚感柔实、保证不打卷（厚度）。

颁奖仪式的景观要统筹设计。例如，是否需要设立背景板，是否需要景观物，如巨型羽毛球模型，是否有赞助商产品模型现场展示等。

根据馆内空间大小决定升旗仪式使用旗帜的旗号，根据升旗杆尺寸确定旗帜悬挂的方式（横挂或竖挂）。万人左右观众坐席的比赛场馆，馆内升旗建议使用1号旗。

升旗位置应在颁奖台正对面，旗面与颁奖台纵轴平行，同时兼顾主席台视角。

5. 检录区景观

检录区需要有赛会标识背景板、检录区围挡景观和检录区标识。

6. 座席区景观

座席区分为贵宾席（主席台）、媒体席、运动员席、技术官员席和观众席等，还包括观众区通道、回廊、楼梯景观。座席区围挡景观以不产生反光和不影响观赛视线为原则。不同客户群座席区可用不同主色调区别。如贵宾座席区以红色为主，运动员和随队官员、技术官员座席区以蓝色为主，媒体座席区以绿色为主等。

在座席区的一些大幅墙面，也需要进行景观布置。

7. 礼宾区景观

礼宾区景观包括主席台及贵宾座席区景观、贵宾休息室景观。

礼宾旗在主席台正对面的场馆上空从中心向两侧延伸悬挂。并根据馆内空间大小，选择适合的主礼宾旗和礼宾旗旗号。

礼宾旗的悬挂顺序、旗帜图案方位、图案正反需要严格把关。

8. 媒体区景观

（1）混合采访区景观

混合采访区的运动员流线和媒体流线只能相切，不能交叉。两条流线之间的隔离护栏约 1.1 米高，需要装饰双面景观。

混合采访区运动员流线的背景板需要设计合理，有足够长度以满足众多记者对明星运动员同时采访的需求。在世界羽联顶级赛事中，混合采访区长度不应短于 20 米。混合采访区背景板长度也不应短于这个长度。

混合采访区一般设在比赛场区运动员出口以外，以避免对场内比赛造成影响。如果混合采访区设在比赛场区内，必须保证混合采访区的灯光、人员流动、采访活动等不能对比赛产生任何影响，同时应避免观众的喧闹对采访活动的干扰。

混合采访区的整体照度较低，但应为其背景板及被采访运动员面部提供足够照度（不低于 800 勒克斯）的专有照明，照明不能影响比赛场区。

（2）新闻发布厅景观

新闻发布厅涉及的景观点有新闻发布台、新闻发布会背景板和摄像媒体工作台。

同样，新闻发布台、新闻发布会背景板、主持人及被采访人面部应有足够照度（约 1000 靳克斯）的照明。

（3）媒体工作区景观

文字媒体工作间、摄影媒体工作间和媒体休息区、就餐区等是媒体记者工作、休息的场所，工作区需要安静、沉稳的氛围，休息区需要轻松、舒适的感觉。这里不需要复杂的景观装饰，只需要一些屏风背板、立柱的装饰，张贴一些赛事海报即可。

（4）演播室和演播台景观

演播室和演播台景观通常由主播台自行设计与施工。组委会需要注意两个问题，一是施工工期是否合适，能否按期完工；二是主播台在这里的广告展示与组委会开发部分的协调。

（5）媒体席景观

媒体席景观主要是对带桌文字记者席立面、电视转播评论员席立面和摄像平台立面的装饰。

9. 大型活动和会议景观

（1）技术会议景观

包括背景板、主席台、签到台和桌签景观。

（2）裁判会议景观

只需会标背景板景观。

（3）开幕式及欢迎酒会景观

开幕式及欢迎酒会是比赛之外最重要的大型活动。开幕式及欢迎酒会的景观从各类客人的落客点开始，会场各个入口、走廊以及大厅，都要有特色、有新意，庄重、热烈，恰到好处。

（4）嘉年华景观

嘉年华主要是为现场观众提供一个观赛以外体验项目文化的场所，景观布置要轻松、活泼，鼓励来宾参与、互动，亲身体验羽毛球项目的乐趣。

（5）抽签仪式景观

抽签仪式是赛前重要的竞赛活动，也是除了比赛之外关注度最高的竞赛活动。抽签仪式景观也是组委会设计的赛事景观系统第一次公开亮相，既要符合抽签仪式的功能需求，又要与赛事景观协调一致。

（6）世界羽联会议景观

如果是世界羽联的顶级赛事，通常在赛事期间，世界羽联会举办代表大会或理事会等会议活动。这些会议的景观由世界羽联审批和负担费用，但设计及施工需组委会景观团队协助。

（7）世界羽联 GALA 晚宴景观

世界羽联通常会在其主办的顶级赛事举办 GALA 晚宴，用于招待出席其代表大会的代表，以及向东道主和各家合作伙伴表达谢意。晚宴的景观会更大比例地展示世界羽联和羽毛球元素，其设计可由世界羽联提供，或世界羽联委托组委会景观团队设计、施工，费用由世界羽联负担。

10. 场馆注册人员出入口和通道景观

观众和不同类别的注册人员在场馆有不同的入口，例如，观众入口、运动员入口、技术官员入口、媒体入口、贵宾入口等。比赛场馆不同类别注册人员出入口可用不同颜色区分，每个出入口的景观主色应与使用该出入口人员类别的证件主色相同。

比赛场馆不同功能区域内部通道流线可用该区域景观主色腰线装饰。

功能区和功能用房等标识统一设计，最好面向人流前进方向。

11. 观众区（前院）景观

观众区（前院）景观包括馆外景观刀旗和造型、引导标识景观、售卖区和售卖点景观、观众服务功能区和功能用房景观（如婴儿车、轮椅借用或寄存，雨伞及有关物品存放处、观众医疗站、调解室、警务室等）。

12. 官方酒店景观

包括位于酒店大堂的接待台及背景板景观、单独设立的运动员餐厅入口景观。

13. 交通景观

包括各类停车场景观、赛会车辆车身景观、班车上，落客站点景观。

14. 抵离景观

抵离景观给各客户群留下的是到达东道主城市的第一印象。设计上无须复杂，主要强调功能性、醒目、暖意，给客人宾至如归的感觉。

抵离景观包括机场接待台（区）景观、动车站接待台（区）景观、贵宾通道和贵宾室景观、接机和接站牌景观。

15. 出版物景观

出版物景观主要是封面和封底的设计。除了各类出版物的特定功能外，鉴于出版物的发放范围比较大，可以起到类似可移动“海报”的宣传作用。

出版物景观包括纪念册、竞赛指南、媒体指南、志愿者手册、海报、信息格，以及组委会使用的信封、信笺、纸袋及会议桌签等的设计及制作。

16. 票证景观

票、证是赛事普遍使用的物品。票证景观既要考虑到信息承载量，又要保证实用，还要体现美观的赛事景观元素。

17. 软、硬质景观

软质景观有横幅、条幅、刀旗等，硬质景观有羽毛球雕塑等。这些景观的布置都是为了营造整个场馆运行区的赛事氛围。

18. 分类垃圾箱景观

即便是在场馆运行区摆放的分类垃圾箱，也需要在醒目的提示功能的基础上有一定的景观设计，以便与赛事的整个视觉系统协调起来。

19. 标识系统景观

标识系统是相对独立的一个景观类别。设计首先保证标识系统的功能性，即标识醒目、文字清晰、图示易懂、位置合理。因此，标识系统的设计原则是：

①颜色相对统一，建议版面和字体各使用一种颜色，易于快速识别。

②文字准确、足够清晰，应选择笔画清楚的基本字体，字体大小要合理。

③位置醒目，文字平面尽量与人员行进方向垂直。

④在流线转弯处、交叉处要有转向、分行标识。

⑤看台上所有座席分区标识必须是双面的，背对比赛场区的一面主要为观众和观众服务志愿者引导座席用，而另一面主要为竞赛运行和场馆运行所用。

（五）景观需求和扎口

在景观团队组建之后，应实地了解各部门所辖功能区域的景观需求，由景观团队汇总并扎口，继而提出赛事景观方案。

景观设计方案需要有关部门如竞赛、媒体、礼宾、场馆等认可，并报组委会批准，由世界羽联和中国羽协确认。

（六）做好景观预算

秉承节俭办赛的理念做好景观预算，提倡合理分布，反对铺张浪费。

（七）景观设计与施工

景观设计从初稿到定稿需要相当长的周期，期间需若干稿调整和细化。为了给景观施工留出足够的工期，设计一定要赶早。原则上，一个赛事的景观设计方案要在比赛前 4 个月确定。景观施工应至少在官方训练开始前 15 天基本完成。

景观张贴、布置和搭建均不得遮挡观众席观赛视线，不应影响区域功能。

比赛场区、贵宾区、客户群休息室、工作室、混合采访区、出入口等应设计绿色植物的摆放点。

景观制作要防止色差、防止污染。一般在空气流通的户外，或特大尺寸的平面可采用喷绘方法制作景观，这样成本较低。如采用喷绘，应尽量做到同机同时出产品，以防色差。但在室内，则应采用更为细腻且环保的写真方式制作景观。同时，要预留景观物料散除异味的时间。

（八）景观团队工作人员的注册、证件和权限

赛事期间，景观团队工作人员需要对景观进行巡视和维护，需要有一定通行权限的注册证件。

十七、赛事出版物

赛事出版物主要包括赛事纪念册（特刊）、竞赛指南（含秩序册）、成绩册、媒体指南和志愿者手册等。

赛事出版物的编撰要有针对性，内容翔实，可读性和实用性能够满足使用者的需求。

赛事出版物所传达的信息要求准确无误。在付印过程中，要认真校对，争取稿件零失误。

需要准确统计各类出版物的数量需求，避免浪费或缺口。

赛事出版物的使用有较强的时效性，在各客户群抵达赛区时应及时发放。

第四节　国际赛事十四项支撑服务

一、报名、注册与制证服务

（一）赛会报名

这里所指的报名，不是比赛运动员和随队官员的竞赛报名，而是所有与会人员的报名，是大报名。

（二）注册

在整理报名的基础上，才能开启注册工作。注册工作步骤如下。

1. 界定注册人员与非注册人员

（1）注册人员

通常，注册人员即指在比赛场馆有工作任务或临时工作任务的人员，赛时需为他们配发有一定通行权限的赛事证件，包括：运动员及随队官员、技术官员、

媒体和贵宾四大客户群；组委会工作人员、志愿者及组委会合作伙伴人员；主办方临时邀请的客人；组委会需要的临时工作人员。

（2）非注册人员

非注册人员包括持票观众，持临时票证、请柬的组委会客人。

2. 厘清注册人员类别（大类、子类），完成各类注册人员人数统计

（1）运动员及随队官员

包括运动员、领队、教练员、随队官员（如队医、干事、陪练等）。

（2）技术官员

包括裁判长、副裁判长、裁判员、司线员等。

（3）媒体

包括文字媒体、摄影媒体、转播媒体（含持权转播商、非持权转播商等）、新媒体。

（4）贵宾

包括国际组织贵宾、国际组织和组委会的特定合作伙伴、组委会邀请的贵宾。

需要说明的是，享受贵宾区通行权限和待遇的国际单项体育组织领导仍属国际单项体育组织人员类别；享受贵宾区通行权限和待遇的组委会领导仍属组委会工作人员类别。

（5）组委会工作人员

组委会工作人员包括：组委会领导（含主任、副主任、顾问、秘书长、副秘书长等）；组委会委员和各部室正、副职领导；组委会各业务口主任、副主任、经理、副经理、主管、助理等；竞赛运行各岗位工作人员，如比赛协调、裁判协调、编排记录长、检录长、计时记分员、竞赛器材管理员、体育展示导演、兴奋剂检查人员、颁奖礼兵等；组委会各业务口各岗位工作人员；组委会志愿者；组委会合作伙伴和供应商工作人员等。

（三）制证

1. 确定注册人员制证流程

通常，赛会制证流程分为制证申请、信息采集、信息审查、核定权限、报

批、制证、发放几个环节。

（1）制证申请

由制证部门设计、发放注册人员通行权限需求表格，由组委会按部门填报本部门工作人员包括主责客户群制证需求、证件各类权限需求。

（2）信息采集

组委会制证部门回收申请表，汇总制证申请和人员信息。

（3）信息审查

人员信息交由有关部门完成注册人员审查。

（4）核定权限

根据组委会通行政策，由主责部门审核对本部门所管理功能区域通行权限的申请，并最终决定是否授予或是否以某种方式授予。

（5）报批

在人员审查和权限审核全部完成后，将制证申请汇总表上报。

（6）制证

根据报批结果进入制证流程。

（7）发放

证件制作完毕，按部门领取发放。

（8）遗失或损坏补办

按预先制定的证件遗失或损坏补办流程执行。

2. 制证工作要点

汇总各方需求，拟出证件类别如注册人员、非注册人员、临时卡（含日通卡、场通卡、次通卡）、升级卡、车证等的设计方案，并报组委会、中国羽协、世界羽联核准。

完成证件及配件平面设计、材质选择，招募证件制作及验证设备提供及维护团队。

制定注册人员证件发放流程。

制定注册证件遗失、损坏补办流程。

制定非注册人员证件及临时卡（日通卡、场通卡、次通卡）制作和发放政策。

制订场馆制证中心需求及运行计划，负责该中心运行。

与有关部门确定验证流程（如场馆分区验证由志愿者执岗，如有失控现象，再由安保人员进行管控）。

3. 证件版面信息的体现与排列

（1）注册人员主卡

主卡正面（自上而下）：

• 通栏赛事主视觉区

• 需要录入的如中、英文姓名及所属组委会部门（考虑信息采集分部门报送，当录入信息方式为多路交互式录入方式时，有组委会部门信息便于证件分拣发放）等个人信息栏

• 注册人员证件照（与录入的个人信息通栏排列）

• 证件版式统一信息栏（如组委会、工作人员等，在清晰界定人员类别的前提下，尽量减少版式数量）

• 通行区域编码栏

• 礼遇代码栏（如免检、交通、餐食等）

• 信息系统二维码

主卡背面（自上而下）：

• 通栏赛事主视觉区

• 场馆功能分区平面总图

• 场馆分区名称及分区代码对照

• 证件使用须知（可与“场馆分区名称及分区代码对照”同栏）

• 赞助商标识栏

（2）非注册人员卡

①访客卡。

访客卡正面（自上而下）：

• 通栏赛事主视觉区

• 中英文“访客卡”字样

• 中英文有效日期

• 官方赞助商标识栏

• 版面选用符合赛事视觉色彩系统的独有单色

访客卡背面（自上而下）：

- 通栏赛事主视觉区
- 场馆功能分区平面总图
- 场馆分区名称及分区代码对照
- 证件使用须知（可与“场馆分区名称及分区代码对照”同栏）
- 赞助商标识栏

②临时卡。

临时卡正面（自上而下）：

- 通栏赛事主视觉区
- 中英文“日通卡”，或“场通卡”，或“次通卡”字样
- 中英文有效日期（或时段）
- 官方赞助商标识栏
- 版面选用符合赛事视觉色彩系统的独有单色

临时卡背面（自上而下）：

- 通栏赛事主视觉区
- 场馆功能分区平面总图
- 场馆分区名称及分区代码对照
- 证件使用须知（可与“场馆分区名称及分区代码对照”同栏）
- 赞助商标识栏

（3）副卡

副卡通常单面设计，必须与主卡同时配合使用，单独使用无效。

副卡通常指比赛场区卡及各功能区升级卡。

副卡卡面设计：

- 赛事通栏主视觉区
- 比赛场区卡标明比赛场区中英文字样（足够清晰及醒目）和颜色
- 升级卡标明各自场馆功能分区代码、颜色和中英文升级卡字样
- 与主证件同宽，双孔设计，下沿不得遮挡主证件版式信息及通行权限栏

（4）证件颈带

证件颈带宽度在与证件大小协调的前提下取上限（比较大气）。

颈带长度以方便证件佩戴、证件版面处于上腹部位置为好（不可过高或过低），以方便验证人员查验。

选用双钩颈带，减少证件自行反转。

颈带要有赛事视觉景观设计。

（四）注册与制证注意事项

注册与制证工作由综合协调部门或专门的制证部门牵头。

注册政策、证件类别由综合协调部门或专门的制证部门牵头设计、汇总、统计，并统一发放证件。证件样式由视觉景观团队设计。证件制作由组委会指定厂家负责。

注册人员证件主卡使用内置芯片卡，必须通过背景审查方可制作注册证件。

访客卡无须使用内置芯片卡，可使用外置芯片卡，使用者为组委会临时工作人员。需由对口代领部门负责人提供使用者身份证，制证中心现场录入后制作发放。

访客卡也可使用无芯片卡，但应与区域升级卡配合使用。使用者为组委会或世界羽联客人。使用者信息由对口代领部门负责人提供，制证中心备案后制作发放。

证件设计要保证快速识别和防伪功能，体现实用、精致与特色。

招募有实际操作经验的单位提供和维护所有制证和验证设备。

严格按照规定程序制作证件，明确组委会制证审批人（委派中国羽协领导和承办单位领导各一人，分别作为对体育总局系统和主办省市系统有关人员制证需求的审批人）。

各部门一定要明确一位制证联系人，负责本部门人员制证信息，包括持证人合格近照的收集、上报和证件发放。

慎重确定赛事场馆制证中心的位置，要为赛事到馆临时制证的人员提供便利。

做好制证中心的硬件需求计划和配置，如家具、照相设备、制证设备、网络配备等。

做好制证志愿者需求计划。

明确场馆运行开始后，验证与安检的顺序（如先验证再安检，还是先安检再验证）。

安保人员注册和制证。明确哪些安保人员有场馆内通行权限，哪些是城市安保岗位。

二、签证及海关服务

（一）签证发放工作

国际单项体育组织历来十分重视赛事签证发放，往往从赛事申办环节就会就此反复发问，以确认对境外参赛者的签证发放没有问题。

负责此项工作的外联部门要在赛事邀请函中给出明确的签证申请所需提交的个人信息和提交时限，并在跟进过程中，对资料不符合要求或延误提交等现象，与国际单项体育组织保持实时沟通。

（二）对特殊设备和器材的海关通关服务

在羽毛球国际大赛中，涉及通关的特殊设备和器材通常是指世界羽联的计时计分设备和鹰眼设备。需要赛事举办省市的职能部门（如商贸委）协助世界羽联合作伙伴办理相关器材设备进入及带出事宜。

三、抵离服务

（一）赛事抵离服务的重要性

抵离服务特别是抵达服务，往往决定到访者对赛事举办城市的第一印象，因而它是国际赛事组织工作中的一项重要工作。

抵离服务工作量大、不确定性强，容易产生问题，需要专人统筹。

抵离服务团队的人员素质要高，综合能力要强，有较强的承受能力。

（二）赛事抵离服务需求

1. 抵离服务团队

组建专门的抵离服务团队，也有外包给旅行社承接的成功先例。

2. 抵离信息的收集

准确掌握抵离信息是做好抵离服务的基础。信息不对称往往是抵离服务工作产生问题的原因。

指定专人专岗收集、汇总、统计各参赛单位人员抵离信息。这是一项需要耐心、细心的工作，丝毫马虎不得。

根据注册人员的类别，对抵离人员的信息归类、汇总，并随时与客户群主责部门就此保持沟通。

自规定的报名时间开始至截止时间，始终与主办单位、各会员协会、各有关单位保持实时沟通。

报名及签证申请截止后，将所有来宾抵达信息按抵达日期和时间的先后汇总成大表，以航班号或车次为单位，列出来宾信息，并分配接机、接站车辆。

有关接机、接站信息应在邀请函中或官网上预先明确告知，如图示机场接待台位置等。

3. 接机、接站

（1）抵达接待

在指定空港和高铁站设立赛会接待台。

对特定人员开启礼宾通道和贵宾休息室。

协助抵达人员处理行李延误、丢失的问题。

赛会的防疫（如有）部门要前移至此。发现疫情及时启动防疫预案。

接机容易出问题，主要是掌握的抵达信息不准确、不对称。要反复确认抵达信息。即便如此，仍会有人因误机或转机没有赶上航班，或因机场或航空公司原因而改乘别的航班，但未能及时通知组委会，也未按预定时间达到。针对这种接不到人的情况，抵离服务团队要有预案。

突出抵达服务工作的重点，集中精力做好境外和重要客人的接机、接站服务。可同中国羽协商量，为没有语言问题和特殊困难的特定人群（如本地司线员或境内技术官员，年长者除外）提供更为灵活的抵达服务。如依托社会服务体系，允许他们自高铁站自行打车到指定酒店，车费由组委会报销。

（2）抵达交通

车辆上客点距离出港、出站口步行不要超过 5 分钟，避免来宾拖着大行李走长路。

抵离交通、接送的车辆安排与时刻表至少要提前一天公示。

机场或车站要有专门的交通调度值岗，及时调度合适的车辆，避免抵达人员舟车劳顿后长时间候车。

接机、接站的车辆管理要高效守时。

用带行李舱的大巴接站，这样行李不会挤占乘坐空间，乘坐舒适度较高。由于运动员羽毛球拍包随身携带会占座，20 名运动员按 40 座大巴容量接机比较合适。

4. 运动员酒店入住

抵达服务要高效便捷，需要抵离、礼宾、交通、住宿、餐饮、竞赛、财务、安保等团队协调联动，提供服务。

在官方酒店大堂设立赛事信息台，作为组委会派驻机构的工作地点，负责到会注册人员的报到、入住、竞赛及训练信息发布、交通管理等要务，并协助处理酒店食宿相关事宜。信息台由接待部门管理。

信息台有背景板、公告板、桌子、椅子等，要配有相应语言服务。每个队有一个信息格，用于发放竞赛、交通、交换名单等通知。

在随队志愿者发出接机、接站车辆自机场或车站开出的信息后，在酒店的接待团队就要准备好需要提供给即将入住的运动员（队）的所有材料（纪念册、竞赛手册、会务手册、训练信息、班车信息、技术会议信息等）。客人到达酒店时由领队签领，注意不要重复领取。

国际比赛运动员都是远道而来，协调酒店尽可能提前把房间准备好。不要人到酒店了，很多房间还没有退房。

协调酒店将来自一个协会的客人尽量就近安排。领队以护照换房卡。房卡先发给队员入住，领队待前台登记完护照信息后再取回护照。

在信息台发放离会交通需求信息表，提醒有关人员填写后，尽快交给信息台，便于抵离团队安排送机、送站。根据航班车次时间，在一定时间范围内可以拼车。

入住时，证件发放、文件发放、护照登记、收费、领房卡、房间安排、餐饮安排、行李搬运等环节要环环相扣，让入住者感到便利。

在赛事信息台附近可设客户群旅游服务台。

5. 志愿者做好抵离服务

做好接待工作人员和志愿者需求计划。

做好抵离服务志愿者和随队志愿者的培训、管理、上岗和食宿安排。

接机、接站与酒店入住的衔接要密切配合，不能脱节。随队志愿者的角色很关键，每个队的抵离接送志愿者和随队志愿者应是同一个人。

6. 其他保障工作

抵离服务团队还应做好组委会重大活动和会议的保障工作。如做好出席抽签仪式、开幕式暨欢迎晚宴和世界羽联代表大会等大型活动的人员接待工作。

四、交通服务

（一）赛事交通服务的重要性

在整个赛事运行系统中，交通服务环节与竞赛环节紧密衔接，关系到比赛能否准时开始、赛事转播能否准点开播，直接影响场馆运行秩序。交通服务是竞赛环节的前伸，是直接的“支撑”竞赛的服务。

在任何情况下，交通服务都要保证安全。对一个赛事而言，除了安全，交通服务必须强调准时。裁判员班车迟到、裁判长专车迟到、运动员班车调低车速造成行车时间超过原定时长、运动员班车提前运行等，都会直接对竞赛产生负面影响。

除极个别情况外，组委会车辆均应配有专职驾驶员。

交通服务直接面向所有客户群和场馆团队，需求不同，情况复杂，工作量大。

交通服务水平，特别是短时间内人员聚散强度高的大型活动的交通服务，是显示组委会办赛水平的重要标志。

（二）赛事交通服务的职能与管理

交通服务统管组委会所有客户群和场馆团队工作用车安排。但对安保和其他特种用车如消防车、救护车、应急供电车、无线电监测车、电视转播车、卫星信号车等只提供停车车位，车辆由各相关部门自行管理。

由组委会和合同商组成交通服务管理团队。

明确交通团队的领导，行政和业务方面加强与办公室和接待部门的沟通。

（三）赛事交通服务需求

1. 按车型分类

（1）大巴车（抵离服务需要带行李舱的大巴）

（2）中巴车（考斯特大小）

（3）商务车（别克公务舱大小）

（4）小轿车（5 座型）

2. 按客户群分类

（1）贵宾用车
（2）运动员和随队官员用车
（3）技术官员用车
（4）媒体用车
（5）观众观赛公共交通
（6）场馆团队工作人员用车

3. 按服务标准分类

（1）专人专车（T1）
（2）多人专车（T2）
（3）临时专车（T3）
（4）班车（T4）
（5）公共交通（T5，含专线公交）

（四）客户群交通服务标准

1. 贵宾交通

首先确认作为主办单位的世界羽联、亚羽联或中国羽协是否有交通服务合作伙伴。如有，则相应组织的官员用车应由其合作伙伴提供。如 2013 年广州世锦赛时的奇瑞，还有一度作为国家羽毛球队合作伙伴的东风雪铁龙等。

应为世界羽联主席、世界羽联秘书长、中国羽协主席、中国羽协秘书长等主要领导提供专人专车（轿车）服务。有关计划应报经中国羽协认可。

应为世界羽联、中国羽协其他官员、有关赞助商和来宾提供临时专车服务。

世界羽联官方酒店是否开通到比赛场馆的班车视需要而定。应同世界羽联商议。

世界羽联会议用车应根据合同执行。

2. 运动员和随队官员交通

为运动员和随队官员提供穿梭班车服务。如果是单项赛事，班车间距不要大于一小时；如果是团体项目，班车间距可适当拉长。但一个单元的比赛开始和结束时段，是运动员和随队官员的用车高峰，需要及时调度。此外，要为因兴奋剂检查错过班车服务时段的运动员提供从兴奋剂检查站返回酒店的专车。

3. 媒体交通

应为媒体提供穿梭班车服务。此外，要为因场馆媒体中心运行而错过班车服务时段的媒体工作人员特别是女性工作人员提供从媒体中心返回酒店的专车。

4. 技术官员交通

应为技术官员提供班车服务。技术官员通常是集体出发，比赛结束后集体返回。但如果比赛时间拖得很长，部分技术官员需要先返回酒店准备下一个单元的比赛，应及时调度车辆。

5. 观众交通

持票观众应能乘坐公交交通到场观赛。

如果比赛结束很晚，要保障观众观赛后有返程公交。

如果比赛场馆地处偏远，无公交线路抵达，应为比赛开设临时专线公交，保证观众观赛及散场疏散需要。

如果可能，可为持票观众或部分持证人员如志愿者提供优惠公共交通服务。

6. 组委会和国际单项组织工作人员交通

为世界羽联、中国羽协赛事负责人等提供专人专车服务。

为世界羽联工作人员、中国羽协竞赛团队提供多人专车服务。具体需求可同中国羽协商议。

应为世界羽联、中国羽协、组委会工作人员临时需求提供临时专车服务。具体需求可同中国羽协商议。

7. 国家队交通

同中国羽协了解国家队用车需求。

8. 抵离交通

见本节“三、抵离服务”中的交通需求。

9. 大型活动交通

见下节“四、大型活动”中的交通服务需求。

（五）交通调度

在场馆贵宾区、运动员和随队官员班车站、技术官员班车站、媒体班车站等和官方酒店组委会接待台设交通调度工位，并配备交通调度人员（一般由工作人员和英语志愿者组成），负责与客户群主管保持联系，随时掌握需求信息，调度车辆。调度人员不得脱岗，不得兼任驾驶员或其他岗位的工作。确定各调度岗位名单后，交通部门给相关业务口提供调度名单和联系方式。

严格按照班车时刻表发车，不得提前。但在乘坐高峰期，只要车坐满，就立刻发车；下一辆车随即靠站等候。特别是早班车和比赛结束后的运动员、媒体、技术官员班车，已经坐满的车就开走，紧接着泊进下一辆车。

比赛结束后，直到交通调度向运动员服务主管等有关客户群主管确认场馆没有运动员了，运动员和随队官员的末班车才可以从场馆发出。正在进行兴奋剂检查的运动员另行安排车辆。

特别关注高峰时段的车辆调度。每个比赛单元从酒店出发的前两个发车时刻和从比赛场馆出发的最后两个发车时刻，要保证有充足的车辆和乘坐空间。

每日比赛结束后，要满足进行兴奋剂检查的工作人员和运动员、新闻中心工作人员和记者、竞赛编排人员、值晚班的女性工作人员和志愿者的延迟用车需求。

班车时刻表要根据比赛日程和训练日程确定。尽早确定班车时刻表，以便在竞赛手册、会务手册等出版物和官方酒店及场馆信息台公布。

运动员和随队官员、技术官员和媒体班车的时刻表，分别由竞赛团队和媒体服务团队编制，由世界羽联裁判长和新闻官确认。原则上单项赛事运动员班车间隔不超过 1 小时，媒体班车间隔不超过 2 小时。

运动员和随队官员在比赛开始前 60~90 分钟到达场馆为宜，一般不迟于赛前 60 分钟抵达比赛场馆，以便进行赛前热身。原则上，任一官方酒店到比赛场馆之间的行车时间应在 30 分钟之内。每个比赛单元运动员和随队官员头班车的发车时间以该单元首场比赛开赛时间减去时间提前量，再减去行车时间计算。如比赛 9:00 开始，从酒店到比赛馆行车时间 30 分钟，那么首班车不能迟于 7:30 开行；如果考虑到馆安检等耗时因素，也可于 7:15 或 7:00 开行。

要根据机场、车站、比赛场馆、训练场馆和各官方酒店位置设计相对固定的行车路线。包括官方酒店与比赛场馆之间的班车路线；官方酒店与训练场馆之间的班车路线（如果训练场地设在比赛场馆，可使用同一路线）；官方酒店与机场之间的行车路线；官方酒店与车站之间的行车路线；其他活动如开幕式和欢迎酒会所需的临时的行车线路。

（六）班车站点与停车服务

在任何一条赛会行车路线的两端都应设立上、落客站点，保证上、落客的绝对安全。必要时，还应提供避雨设施。

在不同客户群的上、落客点附近，应提供相对独立的停车场和停车服务。

（七）司乘人员配备与培训

原则上，班车不配备语言志愿者，相关沟通由随队志愿者协助。

实行远端安检时，班车需配备安保人员，以杜绝车辆违规中途停靠或上、落客的情况。

司乘人员的培训，包括专业培训、线路培训（如酒店与机场之间、酒店与比赛场馆之间、大型活动的行车路线等）。

（八）交通人员注册和车证管理

交通管理人员和司机的注册。根据实际需要决定哪些人有场馆运行区通行权限，哪些人只在外围，哪些人可进贵宾区等。

车证的计划和管理，要由一个部门统管，如综合协调部。所有车证需求，包括组委会工作人员和媒体自驾车车证需求，都应报给综合协调部。

如明确世界羽联是否有汽车合作伙伴，需确定司机和车辆，由组委会提供注册和车证。

五、住宿服务

（一）赛事官方酒店的选择

原则上官方酒店，特别是运动员住宿酒店距离比赛场馆或训练场馆越近越好，车行不超过 30 分钟，步行不超过 10 分钟为宜。

酒店周边餐饮、购物配套齐全。

世界羽联官方酒店一般为五星级。必要时，世界羽联官方酒店应设立酒店团队提供服务。

参赛运动员酒店一般为四星级，也可再提供五星级酒店（可共用官方酒店）一个，供运动队选择。

提供媒体酒店和国内技术官员酒店各一个。

世界羽联主办赛事所选酒店应经世界羽联确认。酒店报价应经世界羽联认可。

每个客户群住宿尽量集中在一个酒店，有利于安保和交通安排等。

（二）酒店服务

除酒店的日常服务外，羽毛球赛事的住宿服务有以下几点需要注意。

运动员酒店的食用冰消耗量大是羽毛球赛事一大特点。原因是运动员赛后冰敷消耗。因此，除酒店原有的制冰机外，可定点采购以解决不足。

在官方酒店举行的大型活动（如开幕式和欢迎晚宴、世界羽联年度代表大会、世界羽联 GALA 晚宴等）要保证供电。要就此及时与电力公司沟通落实。

如在运动员酒店实行远端安检的办法，需要协助公安部门在大厅安装安检设备，做好运动员酒店的安检工作。

协助公安部门做好酒店安保工作。

确保官方酒店有大会用车的专用停车位。

官方酒店要提示贵重物品不要放在屋内等。在房间保洁时，要两个保洁人员一起进出房间，相互有个证明。退房时要做好检查，以防客人遗忘物品。

运动队报到第一天和送站当天，酒店要营造氛围，包括酒店公共区域的中英文提示，要注意细节的布置。

（三）酒店收费

有关酒店收费信息应在邀请函中提前公示。如：

①酒店预订或入住是否需要支付押金，支付多少押金。

②由于比赛胜负难以准确预计，运动员经常无法确定离店时间，只能估计。如运动员提前被淘汰，则需提前退房。提前退房的收费方式要在邀请函中说明。

③提前告知酒店房间按间论价。因个人原因双人间住单人费用不减。

④各类人员的收费要明确。包括正编人员、超编人员等的费用支付有何不同。

不同酒店吧台及其他消费品可根据不同情况处理。可以先将吧台消费品撤掉，如有需求再送；或者交押金的放消费品，押金用完消费品撤掉。

随时掌握各队房费的支付情况。可用转账或现金预付、预授权等方式解决。财务要有专人揽收房费。

要为刷卡支付的客人备好不同支付系统的 POS 机，如银联、万事达、VISA。

因个人原因，有些技术官员会提前到达，是让他们在大堂休息，还是怎样安排，要有预案，并经中国羽协确认。因航班原因提前入住，是否收取提前入住的房费，请与中国羽协对接确认。

明确住房标准，是安排单人间还是两人间。单人住尽量安排在大床间，这样可以有更多标间用于安排两人入住。

有的国际技术官员带家属入住，超出住房标准的要收费。如世界羽联提供的标准是两位技术官员住一个标间，那么带家属来的入住同一个房间要加收一半房费。

六、餐饮服务

（一）赛事餐饮服务的重要性

1. “食为先”

享受到营养、适口的餐食，是客户群一项重要的参赛体验。特别要关注各酒店特别是运动员酒店、媒体酒店早餐质量，各功能用房餐台餐食质量和数量、媒体用餐便利度、各官方酒店及周边商业餐饮点、场馆周边商业餐饮点的卫生条件和便利度。

2. “兵马未动粮草先行”

对于一个高强度的赛事组织工作来说，搞好整个组委会运行团队的餐饮供应，是保持战斗力的重要保障，必须做好。

3. 饮食的卫生防疫

大型羽毛球国际赛事多在春、夏两季举办。赛事餐饮服务要避免出现群体性食物中毒和大范围消化道传染病等事件。

4. 兴奋剂防范

重点关注运动员酒店及周边的餐饮点。加强对运动员酒店食材的留样检测，避免因赛会饮食而造成聚集性兴奋剂检查阳性事件。

（二）羽毛球国际赛事餐饮服务的特点

羽毛球国际赛事，特别是单项赛事，比赛往往在一天内连续进行。不同客户群的餐饮需求不尽相同，要尽可能满足不同客户群的需求。

1. 运动员和随队官员

一天之内，由于运动员在不同的时段比赛，所以不可能在短时间内集中用餐，早餐就餐时间跨度大。另因自费原因，运动队往往选择在酒店周边餐馆用午、晚餐。因此，酒店周边餐饮、超市配套应有较多选择。

2. 技术官员

技术官员如由组委会供餐，应为住宿酒店提供的早、中、晚自助餐。如果因比赛原因不能回到酒店用餐，应为他们在场馆餐饮区提供快餐。

3. 媒体记者

媒体记者往往为了抢时间发稿而无暇出外就餐，应在媒体工作室为他们免费提供方便食品和开水、饮品等。

4. 餐台服务

每个比赛日从比赛开始至比赛结束，在比赛场馆的运动员休息室、技术官员休息室、贵宾室、媒体工作间和竞赛运行团队办公室等提供餐台服务，供应免费茶点、饮用瓶装水。其中，贵宾室、技术官员休息室和媒体工作间要配备咖啡机。

5. 商业餐饮售卖点

比赛馆应在公共区设立商业餐饮售卖点，提供冷、热餐和冷、热饮售卖服务。商业餐饮点的营业时间至少应自每个比赛单元开赛起至比赛结束。

6. 穆斯林餐食

羽毛球参赛群体包含众多穆斯林。因此，无论是组委会供餐还是商业零售点，都要提供合乎要求的穆斯林饮食。

7. 瓶装水及发放

在比赛馆和训练馆提供足量符合卫生标准的瓶装水。

8. 就餐区

比赛馆区域应分别设有工作人员和志愿者就餐区。

（三）羽毛球国际赛事餐饮服务需求

餐饮服务概括起来是八个字，即：

时——供餐时段

地——供餐地点

形——供餐形式

数——供餐人数

质——供餐质量

量——每份餐食份量

人——供餐责任人

价——餐饮预算及价格

对不同的餐饮服务点而言，都要把这八个字所涉及的工作落实。

1. 官方酒店餐食

如果是团体项目赛事，除了决赛日，基本每天要进行上午、下午和晚上三个单元的比赛。如果是单项赛事，有可能一天的比赛从上午开始一直持续到夜里，中间甚至没有间隔。运动员要根据自己的比赛时间安排就餐，因此用餐时间各不相同，整个用餐时段会拖得较长。如早餐一般供应时段以6:30—10:00为宜。

羽毛球国际比赛餐饮的特点是除了酒店早餐，客户群的午、晚餐都是自理，所以大家都很重视早餐。官方酒店的早餐质量非常重要。要保证供餐时段供餐标准一致，保证供应类别、数量和质量。

一般运动员、随队官员、技术官员都是随到随吃，不会在餐厅消磨时间。所以餐食的供应要充沛、及时，不要时断时续。为了避免用餐排长队，应提前做好餐食并保温，或增加档位。

由于大部分客户群午、晚餐自理，考虑价格因素，他们往往会到周边餐馆就餐。酒店，特别是运动员酒店要想办法把运动员留在酒店吃饭，这一方面需要适当拉长供餐的时间跨度，以适应运动员回酒店时间不确定的特点；另一方面供餐品种要实惠价廉，如开设面档等。

午餐和晚餐投放食量的把控，可以先运行一两天试试，再行调整。或者提供预约供餐服务，接受队伍订餐但需预交押金。

建议使用促销手段吸引运动员在酒店就餐，如推出赛事特惠套餐、打折优惠、减免服务费等。

无论是早餐还是午、晚餐，每道餐食、菜品要有中英文餐牌，标明食材、穆斯林餐食等；要有保温措施；餐厅的服务人员要配足，要有懂得英语的服务人员。

可能有运动员会带电炉在房间煮东西吃，为确保安全，防止火灾，一要预先告知禁止；二可考虑能否提供简单自助加工间。

酒店要有监控措施，防止人为投毒或兴奋剂投放，确保饮食安全。

由于不能禁止客户群到酒店外自由就餐，如何防止因饮食卫生、饮食安全，特别是因食材引起多发兴奋剂违禁等事件是一个赛事餐饮服务不得不面对的问题。酒店一方面要保证酒店食材安全，采取积极的措施留住客户在店内就餐；另一方面可在酒店周边挑选一些经济、实惠、有特点的餐厅，加强卫生检疫，由随队志愿者引导各队去就餐。

2. 赛时场馆功能房餐台餐食

场馆内的贵宾休息室、世界羽联办公室、中国羽协竞赛部、运动员休息室、技术官员休息室（分为裁判长、国际技术官员、国内技术官员休息室）、媒体工作间或休息区等都要摆放餐台、冷藏柜。每日自比赛开始至结束，餐台要不间断运行，免费供应 2~3 种糕点，至少 2 种水果，以及充足的瓶装饮用水和瓶装饮料。

其中贵宾休息室、世界羽联办公室、中国羽协竞赛部、媒体工作间或休息区的餐台供应品种应多些、质量应高些。如媒体区餐台可供应茶叶蛋、桶装方便面及泡面服务（注意：是提供泡好的面，防止媒体人员烫伤）。运动员休息室餐台供应主要是保持数量。贵宾休息室、世界羽联办公室、技术官员休息室和媒体休息区需要提供咖啡、茶等热饮。

根据合同决定贵宾区是否提供热食。如有，需要明确是每天一次，还是每三小时一次。

场馆内各餐台供餐、布置、管理、食品储存和分发可由组委会招募的食品供应商派人负责，也可由场馆团队采购并派志愿者负责。

要预先设计好馆内供餐、补餐路线，尽量减少对场馆运行的影响。

餐台不配削皮刀具，所以水果品种一般只提供剥皮食用的如香蕉、橘子等。

为减少客户群大量外带餐台餐食，食品可用散装、分批次供应等方式。

3. 技术官员工作餐和场馆团队工作餐

（1）补贴

世界羽联和亚洲羽联举办的赛事，根据承办合同，应对包括国际技术官员在内的一部分人员发放补贴。

补贴发放的具体人员类别和人数、补贴标准和天数应在合同中明确。

对国际技术官员和其他世界羽联派出人员，补贴必须以美元发放，国际技术官员的补贴，应在世界羽联技术官员会议（赛前一天）上如数签领，不得延误。也可由世界羽联垫付，赛后结算。

根据与中国羽协商定的标准，国内技术官员的补贴以人民币发放，一般在赛程后半期签领。

（2）工作餐

遇比赛连续进行，国际技术官员和国内技术官员不能离开场馆就餐，需要免费供应工作餐。大批场馆团队工作人员和志愿者也有同样需求。

工作餐可以采用盒饭的形式提供，也可招标一家优质团膳企业以打餐形式提供。盒饭相对简单，但连续吃很腻，容易造成浪费。打餐可以保温，基本杜绝浪费，但有一定工作量。

绝不以组委会的名义对运动员供应免费餐食。

（3）设置就餐地点

无论是盒饭还是打餐，除极少数竞赛管理人员和特殊岗位外，均不建议在馆内用餐。一是餐味容易在封闭空间造成不适感；二是避免餐后泔污引发鼠害，破坏馆内线路，造成隐患或事故。

工作人员和志愿者就餐区要基于比赛场馆及周边具体条件确定位置。可设在安保线内的场馆后院，也可设在安保线外的场馆缓冲区。在确定工作人员就餐区位置时，还应考虑就餐人员可能引发的二次安检的问题。

（4）就餐人数统计和就餐凭证

由各业务口提前一天统计并向餐饮团队预报次日就餐人数，是准确保证供餐数量，减少浪费的有效途径。

以向用餐人员发放餐券的方法控制数量；也可凭注册证件用餐，但会因识别证件增加工作量。

（5）分时分区用餐

场馆团队工作人员和志愿者数量庞大，集中同时用餐会影响就餐秩序，需要组织分时用餐。即根据各业务口用餐人数，划出分时用餐时间表进行平衡，并予公布执行。也可根据各业务口工作需要安排分时段轮岗就餐。

技术官员属客户群，应安排单独就餐空间。竞赛团队因岗位需求也需保证随时就餐。如果因条件限制只能与场馆团队共用餐饮大棚，也需要单独划出技术官员就餐区和竞赛团队就餐区。

安保团队因岗位分布面广，完全集中用餐不方便，可以采用经费包干的方式化整为零，就近解决。

（6）餐厨垃圾处置

羽毛球国际大赛赛期一般都在春、夏两季，气温高。因此，餐厨垃圾要及时清运，以免影响环境，诱发疾病。

（7）餐食运输通道

明确餐食物流通道和卫生、防疫、安检手段，确保餐食运输路线和餐食安全、按时提供。

要有足够的供餐人力保证供餐，保持就餐环境卫生、回收餐厨垃圾及清运等。

4. 场馆餐饮售卖点

在场馆前院（包括观众席回廊）和后院需要设立餐饮售卖点，并配用餐区（桌、凳等）。

餐饮售卖点的食品，在包装上要有要求。一般食品应全部为软包装，饮料只用软质纸杯零售。玻璃瓶、易拉罐等硬包装食品、饮料禁止带入安保红线，更不能在馆内出售。防止变为伤人器物。

5. 国家队餐饮

应由专人负责。

6. 饮用瓶装水

竞赛区域必须保障瓶装饮用水的供应。比赛场馆、训练场馆、运动员功能区不能提供桶装水，只能提供瓶装饮用水。

瓶装水供应商要落实在热身场地、训练场地、比赛场地运动员的出口提供瓶装饮用水的设施。在这几个地点各摆放两个足够容量的容器，其中一个放冰镇的瓶装饮用水，另一个放常温的瓶装饮用水。

为防止冰水滴到地面造成意外伤害，冰镇瓶装水应有志愿者服务，取出擦拭后交给饮用者。

贵宾休息室、运动员休息室、裁判长休息室、国际技术官员休息室、国内技术官员休息室、媒体工作间或休息区内要有冷藏柜，放置相应客户群瓶装饮用水。

整个场馆团队和志愿者团队的饮用水可以根据季节确定合适的饮水量，定量发放。通常在春、夏季节，室内岗位每人每天分配不少于 4 瓶 750 毫升容量的饮用水，室外岗位酌情增加。

安保团队和电视转播团队的饮用水可提前发给他们，由他们自行分发。

7. 食用冰

比赛场馆内不提供食用冰，且需要公告。场馆内只提供冰镇瓶装水用的非直接饮用冰和医疗用冰。这两种冰的用量、采购、运输和摆放需落实。有的赛区是采购制冰机，有的是直接采购成品冰。医疗用冰需要盛放在运动员医疗服务区或运动员休息区的一个冰柜里。

酒店按服务标准提供食用冰。

七、信息服务

（一）信息服务内容

指竞赛信息和其他需要向不同客户群发布的信息。

（二）信息发布渠道

可通过事先确定的公告栏、打印与分发渠道（各功能区的信箱）、音频（公扩、场扩等）、视频（大屏幕等）、新闻发布会等不同渠道进行发布。

面向组委会内部的运行指令或信息以会议形式或通过对讲机系统发布。

应急预案启动后的信息发布，按照预案设定的方式进行。

（三）信息发布权限

日常信息发布按照确定的流程进行。如竞赛信息由裁判长核签后发布；新闻发布会由组委会宣传部门和媒体服务部门商世界羽联举行等。

紧急情况下，按照各级应急预案事先确定的权限发布信息。

八、医疗服务

赛事的医疗服务内容包括急救、理疗和公共医疗站三个部分。

（一）急救

在场馆的比赛场区内，要设立急救站点，备好轮椅、担架、心脏复苏设备等，准备对突发伤病的运动员实施医疗救助。

比赛期间，比赛现场始终有内、外科值班医生，随时根据裁判长的指令进入比赛场地，参与对运动员伤病的诊治。

比赛场馆至少配备一辆救护车，停放在距离运动员出入口或比赛场区出入口最近的地点。

除运动员以外的其他人员的医疗急救，应另配救护车或启用城市医疗救助系统。

（二）运动员医疗站和理疗点

在场馆的运动员功能区设立医疗站和理疗点。

运动员医疗站主要处理运动员和随队官员的日常门诊，以及有关兴奋剂检查的药物报备。

运动员理疗点是体育赛事应备服务。主要提供按摩设施和理疗设备服务。理疗是否收费需事先经世界羽联认可。

（三）公共医疗站

应在比赛场馆公共区域设立公共医疗站点。对包括观众在内的人群提供有偿医疗救护服务。

九、语言服务

大型国际羽毛球赛事的语言服务包括随队语言服务、临时语言服务和大型活动语言服务等。如必要，世界羽联官方酒店应有较高水平的语言服务。

（一）语言服务语种

世界羽联的官方语言是英语。赛会语言服务以英语为主，兼顾小语种（如韩语、马来语等）。

（二）随队语言服务

尽可能安排随队志愿者提供随队语言服务。组委会还可通过随队语言服务志愿者及时收集各队反馈信息。随队志愿者如掌握客队母语则效果更好。

（三）语言服务中心与临时语言服务

在国际大型综合性运动会中，每个项目都需要成立语言服务中心，以便向大批不会英语的观众等提供临时语言服务。但在羽毛球赛事中，此类需求不大。

（四）大型活动与会议高水平语言服务

在抽签仪式、赛前预热活动、开赛仪式和赛事新闻发布会等场合，需要提供高水平英语语言服务。这种场合场面庄重、正式，无论是英语主持，还是贵宾致辞口译，或是来宾讲话的英文书面翻译，都要字字斟酌、不错不漏。男性司仪要仪表堂堂、女性司仪要举止优雅，发声字正腔圆，凸显高层次、高规格。给来宾以很好的赛事形象。

在比赛期间举行的赛后运动员新闻发布会上，则需要熟悉羽毛球项目的高水平英语口译。高水平英语翻译不难找，但熟悉羽毛球项目的高水平英语翻译就不好找了。因为赛后运动员新闻发布会更多地涉及羽毛球专项术语，如果由不熟悉项目的人进行口译容易出现错误。

十、保洁与清废服务

（一）保洁

1. 比赛场区保洁政策

多单元比赛日，通常在单元比赛结束后进行保洁。如果在该比赛单元之前安排有训练时段，则在训练结束后进行保洁。保洁工作应在距比赛单元开赛前 1 小时结束。每天晚上比赛结束后进行保洁工作。

决赛日，比赛开始前大保洁，距开赛 1 小时结束。

比赛进行中，必要时可对比赛场区进行即时保洁，但须经过裁判长允许，保洁人员和设备方可进入比赛场区。

应配备大功率吸尘器，以便对塑胶场地、地毯等进行快速清扫。

2. 客户群功能区保洁政策

自第一个官方训练日始，每天训练时段之前或第一个比赛单元开始前进行保洁工作，距训练开始或开赛前 1 小时结束。

有两个比赛单元的比赛日，比赛单元之间视时间决定大保洁或小保洁，距开赛1小时结束。

全天比赛结束后进行保洁。

需要时可进行即时保洁。

贵宾区、运动员区、技术官员区和媒体区为保洁重点区域。

3. 场馆公共区域保洁政策

每个比赛单元结束后，对观众席进行清扫，主要是对大量充气棒的清理。

比赛馆外如嘉年华区域，面积和人员流量较大，需要有专门团队负责保洁。注意嘉年华区域如厕设施的配备，如搭建临时公厕。

4. 城市保洁政策

场馆区域以外的城市保洁工作按照日常要求进行。小商贩、地摊等根据城市管理要求进行管理。

加强对下榻酒店周边的环境治理。

5. 赛事保洁需要注意的问题

场馆区域内垃圾桶合理分布，定时保洁。可视客户群人数决定自比赛开始每1~2小时保洁一次。配备分类垃圾桶，标明可回收或可循环标志。设立餐厨垃圾桶及在清废区收集存放垃圾用的带盖大垃圾桶（与环卫垃圾车配套）。餐厨垃圾应由餐饮供应商进行处理。由市场开发团队对此进行监督并促其及时转运处理。

所有客户群洗手间需进行不间断的卫生维护，由清洁管理员循环检查。所有客户群洗手间必须配备擦手纸或烘手机，厕位必须配备卫生纸，淋浴间应配备浴液。

赛事的保洁工作自官方训练首日起正式运行，至决赛次日结束。

除即时保洁外，保洁工作一般是在场馆分区管理解除之后进行。实施注册分区管理的时段一般是赛前1小时开始，赛后半小时后解除。

保洁人员都要注册并佩戴有效证件。保洁人员的注册和通行权限根据工作需要确定。负责即时保洁的工作人员用升级卡的方式解决通行权限。

场馆运行区和馆内应为保洁人员提供休息场所和保洁工具间。

（二）清废

场馆红线内要设立清废功能区，以便存放场馆区域保洁人员清理出来的垃圾。

清废功能区存放的垃圾，原则上应在当天比赛结束、场馆分区运行停止后，由专用车辆从指定路线运出。

赛事运行期间，各类垃圾运输车辆要凭组委会颁发的有效车证进出场馆区域；有关工作人员需要注册，凭证入内。

十一、媒体服务

（一）媒体服务要点

赛事影响力主要是靠媒体宣传。因而媒体是羽毛球赛事最重要的客户群之一，必须善待媒体。

在不影响运动员比赛的前提下，尽量满足媒体的采访需求，为他们的工作提供便利。

与主流媒体、国际大媒体、专项媒体和记者的公关与合作尤为重要。

媒体客户群分为文字媒体、摄影媒体、转播媒体、新媒体等，需求各不相同，要实施分门别类、有针对性的媒体服务。

（二）不同媒体客户群的关键需求

1. 文字媒体

对文字媒体而言，观赛席位（带桌和不带桌）的角度、用于发稿的设备和网速、从观赛席位到混合采访区通道是否便捷、从混合采访区回到新闻中心和工作间是否方便很重要。

2. 摄影媒体

对摄影媒体而言，没有什么比拍摄角度和位置更重要的事情了。他们甚至不惜签下生死状也要爬上马道拍摄，目的就是为了创作永存的影像。

要在场馆不同层面、不同角度为摄影记者预留工位。

对重要的场景（比赛场地、颁奖仪式等）而言，需要关注画面中视觉景观的协调（特别是文字的正反、背景里有没有不协调的发光体等）。

及时发稿也是摄影媒体最关注的问题。有时甚至需要比赛场区摄影服务志愿者帮助传递存储卡。

摄影器材储藏、看台媒体工位、场地摄影区、决赛场地摄影区、媒体马扎和比赛场区摄影媒体的管控是做好摄影媒体服务的几个关键点。

3. 转播媒体

通过视频观赛的人数远远多于现场观众，电视收视率与市场效应直接挂钩，因而转播媒体的重要性毋庸置疑。

转播媒体是一支相对独立的团队，衣（工装）食（自己开伙）住（单独酒店）行（专门交通）一般单独安排。

转播团队进场时需要场馆团队的大力配合。

在所有座席的席次排列中，转播主机位的位置拥有最高优先级。

转播场地的比赛进程需要与转播进程高度契合。

（三）媒体临建设施

1. 媒体观赛席

要给媒体席提供仅次于主席台的观赛视线。通常在我国举办的顶级国际羽毛球赛事需要提供带桌文字媒体席 100 个，不带桌文字媒体席 80～100 个。媒体席观赛视线应无遮挡。

媒体座席至媒体工作间和混合采访区之间的媒体通道应方便、快捷，不必绕行馆内其他通道（这点对羽毛球媒体客户群非常重要）。必要时开辟专用出入口和搭建专用楼梯。

2. 转播机位平台

要为电视转播在看台合适的位置上搭建转播平台，包括各转播场地的主机位平台、比赛场馆侧全景机位平台等。其中转播主机位的位置选择具有最高优先级。

转播机位平台不应搭建在活动座席区域。因为在这个区域的任何走动都会引发机位的振动，从而影响转播画质。

转播机位平台一般搭建在固定座席区域，且机位平台周边应留有足够空间，以避免人员流动等对摄像机产生干扰。

3. 转播评论员席

带桌和隔音设施的转播评论员席位应安排在主机位后上方正对转播场地的位置，需要相对安静的空间，不能有视线遮挡，并视需要提供带有遮光罩的台灯。

4. 新闻发布厅摄影、摄像平台

新闻发布厅后排需搭建摄影、摄像平台，为摄影、摄像记者提供无遮挡拍摄视角。平台要安全、静音，有足够多的拍摄位置。

所有因临建而影响到观赛视线的座席，或功能座席区域如摄影媒体工位、防涨席、安保人员工位等都应在售票系统中锁闭，不得售票。

（四）供电及照明

启动特殊（级）保电措施，如多路供电、应急供电车、UPS（不间断）电源车等保障场馆比赛和电视转播的用电需求。

应为混合采访区、新闻发布会、颁奖仪式（颁奖台和升旗路径）及体育展示装配特殊照明。

混合采访区照明应保证被采访运动员的面部照度。混合采访区如设在比赛场区，则照明不能影响比赛运动员。

新闻发布会主持人和被采访人面部垂直照度至少为1000勒克斯。

（五）网络

媒体的网络需求是最重要的。要为媒体提供专门的网络，保证网速和带宽，媒体看台、媒体工作间和转播评论员席是重点保障区域。

根据合同按国际单项体育组织和媒体需求提供网速和带宽。

媒体功能区，特别是媒体看台、媒体工作间和转播评论员席，要有专用网络覆盖。

媒体工作间、文字媒体座席区和转播评论员席的网络覆盖，应有符合世界羽联要求和媒体需求的网速、带宽和网络接口。

根据合同提供网络视频转播设备安装的技术配合。特别注意落实世界羽联所要求的流媒体输出专用线路的预先申请或租用（国际精品线路）。

（六）计时记分和成绩信息服务

在混合采访区、媒体工作间等应有能显示所有比赛场地实时比分的装置（显示屏和服务器）。

在媒体工作间等应有能显示所有直播场地比赛实况的装置（显示屏和服务器）。

在媒体工作间有纸质成绩信息打印分发服务。

（七）媒体功能区和功能用房需求

1. 新闻发布厅

应可同时容纳100人出席新闻发布会。

媒体运行团队负责新闻发布厅秩序维护，以及灯光和音响的管理。

应有规范的景观布置，如新闻发布会背景板等。

2. 媒体工作间

媒体工作间应为文字媒体和摄影媒体提供100个工位。

媒体工作间应根据需要配备媒体独立使用的、状态良好的电脑、复印机、传真机、电话、充足的互联网接口、办公桌椅等技术、电器、家具设备。

为摄影媒体提供带锁存储柜。

媒体工作间要保持适宜的室温。

3. 媒体休息区

媒体休息区环境应轻松、舒适。如有可能应铺有地毯，并布置绿色植物或盆花。

媒体休息区内应有餐台和饮品。

4. 混合采访区

混合采访区应位置合理、流线顺畅，长度与空间满足各类媒体采访需求。

媒体运行团队负责混合采访区的秩序维护和灯光管理。

5. 媒体座席区

媒体座席区的准入和秩序维护非常重要。避免没有工作的人员占用媒体座席观赛。

在半决赛、决赛或关键场次，媒体座席可采用合理分配座席券的方式平衡需求。

在先到先得的大原则之下，保证主流媒体和官媒的工作条件。

6. 比赛场地摄影区

（1）比赛场地摄影区的人员管控

比赛场地摄影区是摄影记者抓拍运动员比赛精彩瞬间的最佳区域。但在赛时，特别是多块场地的比赛单元，羽毛球比赛场区内分布着各类人员，人数很多。如果不加控制和管理，容易造成杂乱的现象，对运动员形成干扰，对赛事形象不利。以 4 片场地（其中 2 片为电视转播场地）的比赛单元为例，同时在比赛场地及其邻域内的人员约有：

①裁判员 4 人；

②发球裁判员 4 人；

③司线员 6 人×4 片=24 人（若司线 10 人制则为 40 人）；

④运动员 4 人×4 片=16 人；

⑤教练员 4 人×4 片=16 人；

⑥电视转播摄像师 11 人（边线机位 2 人、侧机位普通速 2 人、侧机位超高速 2 人、鱼竿小摇臂机位 1 人、双游机 2 人和拉线志愿者 2 人）×2 片=22 人；

⑦运动员服务志愿者 10 人；

⑧竞赛管理区 30 人（含裁判长、竞赛、器材、医疗、急救、体展、计时记分、安保、兴奋剂检查等）。

以上 8 类人员，估算共 126 人都有在比赛场区内的固定工作岗位，不可或缺。在一个 30 米×60 米的矩形平面里同时有这么多人共事，在室内球类项目的赛事中是屈指可数的。由此可见羽毛球赛事比赛场区人员管控的必要性和难度。

（2）比赛场地摄影区的管理分类

①多块场地比赛单元时场地摄影区的管理。

②一块场地比赛单元时场地摄影区的管理。

③决赛场地摄影区的管理。

④颁奖仪式摄影区的管理。

（3）摄影摄像马甲

摄影摄像马甲是对比赛场区摄影、摄像记者进行管理的有效手段。马甲上的各类媒体标志醒目、易于识别。

原则上每个比赛单元允许不超过 15 名身着摄影马甲的记者同时在比赛场区工作。

随着比赛场地数量的减少，可同时进入比赛场区工作的摄影记者数量可以适当增加。在一片场地的比赛单元，这个数量可以增加到 30 人甚至更多。

（4）比赛场地摄影区的划分

为了不影响运动员比赛，也不干扰电视转播，一片电视转播场地的摄影区通常设置在发球裁判员一侧边线外，每个半场转播侧机位与底线落点机位之间的区域，并用景观线框出安全距离。

摄影记者从媒体功能区进出场地摄影区，要在许可的时段走专门的媒体出入口与固定流线，不可在比赛场区内随意走动。

一旦比赛开始，原则上，每块场地的摄影记者只能在该场地一场比赛结束或局间间歇时移动。

在场地摄影区内，需要保持坐或蹲等低身位姿势，不可随意站立。

7. 官方网站工作间

用于运行和维护组委会赛事官方网站，及时发布信息。赛事官网可与世界羽联、亚羽联和中国羽协官网链接，共享赛事信息。

8. 电视转播功能区

通常，主播台是与版权方就制作与播出签订协议。电视转播功能区是由信号制作、播出、新闻采编和网络电视构成的复合团队提供设计、施工并提出设施需求的。场馆方应在提供设施和设备安装上给予技术配合，协助主播台设施设备（如转播车、信号车等）的通行与就位，并根据双方商定提供服务。

大型羽毛球国际赛事的转播要求越来越高，设备越来越先进，往往是制作、播出、新闻、网络几路人马齐备，称得上是转播工程。组委会有义务和责任为电视转播团队提供强有力的支持。

为转播媒体提供足够的功能用房。

为主播电视台和持权转播商提供必要的工作条件，按主转播台意见设置符合要求的转播解说工作台和工作间。此外，提供足够的电视评论员座席。并根据合同处理收费问题。

为电视转播功能区设备安装提供技术配合。

根据合同提供后勤保障。

配备游机拉线助理志愿者。

（八）媒体功能区设施

对媒体区的服务设施要给予特别关注和保障，这是媒体服务团队能够“善待媒体”的先决条件。在赛事进程中，媒体对媒体运行团队相当一部分的抱怨并不是针对团队服务水平，而是媒体功能区及其设施设计不合理或者不能满足其工作需求。

落实媒体工作间、媒体座席区和文字记者工作台电源和网络的开通及无线网络的覆盖。为方便媒体使用，应采用媒体工作台面信息港的设计，保证所有插座、接口、开关都能方便地在桌面上操作，并配备足够的电源、网线接口、带宽和网速。

落实新闻发布厅灯光和音响的安装和管理。

落实运动员进场集结区和混合采访区的设计、灯光架设等。在这两个功能区域，媒体都有特殊的拍摄需求。

为媒体提供便捷的功能设施和服务。例如，媒体工作区、媒体座席区和混合采访区之间的媒体通道应方便、快捷，而不能设计成绕行馆内其他通道（这点对羽毛球媒体客户群非常重要）的流线。必要时开辟专用出入口、搭建专用楼梯或台阶。

根据办赛合同要求为比赛馆新闻中心提供足够的设施（关注是否需要 IDD 电话、传真机等），配备查询电脑、足够的网速、足量的宽带和接口、打印机和复印机。复印机由专人管理。合同外的服务可收费。

（九）媒体服务综合事务

1. “食为先”

媒体工作间或休息区等要摆放餐台、冰柜。每日自比赛开始至结束，餐台要不间断运行，免费供应 2~3 种糕点，至少 2 种水果，以及充足的瓶装饮用水和瓶装饮料。

关注媒体酒店早餐质量及周边餐饮点的卫生条件和便利度、媒体工作区餐台餐食质量和数量、媒体用餐便利度。

媒体工作间或休息区的餐台供应品种应多些、质量应高些，并配备咖啡机。

媒体工作间或休息室内要有冷藏柜，放置饮用水。

有的赛事为媒体提供免费餐食，如昆山汤尤杯赛、南京世锦赛和南宁苏杯赛。

2. 交通

应为媒体提供穿梭班车服务。媒体班车时刻表要根据比赛日程编制。尽早确定班车时刻表，以便在媒体指南等出版物和官方酒店及场馆信息台公布。

3. 媒体指南

媒体指南是羽毛球国际赛事的重要出版物，要认真编撰，按时出版分发。

媒体指南应包含赛事相关信息、媒体服务内容、媒体服务设施、采访须知、混合区运行办法、场地摄影区管理办法、新闻发布会运行办法、媒体座席区管理办法、媒体班车时刻表等内容，以及媒体服务团队主官、各媒体功能区主管的联络方式等。

（十）媒体服务人力资源

1. 媒体服务团队的人员和岗位设置

（1）媒体服务经理

领导整个团队和媒体功能区运行，直接与世界羽联媒体主管对接。

（2）媒体服务副经理

协助媒体服务经理工作。

（3）媒体工作间主管

负责媒体工作间运行，组织工作人员和志愿者，管理工作间办公设施、设备，家具白电，信息显示、分发，网络。

（4）新闻发布厅主管

负责新闻发布厅运行和日常管理，组织工作人员和志愿者，为主持人，英、韩、日语翻译及出席发布会的媒体服务。

（5）媒体座席区主管

负责看台区域媒体座席的管理，主要包括文字媒体带桌与不带桌席位、摄影工位和转播评论员席。根据比赛进程，随时调整媒体座席区的准入政策，保证所有媒体，特别是主流媒体的观赛采访。

（6）混合采访区主管

负责混合采访区的运行，主要包括运动员引导和媒体站位。根据混合采访区优先顺序，维护混合采访区的采访秩序。关注混合采访区背景板、混合采访区照明、混合采访区护栏等设施是否正常。

（7）场地摄影区主管

负责场地摄影区的管理。包括摄影马甲的发放与回收，为记者提供马扎或阶梯座席，协助摄影卡传递等。

(8) 媒体综合事务主管

主要负责媒体功能区餐台、餐饮、媒体班车交通调度、媒体酒店联络等关系到媒体在赛区衣食住行的保障工作。

(9) 转播媒体协调人

专门负责与主播台、世界羽联转播合作伙伴、持权转播商的联络协调工作。

2. 羽毛球国际赛事的宣传与媒体服务团队架构(图 6-1)

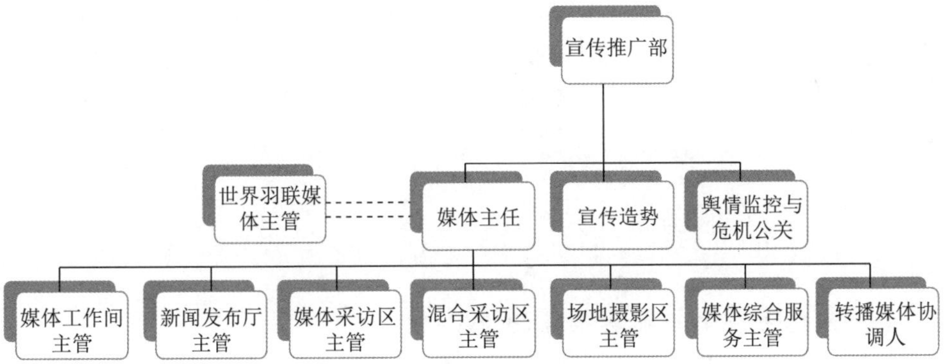

图 6-1 媒体服务团队架构

十二、观众服务

观众是羽毛球国际赛事最庞大的客户群。在中国境内，一场羽毛球比赛的现场观众可达万人以上，在世界上首屈一指。

观众与赛事的关系绝不仅仅是“我卖票你买票”这么简单。要以积极友好的方式为观众提供全方位的信息、帮助和服务，营造安全、有序和欢乐的氛围，表现赛事举办城市的热情好客，使球迷、粉丝和观众获得良好的观赛体验，让一次观赛成为一段美好的记忆。

观众服务从赛前开始，从获取赛事信息、购票、行车路线、停车、嘉年华活动参与、安检、验票进场、座位引导、观赛礼仪及注意事项、寄存、餐饮和纪念品售卖点、观众卫生间、特殊服务（如轮椅、婴儿车等）、观众医疗急救服务、争议解决机制等方面提供服务，直至退场。如果可能，应安排观众与运动员的互动活动。

由于羽毛球比赛场馆强调气流控制，应尽量减少观众在馆内座席通道上的走动。观众服务人员应组织观众有序进场，就近入场入座。比赛进行中，观众服务志愿者要对座席区的双层门或门帘进行管理。

观众停车场、观赛公交专线、馆外引导、验票、瓶装水和雨伞处理、馆内引导、观赛提示、轮椅观赛区、特殊观众服务、餐饮及特许产品售卖区等观众服务的细节不可忽视。

公共网络服务是必不可少的。要在有无线网络覆盖的地方张贴上网提示。通过公共网络给到场观众推送观众须知、观赛提示等，使持票观众一进入场馆区域就能感受到场馆服务。与宣传部、市场开发部沟通，确定其他推送需求。

要有专门的观众服务团队和观众服务志愿者，分析观众的观赛经历和需求，设定观众服务工作的目标，进行观众服务的深度设计，从观众落客进入场馆区域，一直到比赛散场观众乘车，都要让观众感知到对他们的服务，使其有良好的观赛体验。

十三、礼宾服务

（一）对外联络与礼宾服务的重要性

体育是中国特色社会主义和改革开放四十余年成果展示的窗口。大型国际体育赛事是与会者亲身感受中国发展的平台。

外事无小事，无论是与国际单项体育组织打交道，还是接待各参赛协会代表队，外事都要本着“有理、有利、有节”的工作方针。

外联礼宾部门是国际羽毛球赛事组委会唯一的官方对外联络渠道。

礼宾服务讲究规格。迎宾送客、安排座席、会见寒暄、端茶倒水、餐食点心、节目单等一点一滴都马虎不得。特别是决赛日，嘉宾数量激增，配合颁奖仪式的礼宾服务更加复杂。

（二）对外联络和礼宾服务的职能

1. 对外联络

负责与世界羽联、亚洲羽联、各会员协会、世界羽联商业合作伙伴、世界羽联媒体合作伙伴等境外相关团体沟通联络。

负责组委会官方邮箱的邮件处理。

2. 礼宾服务和贵宾区管理

与办公室协调，负责赛事的礼宾接待、贵宾区服务和管理。特别是外宾的礼宾服务。

审核贵宾区景观设计和布置，使贵宾区呈现庄重、典雅、环保、和谐的规格、环境和氛围。

贵宾休息室、贵宾座席区、赞助商席位等礼宾功能区应为宽敞空间。

组委会贵宾室和世界羽联贵宾室均应设置在贵宾区内，且相对独立。

确保比赛期间贵宾区按时开放，且在开放期间提供餐台餐食和饮品，包括糕点、小吃、水果、咖啡、茶、软饮料等食品和热、冷饮料。

根据合同提供热食服务。

根据三方合同为世界羽联提供注册证件和观赛票证。特别是贵宾座席的分配和主席台座位分配，要根据合同为世界羽联官员及其客人提供前排座位。

在安保红线内的场馆贵宾入口处提供重要客人停车位。

3. 礼宾旗

负责主礼宾旗（会徽旗帜、国际单项体育组织旗帜、主办国国旗、中国羽协旗、举办城市旗）把关，做到图案、悬挂、顺序正确。

负责参赛协会旗帜的把关，做到图案、悬挂、顺序正确。

4. 颁奖嘉宾

与办公室配合，负责及时提供中方、外方颁奖嘉宾名单和职务的中英文版文字材料。

颁奖仪式进行时，按时间要求引导颁奖嘉宾相关人员及时到达等候位置，并与颁奖团队引导人员有序交接。

5. 外事活动

负责组委会领导与外宾的会见活动。

6. 器材通关

协助境外人员完成相关器材的通关手续办理。

7. 会务工作

协助世界羽联有关会议的会务工作。

8. 语言服务

负责赛会的语言服务工作。

负责赛会随队志愿者的管理。

礼宾接待以英语为主。开幕式及欢迎晚宴配高水平英语翻译人员，根据三方合同，为新闻发布会配熟悉羽毛球术语的英语翻译和韩语、日语、马来语等语种翻译。随队志愿者尽可能选择相关语种专业人员。

对体育展示的英文播报文字内容及英语播音进行把关。

对赛事出版物的英文内容予以把关。

（三）礼宾服务志愿者的选拔和管理

应优先挑选一些语言专业志愿者参与礼宾服务工作及随队志愿者工作，并对其进行礼宾服务志愿者培训，特别是外事礼仪方面的培训。

十四、物流服务

根据赛事规模及物流需求，决定物流服务模式。可由一个部门负责赛事运行所有物资的配送，也可由各类供应商分别配送。

第五节　国际赛事八类运行保障

一、安保

（一）赛事安保工作的重要性

在新的反恐形势下，大型国际赛事安保工作的重要性毋庸置疑。赛事成功与否，安保一票否决。尤其在区域中心以上城市举办的大型国际赛事，安保工作面临人员密集、情况复杂、内外有别、社会敏感度高的难度。赛事安保工作必须得到所有参赛者、观众和工作人员的理解和配合。赛事安保工作必须建立安保、竞赛运行、礼宾服务、观众服务、场馆运行、媒体运行等各部门联动机制以应对不测事件。

（二）大型国际羽毛球赛事安保工作需求

1. 场馆运行区安保

划定场馆运行区安保红线，设立安保功能区（如场馆安保指挥部、监控室和屯兵区等），确定安保点位（如安保人员点位、安检点位和监控点位等）。

有关功能区域和流线的细致描述要在场馆运行总图体现，标识、标志要清楚。

要根据场馆运行需求确定移入（人员、物资进馆）、封闭（人员可凭临时证件进出）、搜爆（搜爆前大型物件要进场）、锁闭（锁闭后只能凭注册证件进出）的时间点。

一般在比赛前一天搜爆，之后场馆封闭。场馆运行开始，凭注册证件进入场馆（比赛日前夜裁判长需要检查比赛场区等）。

持票观众应在场馆运行区前院集中安检。持证人员在后院分类接受安检。非持票、非注册的持证人员的验证安检政策需要单独制定。

场馆运行区需要设置持证车辆安检、贵宾安检、运动员和随队官员安检、媒体安检、技术官员安检、组委会工作人员安检和观众安检点位，还需要考虑非持证车辆的行驶缓冲区和停车区域。

需要确定是根据人员类别，还是人员的通行权限实施安检。通常是根据人员类别归口安检，但对部分组委会领导可以根据工作需要给予多口安检的通行权限。

安保红线内由志愿者进行日常运行秩序的引导维护，安保在后支撑。

2. 比赛馆安保

安检口和观众入口由制服保安与志愿者共同管理。

馆内验证点要明确：哪些是安保负责，哪些是志愿者负责，安保辅助。

比赛场区内，根据场地分布和人员流线，设置安保点位。一般需要设置 5 名便衣安保人员，以应对比赛场区内的突发事件为主要任务。

运动员热身场区、运动员入场集结区、混合采访区入口和出口等需要便衣安保人员值守，以应对各点位突发情况为主要任务。

看台安保全部为便衣警力，以应对突发事件为主要任务。

根据观众席第一排与比赛场地的距离等因素，决定第一排是否售票。无论是否售票，观众席第一排都应设置足够便衣警力。

制订票务计划时，需要充分满足看台安保点位的座席需求。

做好比赛场区突发情况的紧急预案。提前针对馆内突发情况时的人员疏散预案进行培训和演练。

3. 场馆外围安保

场馆外围缓冲区由警力管控。外围管控点的设立在保证安全的前提下，尽量减少扰民。

训练是运动队仅次于比赛的重要活动，训练馆内、外要有设备监控。如有需求，应考虑运动队提前进馆训练的安保工作。

其他场馆场所安检（如官方酒店、开幕式及欢迎晚宴场所、嘉年华区域等），主要是进入这些场馆的安检并考虑证件类型是否统一、如何兼顾赛会注册人员和非赛会注册人员，以及是否需要远端安检。例如，在官方酒店实行远端安检，以缓解场馆集中安检的压力，给客户群更好的进馆体验。

4. 交通管理

设计赛会车辆在城市运行、缓冲区和场馆运行区的行驶流线、衔接及停放位置。

车辆管理，如车证管理、车辆的管控、红绿灯的管控（如交通高峰期）等。

车证的申领、发放和管理办法。

设置交通管制区域范围，将社会车辆管控在场馆运行区以外。

交通与安检的配合。如需在官方酒店实行远端安检，以缓解场馆集中安检的压力，给客户群更好的进馆体验，则安检需跟车监视远端安检车辆中途是否违规停车、上落客，以确保安全。

赛时特别是城市交通高峰期，路面交通指挥系统保持畅通，进行有效调度。

5. 客户群住宿酒店的安保

客户群住宿酒店通常称为官方酒店，意指与组委会签约为赛会提供住宿的酒店。通常包括总部酒店、技术官员酒店、运动员酒店、媒体酒店等。视比赛规模和等级不同，一个客户群可能有一个或一个以上酒店。在多数情况下，客户群酒店也有散客住宿。每个客户群酒店的安保工作由安保部门视需求而定。

6. 关于注册

注册人员的审查。

临时制证人员的审查。

明确注册、审查、制证与安检之间的关系。

安保人员的注册和制证政策。

7. 与安保相关的特殊注意事项

尤其是针对热门比赛单元，做好出现假票、观众翻墙等情况的应对预案。

假票的管控：志愿者只负责验票，发现假票，由票务辨别，公安管控。

票面上印出的安全须知，由安保提供或经安保审核。

所有持票人员，无论是购票还是赠票，无论是哪个座席区域，一律需要接受验票和安检。

境外观众售票要考虑每个国家和地区的观众相对集中。对有冲突史的不同球迷群体的售票区域之间要有缓冲距离，并有相应的安保预案。

关注竞赛日程，掌握竞赛信息。有球星出场，或敏感国家和地区人员出场的要加强安保，并有预案。

雨伞不允许带入场馆，需要协调雨具的暂存。

场馆运行区内不允许瓶装饮料带入或销售，需要协调相应措施（如售卖点提供纸质杯子）。

8. 落实安保工作的后勤保障

例如，安保人员餐饮，需要明确由谁提出需求，谁落实制作和配送。

二、新闻宣传

赛事的宣传工作应以政府为主导，以主流媒体为主体，充分利用政府和主流媒体所掌握的平面媒体、广播、电视、新媒体、城市媒介（如广场屏幕、大型广告、公交车身、出租车显示屏、高速收费站等）等媒体资源，以赛事为平台，充分造势，扩大城市的影响力。

宣传部门负责舆情监控，统计赛事媒体报道量，分析舆情，制定宣传策略。

组委会负责协调建立赛事官方网站，及时发布信息，并链接中国羽协官网、世界羽联官网发布赛事相关信息。

宣传工作可以结合赛事推广活动，以海报、文化长廊等为载体，扩大宣传阵地。

要有危机公关预案。

三、卫生防疫

赛事卫生防疫工作的重点是传染病防治与饮食安全。

（一）传染病防治

评估防疫安全形势，必要时，传染病的防疫关口要前移。如在机场入境防疫关口进行筛查，对疑似者实施闭环管理和封闭排查，把对赛区的影响降至最低。

（二）餐饮卫生

春、夏季节气温升高，要避免出现群体性食物中毒和大范围消化道传染病等事件。

由当地卫生防疫部门和市场监督管理部门对官方酒店食宿及场馆饮食进行严格的实时食品安全监管，保证与会人员的饮食安全和比赛顺利进行。

原则上，赛事各类人员进餐区不要设在场馆内，以免厨余垃圾引发鼠害、传染疾病或损坏各类线缆影响比赛。

（三）兴奋剂防范

重点关注运动员酒店及周边的餐饮点。特别防范因赛会饮食而造成的聚集性兴奋剂检查阳性事件。

特别注重国家队酒店的食品安全，从食材到烹饪，不能出任何问题。

国家队自备食材，交接要明确，也要留样检测，不要有漏项。

（四）场馆的空气检测

定时对场馆空气进行抽样检测。特别是对上座率高的比赛单元要增加检测频率。

（五）除四害

赛前和赛中在场馆运行区内灭蝇、灭蚊、灭鼠、灭蟑螂。赛中消杀时段应安排在场馆分区运行时间之外。消杀工作注意安全，防止出现人员中毒。

四、大型活动

（一）大型活动的意义

开赛仪式是赛事的亮相之举，其他大型活动如欢迎晚宴、羽毛球嘉年华、旅游活动和会议是赛事的添彩之笔。

隆重、热烈、精彩、中国文化特色、节俭是对开赛仪式或其他活动策划的基本要求。

（二）开幕式暨欢迎晚宴

开幕式暨欢迎晚宴是赛前一项大型活动，由开幕式暨欢迎晚宴团队统筹，办公室、礼宾外联、体育展示、形象景观、竞赛、宣传媒体、交通、餐饮等部门配合。

1. 内容与时长

开幕式暨欢迎晚宴分四个环节。开幕式（除晚宴时间外）时长控制在 1 小时之内，总时长控制在 2 小时之内。

（1）暖场环节

与会来宾落客后，根据引导标识进入主会场外厅。

来宾在步入开幕式暨欢迎晚宴内场前，可在外厅及环廊驻足寒暄，并移步各个景观点合影留念。

内场展示暖场音乐及循环播放城市宣传片、羽毛球简史、赛事简史、申办历程等视频。

内厅、外厅、贵宾休息室及环廊的景观由景观团队统一设计制作。现场软饮料及茶点服务由餐饮团队提供。内厅背景音乐及视频由体育展示团队负责设备租用、搭建、控制、操作。内厅入口外设置大幅坐席平面图，标清每一位来宾和参赛队的桌位，主桌及重要客人标明桌位和席次。此图由办公室和礼宾外联提供确定信息，景观团队设计、制作、搭建。

贵宾休息室管理由办公室和礼宾外联负责。贵宾引导和来宾引座服务由办公室和礼宾外联负责。

（2）仪式环节

- 升旗奏歌及运动员入场

入场仪式要有新意，有特色。如已经明确参赛队数，结合开幕式场地空间条件，建议入场环节每个参赛队可由一名持队名牌、着民族服饰的男引导员或女引导员和男、女运动员各一名组成。是否采用男运动员擎本协会旗帜，女运动员持吉祥物或小型会旗的形式，由开幕式暨欢迎晚宴团队与体育展示统筹设计。

- 领导致辞

由合同三方领导致辞。致辞顺序由三方商定，可能有冠名商致辞。每位领导致辞尽量控制在3分钟以内。英文致辞时屏幕同步显示中文，中文致辞时屏幕同步显示英文翻译。致辞可不设口译。

• 运动员、裁判员宣誓

由运动员、裁判员代表先后（可擎会旗）宣誓。

（3）特色文化演出环节

建议精选三个高水平节目在宴会前演出。内容要求既有地方特色，又容易被来自世界不同文化背景的来宾理解（如形体类表演）。

（4）晚宴环节

宴会开始后，席间可进行民乐伴奏。

餐台应分布合理，满足多人同时取餐需求。摆放中、英文菜牌，提供穆斯林餐食。

可穿插世界羽联奖项颁布等。

2. 举行日期

开幕式暨欢迎晚宴日期一般为首个比赛日之前一天或两天。需要考虑的主要因素有：相关领导能够出席、与技术会议错开、与技术官员会议错开、与运动员训练时间错开等。

与世界羽联沟通，以世界羽联名义向各参赛队发书面通知，要求各队务必出席开幕式和欢迎晚宴并配合组委会安排。并在各队抵达时由领队签领该通知。

3. 注意事项

有高水平中英文司仪串联所有环节。国际赛事，在出现中文的地方要同时配有英文翻译内容（如字幕、席牌、引导标识等）。

交通团队要有详细的开幕式暨欢迎晚宴交通服务计划，保证全体与会者在开幕式开始前30分钟内从各自的官方酒店、比赛馆、训练馆先后到达会场。

制定城市交通晚高峰预案，调控拥堵路段的红绿灯时长。

与抵离团队配合好，可能有运动队是从机场直接到开幕式暨欢迎晚宴地点的。

桌席平面图设计要早些发布出来，标明桌号，主宾桌要有席签，其他桌次要求有台签。座席平面图可提前发给运动队，并在举办地点入口外张贴提示。

通常主宾桌采用分餐服务，其余人员采用自助餐服务。

五、人力资源

（一）组建场馆运行团队

人力资源保障是赛事组织工作能否成功的决定因素。组委会领导下的场馆运行团队主要由以下几个基本职能部门构成：

1. 综合协调部门
2. 竞赛管理部门
3. 场馆保障部门
4. 新闻宣传和媒体服务部门
5. 外联礼宾部门
6. 后勤保障部门
7. 安全保卫部门
8. 市场开发部门
9. 志愿者部

一般说来，规格越高的赛事要求也越高，可将职能部门负责的业务点进行拆分，增设更多的部门，这样可以把每项工作做得更细。例如，可以把后勤保障部门拆分成交通部、餐饮部和住宿服务部等。但另一方面，部门越多，工作界面也就越多，协调工作量也会增大。

原则上，我们在本章第三节至第五节谈到的赛事组织的 17 项竞赛要素、14 项支撑服务和 8 类运行保障的每一方面都应有专人负责，配以合理的人力资源。可根据比赛规格不同而进行整合。

（二）志愿者招募

志愿者招募要根据场馆运行的需要，通过岗位点计划决定所需人数，实施招募并进行培训。

1. 志愿者服务的重要性

志愿者承担大部分客户群服务的一线岗位，是维护场馆运行的基础力量。志愿者是主办城市的名片。

2. 志愿者服务的职能

绝大部分志愿者分布在以下六类服务岗位上：

（1）竞赛服务

（2）媒体服务

（3）礼宾服务

（4）观众服务

（5）场馆运行服务

（6）赛会保障服务

3. 组建志愿者团队

（1）志愿者招募方向

志愿者团队组建通常是通过馆校对接完成。通过团委系统，确定一至两所综合类院校、体育类院校和语言类院校定向对接。考虑到大一新生社会实践经验较少，大四学生面临毕业求职，最好招募在校二年级和三年级的学生。

（2）志愿者岗位设置和招募计划

场馆团队首先制订志愿者岗位点计划，汇总志愿者人数、专业、性别等需求。

志愿者选拔和培训人数通常要比实际岗位需求多出10%，以避免各类原因的志愿者流失，造成空岗。

先由定点院校初选推荐，再由场馆团队各用人部门面试招募。优先保证特殊岗位的志愿者需求。

（3）志愿者培训

对已经招募的志愿者进行通用知识培训、项目专项培训、岗位技能培训，重在岗位技能培训。通常在志愿者到场馆报到后进行场馆运行和志愿者岗位技能培训。

要对相关志愿者部门的管理者进行志愿者管理、教育和如何调配志愿者的培训。

合理安排培训时间和分类上岗时间表。

（4）志愿者组织与管理

志愿者由团市委和校团委统一管理和考核，由志愿者部（如设立）统筹管理。但在岗期间，接受所在职能部门主管的业务管理。

要尽快明确每个部门志愿者的联系人和主管。

建立一支由团市委、校团委、老师和场馆团队各部门主管组成的志愿者管理团队。

各部门志愿者归各部门管理。热身场地、检录区、比赛场区的志愿者由竞赛团队管理，各功能座席区由各相关业务口管理，观众服务主要管理场馆内除竞赛运行和媒体服务以外的志愿者。

（5）志愿者使用及岗位设置

志愿者的岗位设置及使用要遵循辅助性原则，即志愿者应在场馆团队工作人员的指导下协助开展工作。志愿者不独立对某项工作承担责任，不涉及有重大管理责任、经济责任及有人身伤害风险和涉密的工作岗位。

在场馆运行中，观众服务、竞赛运行、媒体服务、后勤保障等业务部门所需志愿者人数较多。

需要预先建立志愿者临时抽调机制，以应对赛时因工作需要进行的调配。

（6）志愿者团队的保障

①志愿者之家。要在场馆运行区内或就近建立志愿者之家，作为全体赛会志愿者的大本营。志愿者之家要为志愿者提供轮休、进工作餐、会议和激励活动的条件。

②制定志愿者激励措施和奖励办法。志愿者无偿参与赛事组织工作，工作时间长，体力消耗大，非常辛苦。要有完善的激励机制和奖励办法，以精神鼓励、荣誉为主，辅以学分累计、奖品等，培养他们的大局观和集体主义精神，以及克服困难完成任务的工作态度。

③志愿者证件。志愿者都需要注册制证，同时根据所担负的岗位给予相应的通行权限。

④志愿者装备。每名志愿者的装备配备通常至少为一套长服、两件带领 T 恤（户外岗位适当增加）、一双运动鞋、一顶网球帽。根据岗位位置志愿者有以下三种类别。

• 比赛场区志愿者

服装颜色等需要符合羽毛球比赛规程的要求，深色为主。

• 馆内志愿者

服装颜色醒目，易于客户群人员识别。

• 户外志愿者

相比其他岗位志愿者，每名户外岗位志愿者应至少三件 T 恤，还应增加一顶遮阳帽、一条汗巾、一个水壶、一个腰包。

⑤志愿者餐饮。志愿者工作餐可统一管理，集中供餐；也可化整为零，在每

个志愿者的工作团队统计报餐。从赛事工作角度考虑，后者更方便。

⑥志愿者交通。在校大学生志愿者应安排班车集体接送，保证安全和准时上岗。如需自行前往场馆的，需带队老师批准。

通常一个比赛日比赛开始前 1 小时到岗，赛后离岗。如果比赛结束很迟，可考虑部分岗位提前离岗，分批返校的办法。

如果比赛从早到晚连续进行，志愿者应分班轮岗。通常在下午 3 点志愿者换班。

⑦志愿者住宿。志愿者原则上返校住宿。但少数特殊岗位的志愿者需要安排住宿。

⑧志愿者手册。编撰志愿者手册。

⑨志愿者工作计划。安排好志愿者选拔时间、培训时间和上岗时间。

六、市场开发

市场开发是一项专业性很强的工作，应由专门团队和部门负责。

目前国际羽毛球大赛的商业权益主要有冠名赞助商展示、合作伙伴或赞助商标识展示、比赛场地 A 型广告位、冠名商专区、赞助商展示和销售区、特许产品。

赛事级别不同，国际单项体育组织商业权益的分配也不同。

赛事商业开发权益归属确定后，无论是国际单项体育组织还是组委会的赞助商回报和服务都需要场馆团队落实和配合。

国际羽毛球大赛需要比较规范的隐性市场管理。例如，注意观众席是否有其他品牌的竞品隐性市场形成。如竞品厂家派人或雇人在观众席集中就座，用统一服装、文字、图案等展示宣传竞品的现象。如有，票务要配合市场营销前往处理。应有处理预案。

七、票务

（一）票务工作的重要性

票务工作是组委会一项重要营收来源，本属市场开发范畴，但由于票务工作直接涉及最大客户群——观众客户群的观赛满意度体验，因此单独列出。

票务计划不能与场馆运行计划脱节，造成超售或影响功能座席区。

票务应尽可能早的公布票务信息，包括购票方式、定价、售票点、交通信息、观赛注意事项等与观众直接相关的事宜。

应让境外观众享受到同境内观众一样的购票服务。

（二）票务工作的注意事项

1. 厘清可售票源

做好观众座席分布图设计。把各功能席位，包括贵宾座席区、赞助商座席区、运动员随队官员座席区、技术官员座席区、媒体座席区、安保工位、摄影记者工位、中国羽协观摩席、技术摄像席、电视评论员席、电视演播台、安保人员工位、防涨席等在售票系统中锁闭，不得售票。

仔细排除因临建（如摄像平台和机位）而影响到观赛视线的座位并在售票系统中锁闭，不得售票。主机位平台四周的座席需要拆除。注意带桌媒体席应在不带桌媒体席之后搭建，以免遮挡后排视线。

在前几轮比赛单元中，预估观众人数。为避免场内过于空旷，可将高层看台用景观遮盖。这部分座席在特定比赛单元也应锁闭。

根据三方合同和其他合同协议，应提供给世界羽联、中国羽协和有关赞助商的票证所对应的部分座席也应在售票系统中锁闭。

2. 座席分区、定价与售票策略

（1）座席分区

比赛场区两端线后的座席视角最好，票价高。

靠近比赛场地的座席区票价高。

（2）定价

决赛、半决赛、四分之一决赛票价比前几轮比赛票价高。

公休日票价比工作日票价高。

晚间票价比白天票价高。

有名运动员比赛单元票价比无名运动员比赛单元票价高。

有中国队比赛单元票价比无中国队比赛单元票价高。

（3）销售策略

可适当设计套票。

可适当设计低价学生票。

可分别组织劳模日专席活动、教师日专席活动、务工者日专席活动、残疾人日专席活动等公益活动。

结合专题日活动，前两轮可适当采用“饥饿疗法”，控制出票。

3. 通畅的购票渠道

做好境外售票工作，保证境外购票网站畅通、多语种服务、操作简便，尽量满足境外人员购票。可加强和世界羽联的沟通，采取措施满足境外人员的购票方式。

每次大赛都有大批丹麦、韩国、印度尼西亚、日本、马来西亚等国家的球迷前来观赛，应合理划分境外球迷观赛席位，降低球迷冲突风险。如一个境外国家或地区的球迷集中落座。

很多家长或亲友陪同队员前来参赛，这些人因为队员比赛日程未定，无法提前预计购票单元，往往只能在现场购票，要满足他们进场观赛的购票需求。

境内有着大量的购票需求。除了中文购票网站和现场购票的优质购票服务外，可以推出购票、住宿一站式服务，在比赛场馆周边选择几家星级酒店（主要对外）和商务酒店，谈好优惠价格，在购票网站上可直接订房。

往往会出现赞助商赠票不来人的现象。可考虑采取歌剧院模式，与有关方面商议，建立换票机制，由赞助商观赛人员提前到场换票进场，赛前半小时没来换票的，对应座席可以销售。

4. 必要的票面信息

除了基础的入口和座次信息外，票面应有如下提示类信息。

（1）注意事项类

进场禁带物品。如危险品、瓶装饮料、盒装食品等。
可否带包、雨伞等进场。
是否有物品（如轮椅、包、雨伞等）寄存处。

（2）观赛礼仪类

比赛时，请勿使用闪光灯拍照。
运动员发球时请保持安静。
尊重版权，请勿使用摄像机录像。
请勿携带横幅、大幅旗帜进场等。

（3）观赛服务类

场馆座席平面图和观众服务设施。

观赛公交专线线路站点信息和运行时间。

紧急疏散路径和注意事项。

5. 验票及防伪

坚持制票和检票分离原则。

提高票面防伪技术含量，采用凹凸印钞票防伪技术，加强票务防伪。

在票务上线时，向观众宣传防伪，告知官方售票点。

做好验票，检票志愿者点计划、需求和培训。

明确验票和安检顺序。通常是志愿者先验票，验票合格方可安检。

也可设计二次检票。首先预检，持票人可以排队安检。安检后验票，鉴别真伪，票务人员在这一环节现场支持。

做好持票观众多次进出场馆的预案，特别是对持一日通票的观众。可选：①针对购票量大的热点单元，一次进出有效；②对临时外出观众配发副券，但此法只能控制人数，对多人共用一票无法控制；③对临时外出观众在手上加盖不易涂抹的专门印记，但此法容易被模仿；④对临时外出观众加戴特殊手环，但此法需要一定成本和工作量。

6. 票务工作与场馆运行联动

票务每天晚上要向场馆指挥中心报告当天上座率和次日的售票情况，以利于组委会调度工作。

设计好轮椅坐席区和观众轮椅流线。配备轮椅陪同人员座椅。

八、财务

组委会的财务工作非常重要，除了管理赛会预算、合同之外，还涉及以下内容。

（一）经费收支

收入主要包括政府转款、市场开发营收、客户群收费（主要指住宿费用、收费卡等）等；支出主要包括向国际单项体育组织转款、赛事筹办组织工作各部门立项开支等。

（二）赛会保险及理赔

通常，世界羽联主办的赛事都要求承办单位为赛事及与会者投保。具体险种和保额会在办赛合同中明确规定。组委会应由专人落实此项合同条款，并负责出险理赔工作。

（三）纳税

对组委会各项收入依法依规纳税。

（四）财务决算及审计

财务决算及审计工作是赛事收尾总结阶段的重要工作。严格的赛事预算管理是财务决算及审计工作顺利进行的前提。

赛事组织工作的 17 项竞赛要素、14 项支撑服务和 8 类运行保障之间的关系如图 6-2 所示。

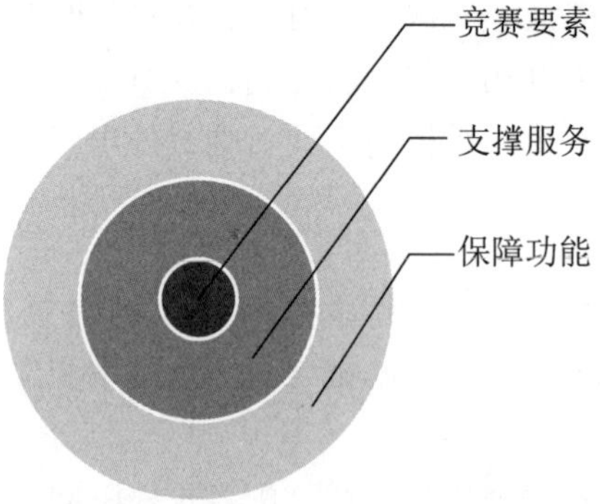

图 6-2　赛事组织各项工作关系图

第六节　赛事风险管理

赛事风险管理，是确保赛事圆满成功的关键。一般有两个有效手段：一是对各种计划方案进行反复推敲和推演，通过多次的分析—演练—分析，从中发现破绽和问题，进行修正，使各种计划方案日臻完善，达到降低风险的目的；二是各部门对赛事运行所主管的事项，运用精准算法，进行预设性的分析，列出可能出现的问题的清单（表 6-1），对清单中的问题一一做出应对的措施，也就是应急预案。

表 6-1　竞赛风险清单示例

	事件名称	关键词	事件等级
01	技术官员伤病		三 级
02	场地、器材损毁或故障		
03	计时计分系统、显示屏故障		
04	运动员、教练员打骂技术官员		
05	运动员过激行为影响比赛进行		
06	食物中毒导致运动队无法参赛		
07	教练员伤病		
08	运动员伤病		二 级
09	运动员比赛迟到		
10	颁奖时运动员未到场		
11	观众滋事影响比赛正常进行		
12	因交通服务保障等原因导致技术官员不能按时参加比赛		
13	停电事故		一 级
14	恶劣天气		
15	伤亡事故		
16	比赛场区出现违背国际奥委会规定的示威或政治、宗教或种族性宣传		
17	注册人员席位超员		
18	只使用一块场地时比赛时间过长		
19	志愿者在开赛前未能按时到岗		

应急预案一般包含预案代码、决策机制、应急等级、处置原则和处置流程等。组委会和场馆团队的每个职能部门都应制订针对各类可能发生的紧急情况的应急预案。场馆团队将各部门报送的应急预案分级别汇总并建立应急预案的分级启动机制。演练是发现问题、解决问题、完善各项工作计划方案的有效措施，因此应急预案也要进行演练。演练应先局部，再整体；先桌面推演，再现场演练。通过演练完善预案，使人人明白自己的角色、熟练各自的操作程序。特别是当突发事件发生时，需要进行的人员疏散预案，应做到人人皆知，防患于未然。

各部门负责人要熟知预案内容，按照相关要求做好本部门实施细案，提高工作效率，保证赛事顺利进行。以下为“世界羽联赛事比赛延迟预案”的基本框架，供大家制定本部门应急预案时参考。

一、比赛延迟预案决策机制 6 人小组

总指挥：世界羽联赛事负责人
副总指挥：中国羽协竞赛负责人
副总指挥：承办单位职能部门领导 1 人
成员：本次赛事裁判长
世界羽联赛事推广单位代表 1 人
世界羽联新闻官 1 人

二、比赛延迟预案的等级及处置

比赛延迟预案分为两个等级：二级预案仅延迟及压缩观众验票及安检时间，但不延迟下一单元比赛开始时间；一级预案不仅会延迟及压缩观众验票及安检时间，也会延迟下一单元比赛开始时间。

（一）比赛延迟二级预案

当上一竞赛单元的比赛在距下一竞赛单元开赛时间 1.5 小时时仍未结束，但预计能够在距下一竞赛单元开赛时间 1 小时时结束，启动比赛延迟二级预案。

有关部门积极组织馆内观众在 30 分钟内迅速定向退场。(责任人：×××)

有关部门及时通知下一竞赛单元的观众新的验票安检时间。引导观众在安检口外停留、休息，或正常安检后在指定的缓冲区（如嘉年华区域）停留，必要时提供类似航班误点后的饮用水服务。(责任人：×××)

至馆内观众退场完毕后，最迟开赛前半小时根据总指挥的指令启动观众验票安检。有关部门积极引导观众进馆就座。(责任人：×××)

下一竞赛单元比赛正点开赛。(责任人：×××)

（二）比赛延迟一级预案

当上一竞赛单元的比赛在距下一竞赛单元开赛时间 1.5 小时时仍未结束，且预计在距下一竞赛单元开赛时间 1 小时时仍不能结束，在距下一竞赛单元开始 1 小时时启动比赛延迟一级预案。

6 人小组决定下一竞赛单元新的开赛时间。

有关部门在观众验票安检口外，向下一竞赛单元的观众通告新的比赛开始时间和验票安检开启时间。引导观众在安检口外停留、休息，或正常安检后在指定的缓冲区（如嘉年华区域）停留。必要时提供类似航班误点后的饮用水服务。（责任人：×××）

有关部门在上一单元比赛结束后组织场内观众迅速退场。（责任人：×××）

最迟于新的开赛时间前半小时，开启验票安检。（责任人：×××）

有关部门积极引导观众进馆就座。（责任人：×××）

有关部门及时通知有关参赛队、有关技术官员做好相应的延迟准备。（责任人：×××）

有关部门及时通知观赛来宾比赛延迟信息。（责任人：×××）

有关部门及时调整安保、交通、餐饮、观众服务和场馆运行等计划。（责任人：×××）

有关部门及时向媒体通告延迟信息。（责任人：×××）

有关部门及时调整转播事务。（责任人：×××）

下一竞赛单元按照新的开赛时间开始。（责任人：×××）

三、比赛延迟预案的启动与流程

一个竞赛单元进行到距下一个竞赛单元开始时间 1.5 小时时，由竞赛主任向 6 人小组报告，预估本竞赛单元的结束时间，提出无须启动比赛延迟预案，或启动比赛延迟预案等级（一级/二级）的建议。

6 人小组迅速研究决定是否启动比赛延迟预案，以及启动比赛延迟预案的等级。一旦 6 人小组决定启动比赛延迟预案，指令由总指挥发给两位副总指挥和其他三位成员，应根据事先确定的分工，在第一时间通知到组委会各部门和场馆团队，以及贵宾、运动员、随队官员、技术官员、媒体、转播团队，进行工作调整。特别要杜绝直播开“天窗”的现象。

有关部门及时将下一竞赛单元的新的开赛时间和新的验票安检启动时间通告观众。建议同时采用公告牌和循环广播两种方式进行通告。（责任人：×××）

整个场馆和场馆团队进入比赛延迟应急工作状态：

①应急通道开启并进行相应通道清障。（责任人：×××）

②相关工作人员和志愿者立即进入应急预案工作区。（责任人：×××）

③本单元比赛一结束，场馆保障迅速打开工作灯，体育展示循环播报关于观

众有序定向退场的通知，提醒观众自行带走垃圾。观众服务工作人员和志愿者积极引导。(责任人：×××)

④保洁人员清扫比赛场区、清理观众席，市场开发部对比赛场区广告进行整理。(责任人：×××)

⑤观众退场和场馆保洁工作必须在距确定的下一比赛单元开赛时间前30分钟结束。可视情况简化观众席保洁工作。

⑥上述工作完成后，各部门负责人向中国羽协副总指挥报告，由中国羽协副总指挥向总指挥报告，由总指挥通知负责观众入场的副总指挥组织入场。

⑦下一竞赛单元的比赛运动员和技术官员的组织管理由竞赛部负责。

⑧下一竞赛单元的DCAS按新的开始时间顺延。

四、比赛延迟预案的关闭

下一竞赛单元的开赛，即为本单元比赛延迟预案流程的关闭。

第七节　赛事组织启动

一、赛事组织工作的启动

赛事组（筹）委会成立后，由赛事组织工作专家做全业务口大培训（用时1~2天，培训及研讨)。明确赛事客户群需求，整合职能，形成组委会运行框架。

由竞赛组织工作专家做竞赛业务与各相关业务口对接（用时7~10天，培训及研讨)。明确竞赛需求，确定服务标准，明晰分工界面和衔接流程。由各业务口制定工作规划、计划和预算。

各客户群主责业务口（如媒体运行、礼宾、观众等）分别与相关业务口对接，明确需求，确定服务标准，明晰分工界面和衔接流程。由各业务口制定工作规划、计划和预算。

各业务口分别与相关业务口对接，明确需求，确定服务标准，明晰分工界面和衔接流程。由各业务口制定工作规划、计划和预算。

组委会综合部门汇总各部室业务口工作规划和计划，依据世界羽联倒计时工作节点，制定组委会工作总规划、重要工作节点、总预算。

组委会根据工作计划和进度，就专门议题（如场馆运行、视觉景观、体育展示、开幕式、票务、媒体运行等）召开专题会，细化运行方案，明确职责，任务到人。

制订各类应急预案。

各业务口、各部门进行本部门赛时运行流程和应急预案的桌面演练。

各部门或几个相关部门就相关业务流程进行联调联试、大型活动（如开幕式）或重要仪式（颁奖）彩排。

二、场馆运行工作的抓手

(1) 赛事筹办规划，工作总计划。含部门工作计划、人员点计划、物资点计划、制证计划等。

(2) 客户群服务政策和标准。含各类合同承诺、组委会规定等。

(3) 场馆运行图。含注册分区图、功能房分布图、客户群流线图等。

(4) 每日场馆运行计划。含每日竞赛活动日程表、训练日程表、世界羽联活动日程表、班车时刻表等。